A History of the British Workers' Sports Movement: 1923-58

青沼裕之 Aonuma Hiroyuki

イギリス労働者スポーツ運動史
一九二三―五八年

青弓社

イギリス労働者スポーツ運動史——一九二三—五八年　目次

第2章 イギリス労働者スポーツ連盟と組織的日曜フットボール運動 72

装丁――斉藤よしのぶ

序　章　研究の課題と視座

1　研究の課題

一七六〇年代から一八三〇年代にかけて世界に先駆けて産業革命が遂行されたイギリスでは産業資本主義が確立していくが、この過程で必然的に大量の労働者階級が生み出されていった。新たに誕生した賃金労働者たちは機械制工場制度のもとでの長時間労働と労働強化による肉体的・精神的荒廃が著しく、また資本家に対する組織的抵抗力を備えておらず無権利状態のままだった。そんななかで、熟練労働者たちは労働時間の短縮や労働賃金の上昇、労働者の互助を掲げて一八六八年六月に労働組合会議（TUC）を結成する。そして、七三年に始まる「大不況」期以降、八九年のガス労働者の八時間労働日の獲得やドック労働者の賃上げストライキの成功などを通じて、TUC内部に「新組合運動」が高揚し、半熟連・非熟練労働者たちの影響力が強まっていった。こうした労働運動の盛り上がりのなか、一九〇〇年二月にTUCのイニシアティブのもとに開かれた合同会議で、労働組合代表七人、独立労働党代表二人、社会民主連盟代表二人、フェビアン協会代表一人からなる労働代表委員会が組織され、〇六年一月の総選挙勝利（二十九議席獲得）の結果、この労働代表委員会は「労働党」に改称した。(1)

さらに、影響力を強めていた労働運動の指導者や社会主義者たちは教育・文化の分野にも進出していく。労働者教育協会が一九〇三年に設立され、労働者旅行協会が二一年に設立された。二九年にロンドン労働者映画協会が創られ、のちにいくつかの労働者映画協会が集まって労働者映画協会連盟が結成された。労働者演劇運動も三〇年代に入って全国的に波及し、三六年に統一劇場が設立された。また、左翼文化論のための雑誌「レフト・レビュー」が三四年十月に発行され、平和とファシズムに反対する闘争に寄与する知識の普及のためにレフト・ブック・クラブが三六年五月に創設された(2)。

ほかの分野と同じように、スポーツに関心をもち、あるいはスポーツを自ら愛好する労働運動の指導者や社会主義者たちは、労働者スポーツ運動の世界にも関与していった。

そして他方で、よく知られているようにイギリスはスポーツの母国であり、資本主義が確立していく時期に様々なスポーツがジェントルマン階層の若者たちによって創出され、これが十九世紀末から徐々に労働者階級の間にも浸透していった。つまり、イギリスでは十九世紀の中頃から、一方でジェントルマン階層にも労働者階級にも自発的にスポーツクラブを結成していく動きが見られ、他方で労働組合を組織して資本家に対抗していく労働運動が見られるのであり、この接合面にイギリスの労働者スポーツ運動が誕生してくるのである。

本書では、イギリスの労働者スポーツ運動の歴史に焦点を当てて、それがどういう理由からどのように開始され、その後どのような展開を見せたのか、さらにその過程で、この運動を担った組織や個人が労働者階級のスポーツ要求実現に向けて、労働組合や社会主義政党から自立した道を歩み、独自の組織原則を確立していったのか、それとも、それができずに最後まで依存したままだったのか、これらの課題を複眼的な視野から明らかにしていく。

本書は二つに分かれていて、第1章から第3章でイギリス労働者スポーツ連盟（英労スポーツ連盟）の結成から解散までを扱い、第4章から第7章で英労スポーツ連盟からの全国労働者スポーツ協会（全労スポーツ協会）の分立、一九三六年のイギリス労働者スポーツ協会（英労スポーツ協会）への名称変更、英労スポーツ協会の戦中の活動と戦後再建、そして解散までを扱う。加えて第5章と第7章では、英労スポーツ協会の戦中と戦後における再建の活動がイギリスに亡命してきた社会主義労働者スポーツ・インターナショナル（社会主義スポーツインター）の存続と戦後再建の活動と密接な関わりをもっているので、その時期の社会主義スポーツインターの歴史についても考察の対象とする。

イギリスの労働者スポーツ運動は大陸のそれに比べて小規模なものだった。一九二三年四月に英労スポーツ連盟が結成されるが、二八年に分裂し、英労スポーツ連盟が共産主義者のスポーツ運動組織として存続する一方で、社会民主主義者たちは労働党とＴＵＣの後援を得て、三〇年に全労スポーツ協会を別に結成した。こうした組織の分裂もあって、イギリスの労働者スポーツ運動はイギリス人民のスポーツ運動として独自の路線を歩むことが難しく、常に労働者スポーツの国際統括組織である赤色スポーツ・インターナショナル（赤色スポーツインター）[3]と社会主義スポーツインターの指導を受け、また国内でも共産党、労働党およびＴＵＣの強い影響力のもとに置かれていた。

しかし、英労スポーツ連盟の活動としては、トッテナム都市地区議会で日曜スポーツ禁止令の廃止を成し遂げるなど、男女の労働者スポーツマンの要求に応える運動を展開したのも事実である。本書の前半部分では、こうした階級組織でありながらも大衆的スポーツ組織でもあった英労スポーツ連盟が、自立的な運動組織として、どこまで男女の労働者スポーツマンの要求実現のための活動を展開できたのか、どこで失敗し挫折したのかを追求していく。

本書の後半部分にあたる英労スポーツ協会の歴史の紹介については、まず以下の説明をしておきたい。英労スポーツ協会が加盟していた社会主義スポーツインターは大戦後に名称を変更して復活し、現在では、「国際労働者アマチュアスポーツ連合」と称して、二十八カ国、三十二団体が正式に加盟している。この国際労働者アマチュアスポーツ連合とはどんな組織なのか、国際労働者アマチュアスポーツ連合のウェブサイトからその組織の特性について紹介しておきたい。

国際労働者アマチュアスポーツ連合はそのルーツを労働者スポーツ運動にもち、国際労働運動の歴史的理念、すなわちスポーツでの平等と連帯に基づいている。国際労働者アマチュアスポーツ連合は一九一三年五月十日にベルギーのゲントで結成され、世界大戦後に国際労働者アマチュアスポーツ連合は、最初はスイスのルツェルン（一九二〇年九月十四日）で、二回目はベルギーのブリュッセル（一九四六年五月三十日）で「国際労働者スポーツ委員会」の名称をもって再建された。七三年以来国際労働者アマチュアスポーツ連合はスポーツアコード（先行組織はGAIFS）のメンバーであり、八六年十月三十一日に国際オリンピック委員会によって承認された。[4]

つまり、国際労働者アマチュアスポーツ連合は国際労働運動と密接なつながりをもつ労働者スポーツの国際組織であり、しかも、オリンピック種目以外の国際スポーツ連盟の連合体であるスポーツアコード、そしてお馴染みの国際オリンピック委員会（ＩＯＣ）に加盟する団体なのである。

英労スポーツ協会は国際労働者アマチュアスポーツ連合の前身である社会主義スポーツインターに加盟していて、大戦後再建された国際労働者スポーツ委員会に一時は加盟していたが、一九五八年五月に解散してしまい、現在のイギリスの組織は国際労働者アマチュアスポーツ連合に加盟していない。どうしてこのようなことになったのか。本書の後半では、英労スポーツ協会の結成からその不本意な解散までを扱い、現在の我々から見ても多くの先駆的な成果を残しながら、どうして解散という結末に至ったのかを明らかにしていく。

英労スポーツ連盟にしても英労スポーツ協会にしても最終的には解散という結末に至るのだが、筆者はそれらの組織の失敗から学ぶことだけを意図しているのではなく、その過程で現代の我々に残した有形無形の遺産を汲み取ることを意図している。

2　スティーブン・ジョーンズの研究方法論

本書に多大な影響を与えたのがスティーブン・ジョーンズの一連の研究である。とりわけ彼の研究方法論には学ぶべきところが多くあった。

彼が学位論文[5]をもとにまとめた最初の体系だった著作が、*Workers at Play* である。次いで出版された最後の著作（彼は一九八七年に交通事故によって三十歳の若さで亡くなった）が、*Sport, Politics and the Working Class* である。この二著作に認められるジョーンズのレジャー史研究の特徴は、労働運動が独自の文化的形成物を備えていたという歴史認識のもとに、労働者のレジャーを労働者階級固有の自立的な文化を形成するものとして広くとらえようとする研究の視座である。それは、レジャーを社会的闘争の場としてとらえる視座でもある。彼によれば、レジャーは支配階級と従属階級（労働者階級）の政治的な闘争の場であり、そこでは支配階級の干渉にもかかわらず、労働者階級は支配的秩序を政治的に強化する露骨な方法から自らを隔離しえたとする[6]。

また、この研究の視座に関して、彼は、労働者階級に固有な自立したレジャーの事例として労働者演劇運動と労働者スポーツ運動を挙げているが、これらの事例を考察するに際して、「異なる組織的、イデオロギー的なパースペクティブ」の対抗を重視する。つまり「一方に、改良主義的戦術をとる労働党社会主義者が、他方に、より体系的な革命的戦術をとるマルクス主義者が」位置づき、労働党社会主義（Labour Socialism）とマルクス主義のイデオロギーを前提として、両者の組織的対立を描くという方法をとっている。このような彼のレジャー史研究構想では、労働者スポーツ運動は労働者階級の側からの抵抗の事例として位置づけられ、かつ、労働運動の「異なる組織的、イデオロギー的パースペクティブ」からとらえられることになる。彼の見方によれば、労働党社会主義者は労働運動内部の親睦や娯楽ならびに組織拡大の手段としてレジャーに注目し、他方、共産主義者はレジャーを革命闘争の道具として利用したのだった[7]。

彼のこうした見方は、スチュアート・マッキンタイヤーによる労働運動をカテゴライズする分類方法の影響によるものである。すなわち、「労働党社会主義は労働党とTUCのリーダーシップにおいてその伝統を具体化し、倫理的、経験的、建設的、理想主義的ないし教育理論家的、団体的、改良主義的だった。マルクス主義は共産党に代表され、科学的、体系的、批判的、唯物論的、敵対的、革命的であった[8]」と整理しているように、労働運動をイデオロギーによって労働党社会主義とマルクス主義とに分類・対比するものだった。こうした方法によって描かれるイギリス労働者スポーツ運動の歴史は、それぞれの節目で顕著に特徴を現すことになる。その節目とは、英労スポーツ連盟の結成と内部抗争、英労スポーツ連盟からの労働党・TUCメンバーの脱退、全労スポーツ協会の分立、英労スポーツ連盟の解散、である。

では、ジョーンズによるレジャーを社会的闘争の場ととらえ、そこに労働者階級の自立した運動や抵抗を見いだそうとする歴史の見方は、どのようなグランド・セオリーに基づくものだったのか。

一九七〇年代以降に堰を切ったように開始されるレジャー・スポーツ史研究は、エドワード・P・トムスンに代表される「文化的マルクス主義」（Culturalist Marxism）の影響と、カルチュラル・スタディーズの影響を大なり小なり受けていた。ジョーンズ自身もこの双方の影響を受け、これをレジャー史理論に統合・止揚していくことを自らの課題としていた。この点がジョーンズのレジャー史研究のベースにある。

文化的マルクス主義は、公文書資料重視の古典的歴史学、より直接的には経済決定論的なオーソドックス・マルクス主義史学を批判的に乗り越えようとするべくイギリス歴史学の刷新を求めるものであり、当時の労働史・社会史研究にかなりの影響を与えていた[9]。一方カルチュラル・スタディーズは、バーミンガム現代文化研究センターの研究活動から生み出され、それを体現した理論であり、イギリス特有の文化的マルクス主義にヨーロッパ各地で影響力をもっていた構造主義的マルクス主義を取り込むことによって、独自の批判的パラダイムとして形成されたものだった。初期の頃のカルチュラル・スタディーズの内部では、被支配階級の主体性を重視するトムスンらの文化的マルクス主義と、支配的なイデオロギーによって従属階級の意識や文化が無意識的に形成されるという決定論的な見方をとるアルチュセール流の構造的マルクス主義とがともに影響力をもっていて、方法論的に分裂していたが、アントニオ・グラムシのヘゲモニー理論の積極的な導入によって、徐々にその分裂は解消されていったとされる(10)。

これらの理論は日本にもすでに紹介されているが、現在ではイギリス本国だけでなく日本でも退潮している。しかし、これらの歴史社会理論が提起した問題は極めて重要であり、現在でもその意義は失われていないだろう(11)。

さて、先述したようにイギリスでは一九七〇年代以降、レジャー・スポーツ史研究が隆盛を極めるようになったのだが、このことから、この分野の研究が文化的マルクス主義の影響を受けた労働史・社会史研究とカルチュラル・スタディーズの研究潮流に乗って、またその一環として着手されたものとみることができる。そのため、レジャー・スポーツ史研究にはそれらの研究で培われた概念と方法が利用されているのである。

レジャー史研究で「人間行為主体」(human agents) や「主体的行為」(agency) を重視して歴史をとらえるジョーンズの視座は、E・P・トムスンらの影響を強く受けている。トムスンは歴史研究で「経験」と「文化」を重視する。というのも、そこに労働者の「主体的行為」、つまり歴史を形成するうえでの彼らの意識的な営為を認めるからだが、これは明白に静的な土台＝上部構造論からの脱却を意味するものだった(12)。

さらに踏み込んでジョーンズは述べる。「スポーツの歴史が理論的アプローチとの対話に噛み合わされなければならない。(略) この理論的アプローチは構造と主体的行為との関係を焦点づける」「スポーツは (略)「異なる歴史的瞬間に人間主体に利用できる力の領域を特徴づけるような、歴史的に移りゆく限界と可能性のなかに存在し、そしてそれらから構成される紛れもなく社会的な実践」である(13)」と。つまり、ジョーンズのようにレジャーを社会的な闘争の場とみる見方は、大雑把に言ってしまえば、レジャー・スポーツは社会的構造に規定されながらも人間の実践によって生み出されるものであって受動的なものではないこと、さらに、人間の実践といっても、現実の社会のなかではそれは支配的グループと従属的グループ (労働者階級、女性、少数民族、など) との闘争であって歴史的に永続されるものであること、を示しているのである。

3　研究の視座と方法

以上が、ジョーンズのレジャー史研究の視座と方法である。では、本書で筆者がそれを踏まえてイギリスの労働者スポーツ運動史をどのように分析、叙述するのかについて、最後に示す必要がある。

トムスンらの文化的マルクス主義やカルチュラル・スタディーズに学んでレジャー・スポーツを社会的闘争の場としてとらえ、その闘争の場での労働者階級の創造性や抵抗を見いだそうとするジョーンズによる歴史の見方には賛同できる。特に労働者階級の主体的行為を重視しようとする視点には共感を覚える。ただし、スポーツを社会的闘争の場として考えるジョーンズの見方は、スポーツ運動の独自性ないし固有性をとらえうるものではない。例えば、労働者が居住地域の労働者フットボール・リーグに所属して、日曜リーグ・マッチを通じてコミュニティの連帯を培っていった歴史的事実を、ジョーンズは支配階級に対抗して労働者階級が連帯を勝ち取る場として把握したのであるが、労働者が日曜リーグ・フットボールに興じることが結果として労働者コミュニティの連帯を強化することになったとしても、第一義的には、束縛されずにフットボール・マッチを楽しみたいという労働者のスポーツ要求の実現が根幹にあったのである。

さらに、スポーツを愛好する労働者が連帯して、スポーツ施設の改善や増設を求めて、あるいは利用料金値上げに反対して国や自治体と交渉する場合、あるいはスポーツ振興を促進する法規の制定や逆に足枷となっている法規の撤廃を求めて運動を展開するような場合は、確かに社会的・政治的闘争の磁場を形成するが、それは労働者が日常的にスポーツすることを保証するという前提があって、はじめて成り立つ運動（社会的闘争）なのである。

美術でも音楽でもスポーツでも、それぞれのジャンルの文化はそれ独自の文化的特質、かけがえのなさを備えていて、それを無視して運動を展開した場合は、必ず行き詰まって失敗するだろう。

本書で筆者は「スポーツ運動」という用語を使うが、それは、国民のスポーツ要求の実現を核にしてスポーツ施設の改築・増設、法規の制定や改廃を国や自治体に要請する運動、さらにはスポーツを安心して享受できるよう世界の平和を求めていく運動などを意味している。また、スポーツ愛好者・競技者と観衆の立場に立って、何が重要で何が利益になるかを見通しながら、そのために立法や行政の機関を利用するが、スポーツ外の目的のために政治的にスポーツが利用されることを許さないという価値的立場を表している。まずは、このことを確認しておきたい。

以上と関連して筆者は、ジョーンズのように労働者スポーツ運動の歴史を労働党社会主義者とマルクス主義者の対抗関係でとらえるのは一面的だと考える。繰り返しになるが、労働党やTUCが庇護するスポーツ運動も共産党が庇護するスポーツ運動も、政党政治的な側面とともに、スポーツ運動本来のスポーツ要求実現という側面でとらえることがやはり必要になる。労働者スポーツ運動を政治的イデオロギーの対抗の視点からだけとらえるのであれば、政治的な駆け引きや分裂ばかりがクローズアップされることになり、我々にとって意味がある労働者スポーツ運動の歴史的成果をとらえられなくなってしまうだろう。

それでは、ジョーンズのレジャー史研究の方法と視座に対して批判すればそれでいいのかというと、それは誤りである。筆者は、労働者スポーツ運動史研究では、スポーツが「社会的闘争」の場であることとスポーツ運動の独自性・固有性をとらえることが関連・統一されなければならないと考える。この点を最後に説明したい。

伊藤高弘は三十年以上も前に、スポーツを現実の社会構造に位置づけて把握する「スポーツ三層構造」論を提起していた。伊藤は、「スポーツを①プレイ（場面）、②組織、③条件の三層でとらえ」、③条件にあたる「施設、賃金、余暇などは、スポーツ参加のいわば「土台」ともいうべきものであり、この土台の強度如何が、組織や最上層のプレイを左右するという構造を示すことが、スポーツ研究の基本」であり、そして、スポーツ構造の土台にあたるスポーツ施設や労働・余暇条件は「政治・経済・外交・軍事・食糧・資源・エネルギーなどの戦略的課題とリンクされる」[14]と強調したのだが、この視点がスポーツ運動史を研究するうえで極めて重要になる。

それはなぜか。スポーツを社会闘争の場であるとするジョーンズの視座は、伊藤が示したスポーツはスポーツ三層のすべてを国民がわがものとするための闘争の場である、という意味合いでとらえ返すことが必要ではないかと筆者は考えるのである。さらに、スポーツは政治・経済・外交・軍事・食糧・資源・エネルギーなどの戦略的課題とリンクされるのだから、スポーツ運動はその独自性・固有性を重視されながらも、労働運動や政党運動などと連帯して展開されることを理解すべきだろう。

このように、スポーツの三層構造を意識したスポーツ運動では、②組織が「人間行為主体」としてその重要な役割を果たすことになる。イギリスの労働者スポーツ運動では、それは英労スポーツ連盟であり英労スポーツ協会だった。例えば英労スポーツ協会は、ロンドンをはじめとしていくつかの地区委員会をもち、「労働者ウィンブルドン」（テニス）や全国陸上競技選手権などの全国イベントを開催し、スポーツ用品にかかる物品購入税に反対したり、クリスタル・パレスに付設する国立青年スポーツセンターの建設を支援したりと、現在の我々から見ても多面的な活動を展開していた。したがって、彼らは伊藤が示したスポーツ三層構造論を知るよしもなかったのではあるが、彼らがどれだけこのスポーツ三層構造の全体を自分たちのために獲得することができたのかを検討することは価値があるだろう。

同時に筆者は、革新的なスポーツ運動には、政府からの独立、労働者政党からの独立、労働組合からの独立、共通のスポーツ要求実現を軸とした行動の統一が重要であり、それを実現するためには、スポーツ活動の自立、人的・組織的な自立、財政的な自立が必須だと考える。そのため、これらの課題がイギリスの労働者スポーツ組織でどれだけ実践され達成されたのかを検討することは、現時点から見て極めて重要になるだろう。

以上が本書を貫く筆者の研究の視座と方法である。

注

（1）富沢賢治『労働と国家――イギリス労働組合会議史』（一橋大学経済研究叢書）、岩波書店、一九八〇年、五五―五八、七九―八〇、九一―九二ページ

（2）Ｊ・クラーク／Ｍ・ハイネマン／Ｄ・マーゴリーズ／Ｃ・スニー『危機と文化 30年代のイギリス』（久津木俊樹／庄子信／風呂本武敏／山本証訳〔英米文学研究叢書〕、三友社出版、一九八九年）の各章を参照。

（3）赤色スポーツ・インターナショナルの設立について、その研究課題に造詣が深いフランツ・ニッチュの見解を以下に引く。「一九二一年七月二十二日、モスクワで、共産主義インターナショナル第三回世界大会と関連して、「赤色スポーツ・文化組織国際連合」が誕生」し、「その組織は、その後実際には単に「赤色スポーツ・インターナショナル」と称した」。「赤色スポーツ・インターナショナルにおけるソ連の支配的な影響は、その創立の段階では証明されないのである。コミンテルンの作用はまったく問題にならない」「そのため、革命派労働者スポーツマンの組織形態の問題は、様々な利害グループの公然たる対決のなかで決定されなければならなかったのである」。Franz Nitsch, 'Die Internationalen Arbeitersportbewegungen.' in Arnd Krüger/James Riordan (Hrsg.), *Der Internationale Arbeitersport, Der Schlüssel zum Arbeitersport in 10 Ländern.* Köin: Pahl, Rugenstein, 1985.S.174, 209.（フランツ・ニッチュ「国際労働者スポーツ運動」上野卓郎訳、アルント・クリューガー／ジェームズ・リオーダン編『論集 国際労働者スポーツ』所収、上野卓郎編訳、民衆社、一九八八年、二四八―二四九ページ）。つまり、赤色スポーツインターは一九二一年にモスクワで設立されるが、ソ連と共産主義インターナショナル（コミンテルン）の指示によるものではなく、そのときモスクワに集まっていた各国の革命派労働者スポーツマンの議論を経て組織されたのである。

（4）「国際労働者アマチュアスポーツ連合」（https://www.csit.tv/en/about-us/history）［二〇一八年七月十八日アクセス］。「国際労働者アマチュアスポーツ連合」の概要については、以下の上野卓郎の論考を参照。上野卓郎「労働者スポーツ世界会議レポート（上）――転換期の国際労働者スポーツ運動」、新日本スポーツ連盟編「スポーツのひろば」一九九一年一月号、新日本スポーツ連盟、同「労働者スポーツ世界会議レポート（下）――スポーツ・フォア・オールとＣＳＩＴ」、新日本スポーツ連盟編「スポーツのひろば」一九九一年二月号、新日本スポーツ連盟、同「現代の

国際労働者スポーツ運動――国際スポーツ運動とCSIT」、一橋大学体育共同研究室編「研究年報」一九九二年号、一橋大学体育共同研究室。

国際労働者スポーツ委員会は、一九九一年九月二十日から二十二日までフィンランドのパユラーチ（Pajulahti）で「労働者スポーツ世界会議」を開催し、この会議で規約改正をおこない、組織名称も Comité Sportive Internationale du Travail から Confédération Sportive Internationale du Travail へと変更した。その後、二〇一一年のリオデジャネイロ総会で Confédération Sportive Internationale Travailliste et Amateur へと組織が広がり、名称も変更した。伊藤高弘『もうひとつの日仏の架け橋――スポーツ交流1975-2010』光陽出版社、二〇一〇年、二九―三〇ページ。本書第7章で詳しく記すように、社会主義スポーツインターの再建総会（一九四六年五月三十日、ブリュッセル）では、まだ「国際労働者スポーツ委員会」の名称を用いていない。国際労働者スポーツ委員会の名称が使用されるのは、一九四七年のワルシャワ総会からである。国際労働者スポーツ委員会の先行組織である社会主義スポーツインターの形成については、上野卓郎「国際労働者スポーツ運動の形成」（伊藤高弘／出原泰明／上野卓郎編『スポーツの自由と現代』下〔青木教養選書〕所収、青木書店、一九八六年）三八二―三八七ページを参照。

（5）Stephen G. Jones, "The British Labour Movement and Working Class Leisure 1918-1939," Ph.D., University of Manchester, 1983.

（6）Stephen G. Jones, *Workers at Play: A Social and Economic History of Leisure 1918-1939*, Routledge, 1986, p. 165, Stephen G. Jones, *Sport, Politics and the Working Class: Organised Labour and Sport in Inter-war Brittain*, Manchester University Press, 1988, pp. 7-8, 12.

（7）Jones, *Workers at Play*, 1986, p. 161.

（8）Stuart Macintire, *A Proletarian Science: Marxism in Britain 1917-1933*, Cambridge University Press, 1980, pp. 48-49.

（9）文化的マルクス主義については、松村高夫「イギリスの「文化的マルクス主義」」（江口英一／相沢与一編『現代の生活と「社会化」』〔「シリーズ・現代の労働と生活労働」第二巻〕所収、旬報社、一九八六年）を参照。

（10）カルチュラル・スタディーズについては、グレアム・ターナー『カルチュラル・スタディーズ入門――理論と英国

での発展』（溝上由紀／鶴本花織／成実弘至／毛利嘉孝／大熊高明／野村明宏／金智子訳、作品社、一九九九年）を参照。

(11) これらの理論のイギリス・スポーツ史研究への影響と研究動向を広く押さえた日本での論考として、阿部生雄「イギリス、スポーツ史・レジャー史の研究動向――一九七〇―一九八九年」（ピーター・マッキントッシュ『現代社会とスポーツ』所収、寺島善一／岡尾恵市／森川貞夫編訳、大修館書店、一九九一年）一八四―二一八ページが参考になる。

(12) エドワード・P・トムスンの歴史理論の解説としては、ハーヴェイ・J・ケイ『イギリスのマルクス主義歴史家たち――ドッブ、ヒルトン、ヒル、ホブズボーム、トムスン』（桜井清監訳、白桃書房、一九八九年）一八七―二四八ページ、E・P・トムスン／N・Z・デイヴィス／C・ギンズブルグほか『歴史家たち』（近藤和彦／野村達朗編訳、名古屋大学出版会、一九九〇年）五九―八二ページを参照。

(13) *Jones, Sport, Politics and the Working Class*, p. 9.

(14) 伊藤高弘「スポーツの構造と認識」、伊藤高弘／金井淳二／草深直臣編『スポーツの自由と現代』上（青木教養選書）所収、青木書店、一九八六年、七―八ページ。伊藤はスポーツ構造の土台をスポーツ施設、賃金、余暇などととらえているが、筆者は、スポーツ施設、日本オリンピック委員会（ＪＯＣ）などの統括組織、国立スポーツ科学センターなどの研究機構、スポーツ基本法などの関連法規などによって構成され、社会的インフラ、労働環境、賃金、余暇時間などはスポーツを取り巻く社会経済的土台として区別したほうが理解しやすいと考えている。

第1章　イギリス労働者スポーツ連盟の結成と組織再編

はじめに

イギリス労働者スポーツ連盟（英労スポーツ連盟）は、一九二三年四月に結成されて三五年十月頃に解散するというわずか十年余の生涯をたどった組織だ。最盛期でもわずか六千人程度の会員を抱えただけの組織だったが、イギリスの男女の労働者スポーツマンの要求実現のために多大な貢献をした。ただし、英労スポーツ連盟は、男女の労働者スポーツマンの要求実現のために献身するスポーツ組織である一方で、そのときどきの労働者政党の政治戦術に従って運動方針を組み立てるような政治主義的なスポーツ組織でもある、という組織的二面性を有していた。

この点に関して、イギリス労働者スポーツ運動史研究に先鞭をつけたスティーブン・ジョーンズは、初期の論文「イギリス労働者スポーツ連盟」で、以下のように結論づけている。つまり、「一九三一年から三四年にかけて、連盟が国内外で効果的なキャンペーンを実施するために門戸を開くに連れて、連盟はアイデンティティを消失していった。（略）独自のマルクス主義的文化組織として、イギリス労働者スポーツ連盟は統一戦線の犠牲となった。政治的活動とスポーツ活動を全国レベルで調整することは骨の折れることであったから、組織化は常に容易ならぬ問題であった。(略)多くの誤った理論的観念や組織原則としての階級闘争の適用とならんで、共産党による統制も、それにふさわしい成長に貢献することをしなかった」と英労スポーツ連盟の活動の限界について指摘したうえで、「イギリス労働者スポーツ連盟は、労働者の余暇の領域における生活の質を改善するための闘争のパイオニアとみなせる。個々の地方キャンペーンは、効果のあったかぎりで、単に男女の労働者スポーツマンのために永続的な利益をもたらしただけではない。政治的な動機をもつ指導部は、申し分ないとはいえないが、イギリスのスポーツの伝統的ヘゲモニーに挑戦し、スポーツの支配的構造を問題にする運動を形づくった」[1]とその歴史的成果を評価した。

ジョーンズの論文は英労スポーツ連盟の通史を豊富な資料から丹念に分析、叙述した唯一の研究であり、その功績は大きい。彼は、英労スポーツ連盟が共産党の戦術展開の手段であったことを重視しながらも、労働者のスポーツ要求の実現を柱とする自立的運動を展開したことも視野に入れて考察を試みている。階級的組織である英労スポーツ連盟が大衆的スポーツ組織として自立的な運動を展開するようになってきた時期に、共産党の統一戦線戦術のために解体されてしまった歴史的事実を押さえたうえで、英労スポーツ連盟の存在意義を問うたのである。

しかし、これまでの研究では、十分に論じられていない問題がある。それは、前述の英労スポーツ連盟の組織的二面性についての連盟指導部内での理解の問題である。英労スポーツ連盟規約案の内にすでに組織的二面性は表れていて、そのときどきの組織運営のなかで常にその両面がぶつかり合っていたのだが、この組織的二面性は英労スポーツ連盟指導部内ではどのような関係としてとらえられていたのか、またそれは矛盾なく解決できると理解されていたのか、という問題である。この問題を解明するためには、指導部内のそのときどきの運動課題に関する議論に立ち入って、そのとき何が重視され何が軽視されたのかを丹念に読み取っていく作業が必要だろう。本章では、この問題の解明を課題とする。

1　イギリス労働者スポーツ連盟の結成

一九二三年四月五日にロンドンのストランド、エセックス通りに面したエセックス・ホールで開催された会議に労働者政党、労働組合、労働者スポーツ組織の代表が集まった。この会議には、フルハム労働組合協議会[2]、社会民主主義連盟、バターシー国鉄労働組合、チョーク・ファーム国鉄労働組合、独立労働党、全国ミュージカル・インストルメント・マーケット、ウォルサムストー労働党、製図機工組合、バーミンガムのヴェニーモア氏、ミッチャム労働者クラブ、ハムステッド労働党、クラリオン・サイクリング・クラブ[3]（以下、クラリオンCCと略記）、ステップニー労働組合協議会、クラリオン・フェローシップ＆円卓会議、電気労働組合、運輸・一般労働組合の代表がそれぞれ参加した。

臨時会長にウォルサムストー労働党のW・A・ジェイコブが、臨時書記に北イズリントン労働党のジョージ・ベネットが選出された。

さらにジェイコブ臨時会長が議長に選出され、ジェイコブ議長は、労働者体育・スポーツの問題を取り扱った大陸での国際会議にイギリス代表として出席したクラリオンCC代表のトム・グルームを紹介した。グルームはこの国際活動に関して、どのように国際連盟が設立されたのか、それが何をしようと議論したのか、そして、ロンドン（イングランドでのスポーツのための主な中心地）が連盟と結び付くこと、もしくは少なくとも連盟を設立する先頭に立つことがいかに重要だったかについて報告した。

グルームはまた、この会議にイギリス労働者スポーツ連盟を設立すべきだとする動議を提出し、満場一致で可決された。ここにイギリス労働者スポーツ連盟（英労スポーツ連盟）が設立された。

この英労スポーツ連盟設立会議では専門委員会も設置された。この委員会はその後のスポーツ大会などの準備

に責任を負うことになる。(4)

設立会議の一週間後の四月十二日に英労スポーツ連盟準備委員会が開催された。この準備委員会は最初の年次総会を準備し、運営委員会を組織する責任を負う。第一回準備委員会では最初に、ベネット臨時書記が「デイリー・ヘラルド」の編集長に宛てて、英労スポーツ連盟報告を印刷することを拒絶したことに対して抗議の手紙を書くことが合意された。次いで、提案された規約が議論され合意を得た。以下は規約案の概要である。

名称：イギリス労働者スポーツ連盟（ロンドン・グループ）。

目的Ａ：労働階級運動に確かに加わっている組織によるスポーツの促進。Ｂ：国際体育・スポーツ連盟（〔社会民主主義系の国際労働者スポーツ組織として、一九二〇年にルツェルン・スポーツ・インターナショナルを結成〕。二八年に社会主義労働者スポーツ・インターナショナル〔社会主義スポーツインター〕に改称）への加盟によって国家間の大義を助長すること。Ｃ：クラブを結成してリーグや競技会を準備するのを援助すること。

会員：すべての労働組合、社会主義協会、生活協同組合および誠実な労働者階級組織に開かれる。

加盟費：五十人の会員までは一クラブあたり年に十シリング、その後は二十五人の会員ごとに二シリング六ペンス。この料金には、ロンドン・グループ、国内と国際連盟への加盟費を含めること。

名誉会員：年に二シリング六ペンスの寄付金の支払いと同時に認められる。

図1　ウォルター・クレインがデザインした全国クラリオン・サイクリング・クラブの便箋の頭書
（出　典：「Working Class Movement Library」〔https://www.wcml.org.uk/〕）

代表：五十人の会員ごとに一人の代表。
運営委員会の代表は年次総会で選出されるものとする。(5)

英労スポーツ連盟第二回会議（五月三日、ストランド、サリー通り、チェシャー・チーズで開催）では、第一回準備委員会に提出された規約案が提案どおりに可決された。会議録を見ると、規約案がロンドン・グループから提案されたことがわかる。ロンドン・グループの結成については後で論じるが、規約案に英労スポーツ連盟加盟費を全国連盟だけでなくロンドン・グループと国際連盟の加盟費にも充てると記されているとおり、ロンドン・グループの活動は実質を伴っていた。また、臨時書記は、早期に年次総会を招集するように準備委員会に指示している。(6)

第三回会議（五月十七日、チェシャー・チーズで開催）で決定されたことには特筆すべき点が二つある。一つ目は、「規約の第三条に基づいて、ウォルサムストー共産党とすべての誠実な労働階級組織の加盟を許可することが同意された(7)」ことである。英労スポーツ連盟結成当時は、共産党と共産党系の組織であっても規約を守れば党派に関係なく加盟できたのである。二つ目は、「専門委員会に一九二三年七月七日、土曜日の「スポーツ祭典の日」（Sports and Gala Day）の必要な準備をするように指示することが同意された(8)」ことである。「スポーツ祭典の日」と称されるスポーツ・イベントを開催する準備が開始されたことは、スポーツ組織にふさわしいものだった。(9)

第四回会議（六月七日、チェシャー・チーズで開催）では、「スポーツ祭典の日」のために現在までに三十八の団体からそれぞれ二シリング六ペンスの寄付が集まっていることが報告されたが、日程を延期することが提案され同意された。しかし、「六月三十日にエセックス、ダンモウ近郊のイーストン・ロッジ（レイバー・チェッカーズ）で開催される「労働党祭典の日」（Labour Gala Day）」は実施されることが決定された。提案されたプログラムは以下のとおりである。百ヤード：男子スクラッチ／百ヤード：ヴェテランズ（ハンディキャップ）／四百ヤード：男子リレー／一マイル：男子／二百四十ヤード：女子リレー／六十ヤード：婦人スクラッチ／幅跳び／高跳び／綱引き（片側六人）／十二歳以下の少女（ハンディキャップ）／十二歳以下の少年（ハンディキャップ）／たばこレース／一マイル競歩／可能なら、二つの自転車イベント[10]。

第五回会議（六月二十一日、チェシャー・チーズで開催）では三つの提案がなされた。第一は、アマチュア陸上競技協会（アマチュア陸協）、全国サイクリスト・ユニオンとロンドン・フットボール協会への加盟について決定すること、第二は、「議長が、「デイリー・ヘラルド」紙のコラムを通じて、グレーター・ロンドンで土曜日と日曜日開催の労働者フットボール・リーグを創設することを請け合う十分な支持があるのかどうか、確かめる」こと、第三は、「書記が、週半ばと日曜日にリー・パークのフットボール・ピッチを確保する可能性を調査するよう指示する」[11]こと、だった。

第六回会議は七月十二日に開催されたが、出席者が少ないために延期された。

延期になった第六回会議（八月十六日、チェシャー・チーズで開催）では、第五回会議で調査されることになっていた労働者フットボール・リーグに関して議論し、労働者フットボール・リーグの創設を決定した。これを受けて臨時書記は、「質問に応えて手紙を書いてきたすべての協会や組織に手紙を書くよう指示された。その質問とは、①彼らのクラブがそのようなリーグに加わるのかどうか、②これらのクラブが競技するグラウンドを所有しているのか、そしてそうしたリーグが創設されれば、八つのクラブがリーグに加わる意志があるのかどうか、述べるよう求められたものだった[12]」という。この労働者フットボール・リーグは次章で扱うように、組織的日曜フットボール・リーグとして開催されていく。

アマチュア陸協、全国サイクリスト・ユニオン、ロンドン・フットボール協会に加盟する問題は議論されたが、意見の対立があり、また会議への出席者が少数だったために、八月二十三日に臨時会議を開いて議論することになった。

八月二十三日の臨時招集会議（チェシャー・チーズで開催）では、前記の三つの統括団体への加盟について議論し、どれも満場一致で加盟を決定した。また、延期されていた「スポーツ祭典の日」を翌年一九二四年五月三日に開催することを決定した[13]。

第七回会議（九月二十日、チェシャー・チーズで開催）では、英労スポーツ連盟のアマチュア陸協への加盟に際して、アマチュア陸協規定第五条（アマチュア規定）を英労スポーツ連盟規約にも明記するよう求められたことに対して合意し、臨時書記がアマチュア陸協に通知するよう指示した。この会議では、一九二五年にドイツのフランクフルトで開催されることが決定している労働者オリンピアードのイベントのリストが読み上げられ、出席者の注目を集めている[14]。

第八回会議（十二月二十日、チェシャー・チーズで開催）では、バーモンジー労働党とピアノ労働者社交・競技クラブからの加盟費が受領され、両組織が加盟することが承認された。また、英労スポーツ連盟にフットボールの試合を申し入れる印刷関連労働組合からの手紙が紹介され、臨時書記はその申し出を受け入れるよう指示し、ジェイコブをはじめとして数人が連盟を代表するべく選出された[15]。

以上で、一九二三年四月五日に結成された英労スポーツ連盟の八カ月の活動をたどってきたが、その構成団体はクラリオンCCを除けば、ロンドンを中心とした地区労働党、労働組合、生活協同組合、その他の労働者組織であり、労働運動団体に頼っていたことがわかる。ただし、ウォルサムストー共産党の加盟を認め、党派によって差別しない姿勢を示していた。また、「労働党祭典の日」「スポーツ祭典の日」を設けて競技会を開催し、労働者フットボール・リーグを組織して、労働者の日常的なスポーツ活動を後押ししようとした。そして、陸上競技、サイクリング、フットボールについては、その統括団体であるアマチュア陸協、全国サイクリスト・ユニオン、ロンドン・フットボール協会への加盟を申請し許可されていた。

2　労働組合協議会合同諮問委員会によるイニシアティブ

労働者スポーツ組織の活動を奨励し統括していく全国組織として英労スポーツ連盟が結成されたことを受けて、労働運動界も労働者のスポーツと娯楽への関心を示していく。一九二五年二月の労働組合協議会の年次総会では以下の決定がなされ、TUC総評議会にその決議を提出し、承認された。

雇用者によって作成されている福利厚生計画の効用とその労働者に向けた競技場の準備について熟慮する本会議は、労働組合とそれに所属する労働者のために組織的なスポーツや娯楽を提供する必要性を労働組合協議会に勧告すること。[16]

TUC総評議会は、TUC総評議会と労働組合協議会の代表からなる労働組合協議会合同諮問委員会を立ち上げて、八十九の労働組合協議会に対して、一九二六年二月十六日付の質問書を送り回答を求めた。その質問書は「労働者のスポーツと娯楽に関するよりよい組織のために、その地区の労働組合と労働組合協議会によってなされている準備について[17]」問うものだった。

そして同年三月十一日に、TUC総評議会は返答を受けた質問書を検討してまとめた報告書を各労働組合協議会に送っている。ちなみに、回答してきた労働組合協議会は六十五であり、二十四は未回答だった。回答の検討から明らかになったのは、「労働組合協議会を通じて労働者スポーツが組織される範囲はごくわずかだということがわかる――実際に八地区だけが会員のために何らかの形式の運動競技を組織し、あるいは組織しようと努力している[18]」ということだった。また、そのように多くの労働組合協議会で労働者のスポーツ活動に関与できていない障害が以下の諸点にあったことも分析されていた。

①財政の欠如
②競技場として利用できるグラウンドの欠如
③適正な組織者の不足
④より小さな町では関心がある人々が不十分なこと
⑤別分野の労働者クラブがすでにしっかりと確立していること
⑥そこから抜ける人々を増やすことが難しい雇用者計画の存在[19]

同様の質問書は英労スポーツ連盟にも送られ回答もなされているが、中身はわからない。しかし、TUC総評議会は英労スポーツ連盟の回答を検討して、「連盟は、地域内での活動を調整するために、適当な人物をスポーツ書記として任命することができるだろうし、おそらく連盟リーグを運営できるだろう。連盟による競技会が運営され、チャンピオンたちが全国的に競い合うことができるだろう[20]」とした報告書も、同様に各労働組合協議会に送っている。

そのうえで、四月二十日に労働組合協議会合同諮問委員会は会議を開いて、英労スポーツ連盟書記のトム・グルームの手紙を検討した結果、「イギリス労働者スポーツ連盟の書記と面談し、委員会に折り返し報告するために小委員会が任命されること[21]」とする動議が可決された。

同委員会小委員会は六月四日に会議を招集して、労働者スポーツの組織化の問題全体について議論した。この小委員会には労働組合協議会合同諮問委員会を代表してハーバート・H・エルヴィン（議長、総評議会の代表）、J・J・ヴォーガン（労働組合協議会の代表）、ヴィンセント・チューソン（委員会の書記）とともに、英労スポーツ連盟側からトム・グルーム（英労スポーツ連盟書記）とジョージ・ベネット（英労スポーツ連盟ロンドン・グループ）が出席した。

小委員会の会議報告から、英労スポーツ連盟の結成に関する詳細がわかるので、そのことも含めて会議の内容を紹介する。会議冒頭で議長のエルヴィンがグルームに英労スポーツ連盟のこれまでの活動について述べるように求めた。それに応じたグルームの報告を少し長いが以下に示す。

グルーム氏が述べるには、イギリス労働者スポーツ連盟が存在できているのは国際運動のおかげだったのだから、まず第一に国際運動の概略を述べること、ならびに、そうした関係の構築が全国労働者イギリス・スポーツ委員会宛てに一九一二年にフランスから出された手紙を受け取った結果であること、を示すことが賢明であると考えた。彼は、そのときの手紙の記載内容に当てはまる唯一の組織であるクラリオン・サイクリング・クラブに道を見いだしていた。彼はその理念の可能性に引かれ、一三年にゲント〔ベルギーの都市：引用者注〕で開かれる国際労働者スポーツ連盟の会議に彼を派遣するようクラブに同意させた。その会議で「スポーツを通じて国際的友愛を」が決議された。規約を立案するために小委員会が選出され、その小委員会は一四年一月にブリュッセルで会合をもち、ドイツ、フランス、ベルギーとイングランドの代表が参加した。規約は立案され、その際、当面の問題はブリュッセルの国際事務局に任された。国際事務局は支持する国々に手紙で提案を知らせた。国際会議が一四年九月に開催されることになったが、大戦の勃発によって妨げられ、それは一八年に開催された。そのときはフランス、ベルギー、イングランドだけが代表を送った。二〇年のルツェルンでの会議には、八ないし九カ国が代表を送り、規約が採択された。基本理念はスポーツが戦争に代わることだった。

国際会議の成果は、イングランドがフットボールチームを大陸へ派遣する招待状を受け取ったことと、必要な基金が「クラリオン」とクラリオン・サイクリング・クラブを通じて集められたことだった。一九二〇年にフットボールチームがフランスに派遣され、二一年にフランスがイングランドを訪れ、二三年に彼らが再び訪れた。招待状はまたドイツからも送られてきたが、フットボールチームが二四年に派遣されて、壮大な歓迎会が催され、四つの町を訪問した。

現在、イギリス労働者スポーツ連盟はクラリオン・サイクリング・クラブとロンドン・グループから構成されている。連盟のロンドン・グループはそれに加入する二十一の労働者組織を抱え、一九二三年以来存在していた。

基金の蓄えがなかったために、イギリス労働者スポーツ連盟の完全な代表者を確定するための会議を招集することは不可能だった。現在、同様の組織を設立する努力がシェフィールドでなされているけれども、連盟は単にロンドンとその周辺で必要最小限の形で機能しているだけである。彼はシェフィールドで責任を負っている人々と会っていて、何らかの前進が図られているようだった。[22]

同様に、ジョージ・ベネットの報告も示す。

ベネット氏（ロンドン・グループの書記）が述べるには、（ロンドン）グループは一九二一年にフランス人たちと競技するために集められたフットボールチームに起源があった。[23]

二人の報告からは、英労スポーツ連盟の結成以前に、国際労働者スポーツ連盟（ルツェルン・スポーツ・インターナショナル）の方針にかないそうなクラリオンCCを母体としてトム・グルームが国際運動に関わっていたこと、そして、クラリオンCCとともにフランスチームと対戦するために集められたフットボールチームをもとに組織されたロンドン・グループが中心になって英労スポーツ連盟を結成したこと、がわかる。

グルームもベネットも話しているように、英労スポーツ連盟は種目も地域も限られたスポーツ組織だったため、彼らもやはり労働運動の力を頼りにした。グルームは、「労働者スポーツ組織は祖国の労働組合組織から離れてはうまくいかなかったと常に明確に述べていた。彼は、それを分離した組織として運営することに少しの意味もなかったし、労働組合がそれに関わり、それを彼ら自身の問題としないかぎり、イングランドで成功を収めることは決してなかっただろう、と確信していた」[24]と報告している。

労働組合協議会の代表としてヴォーガンは、「労働組合協議会の庇護のもとでの力強い労働者スポーツ組織の発展が、労働組合運動を非常に活気づけるのだ」[25]と発言した。

議長のエルヴィンはまとめとして、「初めにロンドンに全力を注ぎ、一度に運動競技の一部門に着手することが賢明だろうと考えた。それらは競い合うための場所の確保の難しさを抱えているが、計画はスポーツのすべての側面を覆うように練り上げられるだろう。（略）必要とあれば小委員会のさらなる会合が招集されるだろう」[26]と締めくくった。

その一年後、一九二七年二月九日に第二回の小委員会が開催された。この間にＴＵＣは、炭鉱経営者の賃下げ要求に対してＴＵＣが炭鉱労働者の組合支援のために組織したゼネスト（一九二六年五月四日から九日にわたって展開）が、政府の強硬姿勢の前に具体的回答を得られずに敗北に終わる、という屈辱を経験していた。

この第二回会議では以下の見解が明らかにされた。

①労働者スポーツの組織化を奨励する目的で機構を発展させる試みがなされるべきこと、ならびに、その第一歩として、イギリス労働者スポーツ連盟が組織的労働者のスポーツ面の要求を満たす団体としてＴＵＣ総評議会によって承認されるべきこと。

②この承認は以下の事柄を意味すべきである。

（ａ）連盟がＴＵＣ総評議会によって承認され、ＴＵＣ総評議会と協力して活動しているという事実に、彼らの手紙の表題が照合していること。

（ｂ）加盟団体や労働組合協議会と連絡をとるためにＴＵＣ総評議会の機構を活用すること。

（c）連盟の委員会へ一人もしくはそれ以上の代表をＴＵＣ総評議会が任命すること。

③連盟がより直接的な統制を望むかどうかをＴＵＣ総評議会が決定する目的で、後日その位置づけを再検討すべきこと。(27)

以上は小委員会がまとめた見解であるためにそれがそのままＴＵＣの見解ということにはならないが、一九二七年中には、ＴＵＣ総評議会は英労スポーツ連盟を正式な労働運動組織として承認することになる。

3　イギリス労働者スポーツ連盟の内部分裂

前述のように、英労スポーツ連盟第三回会議で、ウォルサムストー共産党とすべての誠実な労働階級組織の加盟が許可されていた。イギリスの共産主義者たちも革命と資本主義に対する闘争の手段として労働者スポーツ運動を位置づけるようになっていて、英労スポーツ連盟が結成されると、とりわけ共産主義青年同盟（共青）の指導者たちが英労スポーツ連盟に加入して、その影響力を行使し始めた。共産主義者にとって優位に事を運べるきっかけになったのが、一九二七年八月から九月の労働者国家ソ連（ソビエト連邦）へのフットボール・ツアーだった。(28)このフットボール・ツアーを組織したのは共産主義者ウォルター・タプサルとジョージ・シンフィールドだった。

英労スポーツ連盟は一九二八年二月八日に全国委員会の会議を開催し、そこでロンドン・グループ内の抗争が明るみに出た。会議の出席者は、Ｒ・Ｂ・ウォーカー（議長）、ジェイコブ、ジョージ・ベネット、バニヤン、タプサル（以上の四人はロンドン・グループ代表）、トム・グルーム（クラリオンＣＣ書記であり代表）、ヴィンセント・チューソンだった。

会議冒頭でルツェルン・スポーツ・インターナショナル書記からの手紙をグルームが読み上げ、赤色スポーツ・インターナショナル（赤色スポーツインター）がオスロ、プラハ、モスクワで準備している祭典に各国の労働者スポーツ組織が参加することを禁じる主張が示されていたことを受けて、「すでにロシアにフットボールチームを派遣する責任を負っていたロンドン・グループが抱え込んだ困難[29]」について触れる。さらに、ロンドン・グループのシンフィールドによって発行された「労働者スポーツ運動（ソビエト・ロシアでの初めてのイギリス労働者フットボールチームの経験に関する記述を含む）」と題するパンフレットを回収することを要求した。

　このグルームの提案にタプサルが反対して、議論は膠着状態になった。そこで、議長のウォーカーはロンドン・グループ内で意見の収拾が図られるまで会議は延期するとして、閉会した。

　このパンフレットには、「労働組合と労働党の運動に認められるいくぶん保守的な見解が、資本主義スポーツに対する闘いに着手するのを長らくためらわせていた[30]」とこれまでの英労スポーツ連盟の運動方針を批判する主張も記されていて、グルームにとっては認められないものだった。また、パンフレットの付録「イギリスチームの宣言――一九二七年九月、ソビエト・ロシアを去るにあたって」には、「あらゆる機会に示された熱狂によって、我々は、我々の訪問が両国の友情や友愛を強化したと確信していて、そして我々は、ソビエト・イギリスにチームを招待できるときを楽しみにして待っている[31]」と記されていて、イギリスをソ連のような社会主義国にすることを示唆する内容であり、これもグルームには許容できなかったことだろう。

図2　イギリス労働者スポーツ連盟フットボール・チームのソ連邦への遠征の経験を報告したパンフレット（1928年）
（出典：「Working Class Movement Library」〔https://www.wcml.org.uk/〕）

図3　1927年のソ連邦訪問のとき時の写真。中央がジョージ・シンフィールド
（出典：「365football.org」〔http://www.365football.org/world-cup-2018-the-story-of-the-1927-british-workers-tour-of-russia/〕）

英労スポーツ連盟内で共産主義者が徐々に力をもってくるなか、英労スポーツ連盟初の全国総会が一九二八年四月二十八日にバーミンガムで開催される。この全国総会で、グルームらの「改革主義的幹部」が排除されて、ジョージ・シンフィールドを全国書記とする共産主義的指導部が選出された[32]。これによって英労スポーツ連盟は共産主義的な組織の色合いが強くなっていき、そのためにTUCや労働党系の役員および加盟組織であるルッエルン・スポーツ・インターナショナルとの間で亀裂が生じていった。

その一例が、英労スポーツ連盟会計担当ジョージ・ベネットの脱会問題だった。全国総会に次いで六月三日に開かれた全国委員会の決定に失望したベネットは、シンフィールド宛ての手紙のなかで、英労スポーツ連盟からの脱会の意思を示すとともに、全国委員会決議とシンフィールドの行動に不満を述べている。その要点は第一に、会計担当であるベネットが、英労スポーツ連盟加盟費から資金を受け取っていないし、会計報告書も手渡されていないこと、第二に、ソ連ツアーへの支払いのための小切手などにベネットのサインを求められていないこと、第三に、英労スポーツ連盟が社会主義スポーツインターに加盟していながら赤色スポーツインターの招待を受け入れたことに対して、クラリオンCCが英労スポーツ連盟全国委員会を非難していること、第四に、ロンドン・グループに加盟する会員がアマチュア陸協などのアマチュア規則に違反したこと、だった[33]。

この告発ともとれるベネットの手紙に対して、シンフィールドが彼に返信して直接説明したかどうかは資料からはつかめていない。しかしその後シンフィールドは、一九二八年七月二十八日付の英労スポーツ連盟全国委員会議長J・マーチン宛ての手紙のなかで、ベネットからの手紙の内容についての異論とその理由を説明している。彼の手紙によれば、ベネットが指摘する一点目については、多忙のためにシンフィールド自身に手抜かりがあったことを認めている。二点目については、どのような資金もソ連ツアーの経費を賄うために受け取っていないので小切手などは一切なかったと説明している。三点目については、前回の全国委員会で赤色スポーツインターの招待を受け入れることを決定しているので問題がないことを説明し、加えてクラリオンCCが英労スポーツ連盟加盟費を未払いであることを問題視している。四点目については、英労スポーツ連盟代表団がソ連で気楽に過ごすためにある程度の小遣いが与えられることにはベネットも賛成していたし、このことがアマチュア規定に違反するとは思わない、と説明している。[34]

またシンフィールドは、このマーチン宛ての手紙のなかで、ベネットが書記を務めるロンドン労働者スポーツ協会〔ロンドン労働党スポーツ協会の誤り：引用者注〕結成の告示が七月二十八日付の「デイリー・ヘラルド」に掲載されていることに着目して、「彼は英労スポーツ連盟の役員でありながら英労スポーツ連盟と敵対するスポーツ組織を結成しよう[35]」としていると批判した。

要するに、英労スポーツ連盟の新指導部体制と方針転換を受け入れられなかったベネットが、英労スポーツ連盟を脱会して新たにロンドン労働党スポーツ協会を結成することは避けられない事態だったのである。この背景には、赤色スポーツインターと社会主義スポーツインターの対立、そしてイギリス国内での共産党と労働党およびTUCとの対立がある。シンフィールドとベネットの関係は、その対立をまさに個人のレベルで象徴的に示していたのである。

さらに英労スポーツ連盟内部の亀裂は、夏季スパルタキアード参加問題によって拡大する。一九二八年八月にモスクワで開催される赤色スポーツインター主催の夏季スパルタキアードに英労スポーツ連盟が参加することについて、シンフィールドが社会主義スポーツインター書記長R・スィラバ宛てに二八年六月六日付と六月十一日付の手紙で問い合わせた。これに対するスィラバからの六月十八日付と六月二十日付の返信では、社会主義スポーツインター第四回大会（ヘルシンキで開催）の決定に従って、「モスクワで二八年に開催されるスパルタキアードを、本大会は共産党の祭典と見なすために、社会主義インターナショナルに所属する連盟は参加することを許されない。（略）主にレニングラードでの冬季スポーツ・デーがインターナショナルに恥辱を与えたことは、赤色スポーツ・インターナショナルの指導者たちが真面目に統一行動を形成しようとしていないことを証明している」[36]と、英労スポーツ連盟新指導部の質問に答えている。しかし、シンフィールドら英労スポーツ連盟代表団は、社会主義スポーツインター事務局の返答を無視して八月十二日から二十二日の夏季スパルタキアードに参加した。シンフィールドら新指導部にとって、夏季スパルタキアード参加に関する社会主義スポーツインター事務局への問い合わせは儀礼的なことであり、それほど重きを置いてはいなかったのである。

4　組織再編のためのイギリス労働者スポーツ連盟第二回全国総会

「全国委員会報告」に示されたイギリス労働者スポーツ連盟の成果と課題

第一回全国総会を受けて新指導部は、英労スポーツ連盟を共産党や共青の支援を受ける組織とするため、また赤色スポーツインターへの加盟を求めて組織再編を進めていったが、その仕上げの場が一九三〇年十二月にロンドンで開催された第二回全国総会だった。

全国書記シンフィールドは、第二回全国総会で全国委員会を代表して報告している。彼の報告では、再編された英労スポーツ連盟の組織的特徴が以下のように確認、強調された。すなわち、①第一回全国総会で、「改良主義的幹部を排除する」ことで「悲観主義と意気消沈させる効果」が完全に排除されたこと、②「総会によって採択されたねらいと目的の労働者階級的な性格のために、ＴＵＣ総評議会と労働党執行委員会が英労スポーツ連盟への「承認」を取りやめた」こと、③クラリオンＣＣが英労スポーツ連盟から脱退したこと、④これらによって、

「旧来の観念は一掃され、イギリスにおける労働者スポーツ運動の前進のために必要な活力と明確な展望が示された」[37]こと、である。TUCと労働党に縁がある人々が英労スポーツ連盟から離れてクラリオンCCも脱退したことが、実際に労働者スポーツ運動の前進に必要な活力と明確な展望を与えたとは思えない。シンフィールドら新指導部がおこなったことは、英労スポーツ連盟を階級的組織に再編することだった。

しかし、シンフィールドの報告には、英労スポーツ連盟の組織拡大とスポーツ交流の広がりも記されていて、スポーツ組織としての自立的運動もそこに見て取れる。この間の活動としては、モスクワでのスパルタキアードへの参加をはじめとして、スイスやノルウェーへのスポーツ代表団の派遣、ロンドン・グループ祭典へのフランスとドイツのスイマーの参加など国際ツアーが活発におこなわれ、イギリス国内でもかなりのグループが生まれていたようである。最大の発展はロンドン・グループだが、他にもヨークシャ・グループ、グラスゴー・グループ、ダービー・グループなどがあり、このなかに地区別・種目別の協会、クラブ、リーグが組織されていた。ロンドン・グループについては以下の記述がある。

イズリントン労働者スポーツクラブとトッテナム労働者スポーツ協会の結成は、イギリス労働者スポーツ連盟がその迅速な発展計画の基礎にできる事例である。土曜日と日曜日のフットボール・リーグは、それ以前から競技への強い関心を維持しており、競技の能力を著しく高めた。サイクリング部門は、一九三〇年初頭に再組織されて以降健全な発展を示した。（略）ネットボール・リーグはその影響が及ぶ範囲を広げていて、他のスポーツもいまやロンドンの少女たちによって組織されてリーグ結成の過程にある。水泳部門は三一年シーズンの初めに活動を開始した。シーズンの活動の最高潮――ロンドン水泳大会――は、これまでにイギリス労働者スポーツ連盟によって開催されたなかで最もよく組織され成功したスポーツ・イベントだった。この部門はすばらしい可能性をもっている。全国小委員会と共同での赤色スポーツ・デーの組織化は、イギリス労働者スポーツ連盟にとって最も重要なイベントであった。というのも、グループがスポーツの組織化の経験を積んだだけでなく、何千人ものロンドンの労働者がキャンペーンに動員されたからである。三〇年八月の大聖堂での労働者カーニバルは、我々が相応な準備作業をすることで資本主義的組織よりも大規模にスポーツ祭典を組織しうることを明瞭に示した。ボクシング、サイクリング、フットボール、陸上競技の競技会は高い技術レベルにあった(38)。

第二回全国総会までの一、二年でかなりの組織再編・拡大が進み、労働者のスポーツ要求を満たすための活動が豊富に展開されているように見える。土・日のフットボール・リーグは労働者の休日の活動としてはかけがえのないものだったし、ネットボールのような少女たちのための活動も広がりを見せていた。第一回赤色スポーツ・デーは四月二十六日にロンドンで、ソ連、ドイツ、フランスの労働者競技者らを迎えて開催された。この催しはロンドンの工場の労働者たちに、とりわけイーストエンドの労働者たちに参加してもらうことをねらいとしたものだった(39)。労働者カーニバルは「デイリー・ワーカー」の後援のもとにケントのシェピー島で開催された大スポーツ・イベントであり、英労スポーツ連盟加盟のフットボール、水泳、クリケット、ネットボール、陸上競技の会員を集めておこなわれた(40)。

しかし、満足がいく成果はロンドンだけに限られていたようである。「グラスゴー・グループの進歩は満足なものと見なすことはできない(41)」と指摘を受けていて、また英労スポーツ連盟全体としても次のように総括していた。「全国小委員会は、必要となる新しいクラブやグループへの援助を果たすことができなかった、という事実に十分に気づいていた。この主な理由は、クラブやグループ自体が財政的にも道徳的にもナショナルセンターに対する援助と義務の承認を欠いていたことにあり、また、英労スポーツ連盟の時代遅れの機構それ自体にあった(42)」。それぞれの地域スポーツ活動を活発にして、その地域組織の自発的結集の延長線上に英労スポーツ連盟の統一を成し遂げることが目指されていたが、スポーツ組織としての成長は全体でも地方でも満足のいくものではなかったということである。

イギリス労働者スポーツ連盟「規約案」の提案

「全国委員会報告」に引き続いて、シンフィールドが「規約と目的に関する全国委員会の決議案」を提案した。この英労スポーツ連盟「規約案」と、次項で考察する英労スポーツ連盟の「要求のプログラム」が、シンフィールドを中心とする新指導部によって再編された英労スポーツ連盟の組織的性格と当面の運動方針をはっきりと示すものだった。提案された規約には「赤色スポーツ・インターナショナルの支部、イギリス労働者スポーツ連盟の諸原則に関する序文」がまずあり、この文章を見ると英労スポーツ連盟が何をしようとする組織かが明らかである。規約案は英労スポーツ連盟の組織的性格を知るうえで極めて重要な資料なので、以下に全文引用する。

「イギリス労働者スポーツ連盟規約案」

〈赤色スポーツ・インターナショナルの支部、イギリス労働者スポーツ連盟の諸原則に関する序文〉

現在、イギリスのスポーツおよび競技活動は、主に支配階級の影響下に置かれている。彼らは、彼ら自身の特別な利益を促進するために、この手段〔スポーツと競技活動：引用者注〕を通じて、一般には労働者の、とりわけ若い労働者の心をより巧く完璧に掌握しようと努めている。労働者に備わるスポーツへの健康的な衝動がどうしてそうしたやり方で利用されるのか、を見いだすのは難しいことではない。つまり、それはプロフェッショナル・スポーツを後援すること、それもあらゆるその腐敗とともに資本家の新聞によって。大学、パブリック・スクールなどによって代表されるあらゆる形式の古びたアマチュアリズムを支持すること、たいていそれはスト破りの組織と同じように悪名高いものである。そして、ボスが金を出す工場スポーツクラブを奨励し発展させること、である。これらはこの点での実例である。

これにはイギリス労働者スポーツ連盟によって代表される労働者スポーツ運動は反対である。イギリス労働者スポーツ連盟はボスのスポーツに対して、あらゆるその形式を暴露し対抗するだろう。イギリス労働者スポーツ連盟はその隊列のなかに労働者を勝ち取るように努めるだろう。工場のクラブに参加している労働者には特別な注意が払われる。イギリス労働者スポーツ連盟は、そのようなクラブが賃金と労働条件を劣悪にするための梃子として利用されるその方法の持続的な暴露を通じて、これらのクラブでの労働者統制に対して闘うだろう。イギリス労働者スポーツ連盟は、あらゆるときに労働者スポーツクラブの結成を援助するだろうし、あらゆる地域で労働者スポーツクラブのための競技施設を改善するために闘うだろう。

イギリス労働者スポーツ連盟は、労働者に備わったスポーツの衝動を、スポーツの場で、また産業の現場で、彼ら自身の利益に奉仕する方向に向けるだろう。

そのような原則でイギリス労働者スポーツ連盟は創立され、この基礎のうえでイギリスのすべての労働者の支持を求める。

一、名称　この組織の名称は、イギリス労働者スポーツ連盟である。

二、目的

①イギリス労働者スポーツ連盟の目的は、イギリスの労働者の間に清く健康的なスポーツ要求を奨励し育成すること、ならびにボスのスポーツの堕落した性格を暴露すること、

②地方・中央当局によるあらゆる形式の身体的レクリエーションのためのよりよい施設の準備のために、ならびに日曜競技会を合法化するために、永続的な闘争をおこなうこと、である。

三、国際加盟

赤色スポーツ・インターナショナルが国際領域でイギリス労働者スポーツ連盟の諸原則を実行しているために、イギリス労働者スポーツ連盟は赤色スポーツ・インターナショナルに加盟する。

四、会員資格　イギリス労働者スポーツ連盟への加盟認可

□□□労働者スポーツクラブは、□□会員を基礎として□年間にわたるイギリス労働者スポーツクラブの

加盟セクションである。イギリス労働者スポーツ連盟の会員資格は、イギリス労働者スポーツ連盟の規約を受け入れるか、その規約にかなう、すべての労働者スポーツクラブもしくは協会に開かれる。

五、加盟費

ａ、個人会員セクション　イギリス労働者スポーツ連盟への加盟費の支払い額は一人あたり一週間に一ペニーであり、その五〇パーセントが地区で保有される。

ｂ、加盟クラブ　イギリス労働者スポーツ連盟への加盟費の支払い額は一人あたり一カ月に一ペニーであり、その五〇パーセントが地区で保有される。

ｃ、無所属の個人会員　イギリス労働者スポーツ連盟への加盟費の支払い額は、イギリス労働者スポーツ連盟全国委員会に対して一年間に最低二シリング六ペンスとする。

ｄ、赤色スポーツ・インターナショナル　赤色スポーツ・インターナショナルへの加盟費の支払い額は毎年一会員あたり一ペニーであり、この加盟費は一月中に集められ、全国会計担当に送られる。

六、全国総会

イギリス労働者スポーツ連盟の全国総会は、□年ごとに召集され、クラブもしくは協会からの会員二十五人あたり一人の代表によって構成され、その際にクラブもしくは協会からは、事前にイギリス労働者スポーツ連盟全国委員会に対して加盟費が支払われる。

七、全国委員会

ａ、全国委員会は、全国総会で、それぞれの地区ないしは協会から五百人の会員ごとに、あるいはそれに類する会員ごとに一人選出される代表から構成され、そして半年ごとに、また必要とあればより頻繁に開催される。

ｂ、全国小委員会は、全国委員会へのロンドン・グループからの代表とイギリス労働者スポーツ連盟の役員から組織され、各週また必要とあればより頻繁に開催され、そして必要と考えられる場合には、その委員を選出する権限をもつものとする。そのようにして選出された委員は票決権をもたない。全国小委員会によって処理される実務の概要は、すべてのクラブないし協会に、ならびにイギリス労働者スポーツ連盟のすべての地区委員会に回覧されるものとする。

八、役員と役職名

以下の役員は、全国総会で選出される。一、会長、二、三人以下の副会長、三、書記長、会計役。イギリス労働者スポーツ連盟の会長は、全国委員会および全国小委員会の議長を務める。全国委員会は副議長と二人の監査役を選出する。

九、国際試合とツアー

a、全国委員会は、あらゆる機会にイギリス国内でも諸外国でも国際試合やツアーを組織するように務める。これらのイベントでのイギリス労働者スポーツ連盟の代表はもっぱら加盟会員から編成される。

b、全国委員会はまた、可能なかぎり国内の地区対抗競技会やトーナメントを組織する責任を負わなければならない。

十、その他

イギリス労働者スポーツ連盟の全般的福祉に効果を上げる問題が本規約で扱われていないときには、全国委員会と全国小委員会は、すべてのそうした場合に対処する権限をもつものとする。(43)

前記の英労スポーツ連盟規約案の序文からは、次のことが確認できる。英労スポーツ連盟の最終的な目的は、ボスのスポーツの堕落した性格を暴露することによって、労働者を英労スポーツ連盟の隊列に引き入れることである。ボスのスポーツとは、プロスポーツ、高等教育機関の古びたアマチュア・スポーツ、工場スポーツなど、イギリス資本主義社会の支配層によって提供されるスポーツである。これに対抗するのが英労スポーツ連盟を中心とした労働者スポーツ運動である。そして、労働者スポーツ運動を発展させるためには、工場などで労働者スポーツクラブを育成し、またあらゆる地域で競技施設の改善のために闘うことが必要である。

しかし、当時の労働者の目線から見れば、そこには明らかな矛盾があった。一方で、プロスポーツも工場スポーツクラブも敵視して労働者のスポーツ欲求を満たすことを困難にしておきながら、他方で、「地方・中央当局によるあらゆる形式の身体的レクリエーションのためのよりよい施設の準備のために、ならびに日曜競技会を合法化するために、永続的な闘争をおこなう」という目的を掲げていたのである。

イギリス労働者スポーツ連盟の要求のプログラム

ロンドン書記トム・コンドンによって提案された「要求プログラム」(44)は以下のように定義されている。「要求のプログラムは、労働者スポーツの諸原則を何千人もの労働者に詳しく説明するための、そして、我々が労働者階級スポーツ組織であるイギリス労働者スポーツ連盟へと獲得しなければならない、また獲得できる数百の工場、路地、クラブのチームに広めるための、我々のプラットフォームである」(45)。つまり、要求プログラムは、英労スポーツ連盟規約案の序文の内容を実践するための行動綱領なのである。

要求プログラムでは、まずこの間の英労スポーツ連盟の運動の成果を数行で記した後に、以下の二点の組織的性格が説明される。第一に、英労スポーツ連盟は「できるかぎり広い基礎のうえに築かれる労働者階級スポーツ組織であること」、第二に、「イギリス労働者スポーツ連盟はボスのスポーツに対抗して労働者スポーツを象徴する」(46)こと。そしてこれに続いて、英労スポーツ連盟所属のグループやクラブに対して具体的な要求項目を示している。

初めに、要求は「異なる町や地区で異なる状況のために一様でないことが指摘されなければならない」ため、「要求プログラムは労働者スポーツ運動の階級的性格を体現しているけれども、ある一定の地区では既存の状況が受け入れられなければならない」(47)としている。当然のことながら、労働者スポーツ運動も地域の実情を考慮して進められなければならないということである。

そして、その事例がトッテナムでの運動だった。要求プログラムでは以下のように記している。トッテナム「地方議会は二票差で、その司法権のもとで「安息日」に公園を開放することを許可するのを拒否した。地区労働党の機関は直ちに、この決定に対する長い抗議の論説を公表した。（略）我々はいまや、トッテナム労働者が請願書の提出をおこなうこと、またそれが地方の労働者スポーツクラブによって援助されることを決定している。（略）地方議会への以下の要求に対して多数の労働者の支持を取り付けるために、あらゆる試みがなされるだろう。①日曜日にすべての公園と空き地を開放すること、②そこにあるピッチを労働者チームが自由に利用できるような形で提供されること、③グラウンド管理人の雇用によって適切に維持されること、④利用自由な更衣施設が提供されること」[48]。このトッテナム日曜スポーツ・キャンペーンには、英労スポーツ連盟の狭量なセクト主義は見られない。トッテナム労働党によって進められている議会闘争に議会外から援助を与える闘いを組織して、トッテナム労働者のスポーツ要求の実現に導こうとしているのである。さらに、この闘争課題を全社会的な闘争課題にリンクさせていることは注目すべきである。つまり、「我々のキャンペーンは、いまや労働者憲章の周りに展開されている大衆的な労働者階級キャンペーンを通じて示される、合理化と失業に反対する労働者の全般的なキャンペーンにおいて連結される」[49]。生活の糧を奪われた労働者は、日曜日にスポーツを享受するどころではないから、労働者の生活を守るという大きな課題にすべての闘争課題が集約されるのは当然のことだった。

5　イギリス労働者スポーツ連盟第二回全国総会以降に提起された諸課題

技術部局と組織部局の設置をめぐる議論

さて、英労スポーツ連盟第二回全国総会が閉会してから第三回全国総会が開催されるまでの約二年三カ月の間にはいくつもの各種委員会が開かれたが、そこでの議題は大筋次のとおりだった。英労スポーツ連盟組織再編の核としての技術部局と組織部局の設置、英労スポーツ連盟出版物の編集と発行、ロンドン労働者フットボール協議会（労フットボール協）の活動と英労スポーツ連盟の統一戦線戦術との関係、ロンドン・グループの再編と英労スポーツ連盟コミッションの設置、などである。以下では議題ごとに整理して検討し、そこに英労スポーツ連盟の組織的二面性の問題がどのように現れてくるのかを明らかにしたい。

英労スポーツ連盟第二回全国総会が閉会して半年後の一九三一年六月七日に、正規全国委員会が開催された。それ以前にも全国小委員会が開催されているようだが、議事録が残っていないために詳細はわからない。この正規全国委員会では、第二回全国総会で決議された「要求プログラム」の実行が遅れていることについて率直に議論している。[50]

全国小委員会を代表して報告をおこなったシンフィールドは、英労スポーツ連盟の組織の問題と技術的知識の欠如の問題を挙げ、英労スポーツ連盟の運動の組織面での弱点を指摘している。すなわち、現在会員数は六千人程度だが、総計九十クラブ中十九クラブだけが会費を支払っている状況で、会報発行のための委員会を設置したにもかかわらず財政難によっていまだ発行できておらず、赤色スポーツインター加盟費も未払いのままである。スパルタキアードへの代表団参加のための資金集めもうまくいっていない。英労スポーツ連盟会員数は増加して新しいクラブも結成されている半面、「小委員会は全体として報告が非常に陰鬱であることを実感している」[51]。全体としてマイナス面ばかりの指摘だった。

審議では、マンチェスター・グループを代表するＡ・Ｃ・ブラウンとゴールドマン、ならびにスコットランド・グループを代表するジャーミンから、全国委員会の任務不履行を批判する意見が続出した。第二回スパルタキアードに向けた資金計画の不履行についての問責、全国書記シンフィールドが多くの仕事を抱えすぎていること、多くの同志を全国委員会で働かせるべきこと、などである。これらの批判に対してシンフィールドは、「我々小委員会は、我々の仕事の大部分をロンドンに集中させたが、我々のできるかぎりのことをしなかったこと、そして我々がなぜ間違っているかを直視しなければならないこと、を理解するよう求められている。我々は仕事を配分すべきである」[52]と返答し、問題があることを率直に認めた。

この全国委員会では「組織化提案に関する同志イーストマンの報告」[53]も提出された。イーストマンの提案は承認され、彼が提起した論点が次回の全国小委員会で議論されることになった。彼の報告では、スパルタキアードへの代表派遣にあたり、代表団派遣の経費の他に分担金として五十ポンドを供出する必要があるため、総額三百ポンドの基金計画を実施しなければならないことがまず掲げられた。そして、組織が総会以降弱体化している状況では、地域委員会を設置すること、クラブ代表はこれら地域委員会の一員であること、またクラブ代表は地域委員会に交代で代表を送ること（ロンドンとスコットランドに妥当）、「デイリー・ワーカー」を活用すべきこと、会報発行に向けて会報協議会を組織して定期的に会議を開くこと、が訴えられた。

審議では、ジャーミンが、①「デイリー・ワーカー」に英労スポーツ連盟の連載記事を定期的に掲載するとともに販売も受け持つこと、②地域広報誌を発行すること、③国際書記を選出すること、④全国小委員会を諸部局に分割し技術部局を設置すること、⑤フットボール協議会のために全国小委員会からの代表を選出すること、などを提案した。このジャーミンの提案は具体的だったため、シンフィールドもイーストマンも多くの点で同意している。

シンフィールドは、ジャーミンの発言に賛同しながら、①「スポーツの全局面を吟味し理解するために」連盟内に「技術的専門部」をつくること、②「技術部局と組織部局は全国小委員会の要になる事務局を設置する」こと、③フットボールチームをつくるにあたっては、フットボールチームのメンバーが「望んでもいないことを無理強いする」のではなく、「フットボーラーは主にフットボールに興味をもっているのだから、我々は彼らにフットボールを提供しなければならない」[54]ことを求めた。イーストマンは、シンフィールドの自宅が事務所と兼用になっている実情を考慮して、事務所を別に確保すること、技術部局の問題は全国小委員会で扱われなければならないこと、シンフィールドの仕事から技術的な仕事を別の担当者に移して負担を軽減することなどを主な内容として発言した。

全国委員会で議長が提案し各委員からも賛同された技術部局に関する全国小委員会の会議録は、残念ながら残っていない。シンフィールドの説明を借りれば、「スポーツの全局面を吟味し理解するための技術的専門部」なるものが、英労スポーツ連盟の運動を進めていくうえで組織部局とともにどうしても必要であることはよく理解できる。しかし、その機関が実際どういう仕事をするのか、どういう構成になるのかはまったくわからない。かろうじて、全国小委員会内に事務局を置いてそこが組織・技術両部局の実務を担当することだけは、シンフィールドの発言から理解できる。

この点に関しては、正規全国委員会から八カ月たった一九三二年二月七日の全国委員会で、技術部局の問題が議論されたことがわかっている。会議録によれば、技術部局の役割を略述し、「技術部局のメンバーが各種スポーツの指導者として働くことが決定された」(55)とある。英労スポーツ連盟に加盟するクラブや協会の個々の種目特性を理解し、その活動を援助していく機関として技術部局を設置したということである。しかし、いまだ正式な名称や構成、役割分担についてはわからない。

イギリス労働者スポーツ連盟出版物の編集と発行について

同じく一九三二年二月七日の全国委員会では、重大な問題として、連盟の出版物の問題が議論された。ジェフリー・ジャクソンから、この間に会報「スポーツとゲーム」第三号が発行されたが、会報を定期発行するにはより多くの広告を受け入れることと千シリングの基金を集めることが不可欠であると報告があった。さらに、「印刷された月刊誌」の刊行について議論し、創刊号を四月に刊行することと、そのための編集委員会を組織することが決定された。編集委員会の構成は、W・カーン編集長、ジェフリー・ジャクソン書記兼営業部長、ホワイト刊行責任者、スマート（ダービー）、クレム・ベケット（ウエールズ）とベニー・ロスマン（マンチェスター）、ラムゼイ（バーミンガム）、トム・コンドン（ロンドン）、V・ファラント（ロンドン）になった(56)。

さらに、同年十月二十八日の全国小委員会で、前述の全国委員会の会議でジャクソンから報告があった月刊誌の刊行について再度報告された。月刊誌は「ワーカー・スポーツマン」と命名されたが、それに関するイーストマンの報告では、「ワーカー・スポーツマン」発行に際して印刷所に六十ポンドの未払いがあることを述べ、この件で書記シンフィールドが英労スポーツ連盟コミッション（後述）に問題提起することになった。[57]

ロンドン労働者フットボール協議会とイギリス労働者スポーツ連盟の統一戦線

一九三二年九月十六日の全国小委員会の会議録には、いわゆるブルジョア・スポーツ組織に労働者スポーツ組織が所属するときに生じる屈辱的な問題が記されている。英労スポーツ連盟グラスゴー書記のジェームズ・レイモンドが、スコットランド・フットボール協会に所属した英労スポーツ連盟スコットランド・グループのフットボール・リーグの規則・規約案のなかに英労スポーツ連盟の「ねらいと目的」を含めたために、英労スポーツ連盟スコットランド・グループとスコットランド・フットボール協会との間に摩擦が生じたことを、全国小委員会宛てに手紙で伝えてきたのである。この件について書記シンフィールドが、グラスゴーの同志たちが広範なグラスゴー労働者のフットボール競技に加わるためには、そのような項目をその規則から除外するべきだと助言したため、全国小委員会としては、スコットランド・フットボール協会の求めに応じて、リーグ規則から英労スポーツ連盟の「ねらいと目的」を削除する決定をおこなった会議録と書簡を送り、問題の解決を図った。[58] この件に関するかぎり、英労スポーツ連盟指導部は労働者スポーツ運動の大義よりも労働者フットボーラーの要求実現を優先したのである。

さらに、この全国小委員会では、ロンドン労働者フットボール協議会（労フットボール協）の運動を取り上げている。この運動の責任者トム・コンドンは、①ロンドン・カウンティ議会（ロンドン議会）が労フットボール協に対して、労フットボール協によって集められた諸チームの保証金を保管することに関する労フットボール協の手紙が次の適当な委員会会議で議論されるだろう、と通知してきたこと、②新たなリーグがトゥーティングで創設されたこと、③全国日曜フットボール協会（全日フットボール協会）に加盟するフルハム・リーグのメンバーが、ロンドン議会に対する労フットボール協のキャンペーンに共感していること、④全国小委員会はロンドンのクラブ間で問題とされているロンドン議会の禁止条例について取り上げるべきであり、キャンペーンの重要性を全体として過小評価していると考えられること、を苦言交じりで報告した。これを受けて、労フットボール協の再組織化に関する全国委員会の方針をめぐる長い議論の後、書記シンフィールドが労フットボール協の次回会議に出席して、全国委員会を代表して意見を述べることを決定した。

　コンドンが報告した①と④は、ロンドン議会公園・空き地委員会で問題にされている「日曜日にリーグゲームに興じることについての一部クラブによる条例違反[59]」に関わっていた。練習や遊びとしてフットボールをすることはいいが、競技会のような「組織的フットボール」をおこなってはならないというロンドン議会条例（一九二二年制定）によって、リーグ加盟の諸クラブはロンドンの公園や空き地のピッチを利用することを禁じられていた。それに対して、労フットボール協は大衆組織の全日フットボール協会を引き込んでロンドン議会諸施策に反対するキャンペーンを組織した。コンドンはこのキャンペーンに英労スポーツ連盟指導部も理解をもってきちんと取り組むべきだと提言したわけである。

　十月七日の拡大全国委員会でのコンドンの報告では、①全日フットボール協会がロンドン議会に対するキャンペーンを支持したことが説明され、また、コンドンが十月十七日に会議を招集していて、これに全日フットボール協会の役員がまとまって出席することを告げている[60]。

　一九三二年十月十四日の全国委員会では、欠席したコンドンからの手紙で、①ロンドン議会へのキャンペーンを支持することを決めた全日フットボール協会会議に彼が出席したこと、②労フットボール協が十月十八日火曜日のロンドン・フットボーラーたちの会議に出席すること、③全日フットボール協会が労フットボール協との合同の形式について提案してきたこと、が紹介された。これを受けて、英労スポーツ連盟の統一戦線戦術と全日フットボール協会の提案に関する全国委員会の態度について長い議論をおこなうが、決定は先送りになり、書記シンフィールドが「何を根拠に合同が成し遂げられると全日フットボール協会は考えるのか[61]」を手紙で問い合わせることになった。また、シンフィールドが十月十八日の会議に出席して、ロンドン議会に対するキャンペーンへの全国委員会の立場について発言することを確認した[62]。結局、全日フットボール協会と労フットボール協の合同が実現されることはなかったようである。労フットボール協は英労スポーツ連盟所属組織のままだった。

十月二十八日の全国委員会では、全国委員会が労フットボール協の規約草案を受け取ったと報告している。この件で、シンフィールドが全国委員会を代表して労フットボール協の会議に出席して、「イギリス労働者スポーツ連盟の部門としての労フットボール協の責務の要点を強調すること[63]」が確認された。

十一月十一日の全国小委員会の会議では、シンフィールドとテリーが労フットボール協の会議で規約案が採択されたことを報告した[64]。

全国小委員会・労フットボール協代表者会議が、ドイツのフットボールチームの受け入れ準備のために一九三二年十二月二日に開催された。議長ファラントは、ドイツチーム受け入れのためのキャンペーンを進めることを提案するとともに、労フットボール協が今回のドイツチーム受け入れに対して実際的な措置を講じなかったことを指摘した。さらにファラントは、外国のチームを受け入れたりイギリスチームを派遣したりするツアーの重要性について触れ、ツアーの延長線上に国際的な連帯感情を発展させること、ツアーは労働者階級の闘争と結び付いていること、ツアーを「イギリス労働者スポーツ連盟の統一戦線」のために利用できること、したがってツアーを英労スポーツ連盟全体に広めることを強調した。この提案と説明にシンフィールドは同意し、「すべての指導的なメンバーがクラブやリーグと連絡をとってツアーの意味を説明する」ために、また「二百ポンドの基金を集める[65]」ために、個々の会員を訪ねることを提案した。労フットボール協代表のヴァレンタインやサンドラーも、労フットボール協が英労スポーツ連盟の方針を実行していないことを認め、労フットボール協が全国委員会の決定を支持することを表明した[66]。

ロンドン・グループの再建とイギリス労働者スポーツ連盟コミッションの設置

一九三二年十月七日の拡大全国委員会では、ロンドン・グループについての報告も見られる。ロンドン・グループ書記のP・マスターズは、グループの活動の統制がとれていないこと、きちんとした指導がなされていないことを明らかにし、自分に代わってステップニーの同志ラザルスが書記の職を引き受けてくれたことを伝えている[67]。

さらにもう一つ注目すべきことがある。シンフィールドの提案を受けて、英労スポーツ連盟コミッションの設置と共産党がその役割を果たす方針が熱烈に支持されたことである。英労スポーツ連盟の規約にないコミッションの設置を決定し、共産党の指導を受けることを公式に確認したわけだ。この時期、スポーツ組織の政党からの独立の問題自体が問われることはなかったのである。

全国小委員会内に設置されている事務局の九月三十日付の会議録が残っているが、そこでは、ロンドン・グループが十月十五・十六日に予定しているロンドン会議の準備を怠ったことを取り上げている[68]。

十一月二十五日の全国小委員会では、ロンドン・グループの前書記マスターズが現状報告として、コミッション会議が開かれておらず、コミッションの活動に熱気が欠けていること、ロンドン・グループ内での組織的結び付きが乏しいことを挙げ、コミッション会議とロンドン・グループが再組織されるべきだと指摘している。ロンドン・グループの問題については、イーストマン、ジャクソンと書記シンフィールドも加わって議論され、「真の再組織は、より優れた指導力と頼りがいがあり信用できる同志を世に出せるようなグループの活動から取り組まれなければならない[69]」という意見の一致をみた。この問題についてはこれまでも議論されてきていて、ロンドン・グループの書記もラザルスに代わってそれなりの措置を講じてきたかに思われたが、いまだに問題は解決していないということである。全国小委員会に協力的なグループ指導部が不在なのである。また、全国小委員会としてはコミッションである共産党にどういう姿勢で臨もうとするのか見えてこないが、共産党が英労スポーツ連盟の活動にあまり協力的でなかったことが理解できる。

前記の諸会議の議論の要点

英労スポーツ連盟第二回全国総会から第三回全国総会までの様々な会議の審議過程について要点を整理すると、以下のようになる。

第二回全国総会後初の正規全国委員会で、会費の未払い、会報の未発行、赤色スポーツインター加盟費の未払いなどの組織体質の脆弱性や、全国委員会の任務不履行が問題にされて以降は、全国小委員会の役割分化、技術的専門部の設置、会報と機関誌の発行などが課題にされ続ける。つまり、組織建設が課題とされていたのだ。また、一九三二年十月七日の拡大全国委員会で、共産党が英労スポーツ連盟コミッションになるが、同年十一月十一日の全国小委員会でのマスターズの現状報告では、コミッションの熱意のなさを指摘していて、コミッション会議の再組織が早くも課題になっていたことがわかる。

英労スポーツ連盟の「規約」と「要求プログラム」に表れた組織的二面性は、第二回全国総会以降の実際的な運動のなかに解決困難な形で現れている。その典型的で最大の事例が、英労スポーツ連盟の組織的日曜フットボール運動への対応だった。英労スポーツ連盟指導部は、一方で、①フットボーラーは主にフットボールに興味をもっているのだから、まずフットボールを提供しなければならないこと（一九三一年六月七日の正規全国委員会でのシンフィールドの主張）、②スコットランド・フットボール協会に所属する英労スポーツ連盟リーグの規約から英労スポーツ連盟の「ねらいと目的」を削除すべきこと（一九三二年九月十六日の全国小委員会でのジェームズ・レイモンドの手紙）、③全国小委員会は日曜競技会の禁止条例に反対するキャンペーンの重要性を過小評価していること（同小委員会でのコンドンの報告）を主張する。しかし、他方で、①英労スポーツ連盟の統一戦線戦術の観点から全日フットボール協会からの労フットボール協との合同の提案について、結論を先送りにして全日フットボール協会に合同の根拠を問う手紙を書き送ること（一九三二年十月十四日の全国委員会の議論）、②労フットボール協の規約を受領するが、書記シンフィールドが労フットボール協の会議で「イギリス労働者スポーツ連盟の部門としての労フットボール協の責務の要点を強調すること」（一九三二年十月二十八日の全国小委員会の決定）、③英労スポーツ連盟が重視する国際ツアーに対して労フットボール協が実際的な措置をとらなかったこと（一九三二年十二月二日の全国小委員会でのファラントの意見）などの見解にみられるように、実際の日曜フットボール運動の前進を目指すことよりも、労フットボール協を英労スポーツ連盟の統一戦線戦術に従わせるほうに努めたのである。つまり、指導部内でも個々の事例に応じて見解が分かれるか、担当部署によっても意見の相違が見られたのであり、決して一枚岩だったわけではない。

6　最後の総会となったイギリス労働者スポーツ連盟第三回全国総会

英労スポーツ連盟の第三回全国総会は一九三三年三月四・五日にロンドンで開催された。総会文書の表紙に記された議題には、「一、議長の冒頭発言、二、全国委員会報告、三、イギリス労働者スポーツ連盟規約の議論と採択、四、決議：a、イギリス労働者スポーツ連盟の発展の本線、b、イギリス労働者スポーツ連盟における改善された組織形態の必要性、c、イギリス労働者スポーツ連盟と戦争に反対する労働者の国際連帯、d、スポーツ分野の統一戦線」とある。一方本文には、「一、議長の冒頭発言」「三、イギリス労働者スポーツ連盟規約案の議論と採択」「四、決議案：d、スポーツ分野の統一戦線」が欠落している。[70]その理由は不明だが、それらは議題にあっても実際の総会では審議事項からはずされたり、他の審議事項に含められたりしたのではないかと推察される。そうであるならば、第二回総会で提案された英労スポーツ連盟規約案は実際には採択されなかったのだろう。さらに、英労スポーツ連盟規約案が今時総会まで採択されなかったことは明らかである。

この全国総会の「全国委員会の報告」（報告者の記名なし。シンフィールド？）では、まず第二回全国総会以降自らに課した三つの仕事として、ベルリンでのスパルタキアード（一九三一年七月）のためのキャンペーン、可

図4　イギリス労働者スポーツ連盟マンチェスター・グループによるキャンプ
（出典：「Working Class Movement Library」〔https://www.wcml.org.uk/〕）

能なかぎり早い時期の公式機関紙の発行、新しい規約の実施を挙げている。

　そして、一九三一年以降の主要イベントの報告として、①一九三一年二月、日曜スポーツ禁止決定を撤回するキャンペーンでトッテナムのフットボーラーを援助して、キャンペーンは成功したが、英労スポーツ連盟の組織立て直しには失敗、このキャンペーンで英労スポーツ連盟最初の大衆向けパンフレットを発行、②七月、英労スポーツ連盟代表団がベルリンに向かうも、社会民主党政府の決定で入国禁止、代表団はソ連に周遊、③ソ連へのツアーの後、一同志がベルリンの赤色スポーツインター技術会議に参加し、彼の報告を受けて英労スポーツ連盟全国小委員会の部局再編成（事務局、スポーツ、技術、女性、会報）を実施、この再編は三二年初期まで機能したが、人材不足で失敗、④七月、ロンドンでの英労スポーツ連盟地方リーグの活動を統合するために労フットボール協を結成、⑤三二年四月、六人の労働者スポーツマンのキンダー・スカウト不法侵入、投獄[71]、⑥四月、機関誌「ワーカー・スポーツマン」を刊行したが、継続能力不足で廃刊、⑦五月、英労スポーツ連盟の組織的な日曜リーグで競技した罪で、ロンドン議会が約三十のステップニーの労働者チームの保証金を没収する意向を表明したため、公式の反対キャンペーンに着手し、このキャンペーンのためのパンフレットを準備、⑧ヨークでのクラリオンCC会議で英労スポーツ連盟との連帯の決議案を可決して、ランカシャーとミッドランズの集団と密接な活動を実行し、三人のクラリオンCCの同志が春のソ連ツアーに同行、⑨三三年一月、全国小委員会が赤色スポーツインター会議へ代表団派遣、⑩首尾一貫したスポーツ活動をロンドンとグラスゴーでだけ実施し、ハックニー、ステップニー、ベスナル・グリーン、ウォルサムストー、クラッパムと他のロンドン地域でも英労スポーツ連盟の影響力が増しているが、ミドルセックスのクラブが最も成功、⑪南ウェールズでの活動はソ連チームの来訪キャンペーンをおこなった三〇年まで前進するが、そのキャンペーンが阻止されて以降、組織の欠陥が露呈、などを指摘している。

続いて同報告では、この時期の英労スポーツ連盟の主な弱点として、第一に、全国委員会の弱い指導力の結果、共同の活動へと導くことに失敗したと指摘している。この点に関しては、一九三二年のスパルタキアード・キャンペーンと「ワーカー・スポーツマン」刊行キャンペーンを事例として挙げている。第二に、地区の指導的な同志たちが彼らの責任を理解せず、全国委員会へ積極的な支持を与えなかったことを批判している。この点に関しては、この二つのキャンペーンに会員からの建設的な批判が見られなかったこと、しかし、グラスゴーとミッド・エセックスおよび若干のロンドンのクラブが有益な貢献をしたこと、また、ごく少数のクラブが全国委員会への報告と財政的義務の履行の必要性を認めていたが、全般的に全国委員会への支持が認められなかったこと、そして若干の地域では、英労スポーツ連盟加盟費や「ワーカー・スポーツマン」基金のために全国委員会に一ペニーも支払われていないことなどを例として述べている。

前記の「全国委員会報告」に引き続き、決議として三つの事柄が確認された。

まず第一は「イギリス労働者スポーツ連盟の発展の本線」[72]についてである。「イギリス労働者スポーツ連盟の発展の方向は、すべての労働者階級の闘争と結合した大衆的なスポーツ活動であって、「スポーツのためのスポーツ」だけではない」[73]として、以下の方針を示している。①労働者階級の運動のあらゆる部門に門戸を開くこと、とりわけ労働組合、生活協同組合および工場のなかで組織されたスポーツクラブからの加入に努めること、②ボスが牛耳っているクラブがある工場に雇われている同志は、多数の英労スポーツ連盟会員を獲得すること、③一つの工場に多くの同志を抱えるところでは、英労スポーツ連盟に加盟しうる工場スポーツ組織を結成すること、④労働組合の同志は、英労スポーツ連盟に加盟できるスポーツ組織を結成するよう努めること、⑤ストリートチームを組織するよう努めること、またそうしたチームが存在しているところでは、労働者スポーツ運動のために会員を獲得するよう努めること、⑥我々が後援するイベントは、「スポーツへの資本主義的制約（日曜競技会の禁止条例、グラウンドの高賃借料、更衣施設の不足、プログラム販売の禁止、など）に反対してなされるデモンストレーション」[74]と見なすべきこと、である。

そして、前記の決議事項の実施のために「すべての地区と地域で、全国委員会は組織を強化し改善するための方策を講じなければならない」[75]として、以下の事項を示している。①会員カードの発行と分担金の定期支払いの実行、②機関紙を組織化と指導の手段として活用すること、③すべての地区で指導的な同志を発掘して育成すること、また労働運動の諸部門からあらゆる援助を引き出すこと、④すべての活動は全国委員会との密接な協力のもとに実行されること、である。

第二の決議「イギリス労働者スポーツ運動における改善された組織形態の必要性」[76]では、以下の点を強調している。第二回全国総会以降、技術を発展させるために必要な組織形態について学んできたが、致命的な弱点は、ロンドンで労働者スポーツクラブの価値を過度に強調したことである。これらのユニットは若いスポーツマンたちの小さな団体を効果的に発展させたものの、いずれも地方のクラブおよび工場や慈善団体の組織の闘いと無関係に狭く限定された団体となり、英労スポーツ連盟との接触ももたなくなってしまった。しかし、だからといって、「直接のイギリス労働者スポーツ連盟ユニットとして地方クラブを創設することを鋭敏な若者のグループに認める我々の政策」を断念することはばかげているのであり、「トレーニングと理論的発展のために有効なセンターを設立[77]」することに向けて、彼らは英労スポーツ連盟の隊列で未来の核にならなければならない。この核は、すべてのスポーツマンの要求を満たす労働者スポーツ組織の指導部でなければならない。総会はそのような全国団体のための厳密な規約を決定する。すべてのスポーツが全国基準で運営されなければならず、ブルジョアジーや改良家のクラブと対等である赤色スポーツマンのクラブの名にかけて、同様な加盟組織をもって平等な技術的利点を与えることが必要である。

最後に、第三の決議「イギリス労働者スポーツ連盟と戦争に反対する労働者の国際連帯」[78]の概要を示す。「今日の労働者階級が直面する最大の危機の一つが帝国主義戦争の危機である」[79]。イギリスの挙国政府は「国防義勇軍キャンプのために九十九万ポンドの財政削減を元に戻す決定」を下し、「中国における日本帝国主義との目下の戦争を完全に支持」[80]する戦争政策を遂行している。「新聞、教会、学校および資本主義的スポーツクラブは、戦争の下劣さと殺戮を隠そうと努め、それを勇気、忍耐、武勇の好機として賛美」[81]している。こうした情勢認識のもとに、以下の方針が提起される。英労スポーツ連盟は、「一群の青年労働者競技者をこれら資本主義の戦争機関から遠ざけ、労働者スポーツ運動の戦闘的な反戦政策の支持のもとに彼らを獲得するための闘いを指導する」[82]。英労スポーツ連盟と赤色スポーツインターによって組織された国際ツアーは、「戦争に反対する真の労働者スポーツマンの統一戦線を発展させるための、そしてソ連の積極的な防衛のための手段となりうる」[83]。

前述のとおり、第二回全国総会以降、全国委員会が自らに課した仕事は、第一にスパルタキアード（ベルリン）のためのキャンペーン、第二に早期の公式機関紙の発行、第三に新規約の実施であり、組織再編が重点課題になっていた。しかし、機関誌「ワーカー・スポーツマン」を刊行するもすぐに廃刊になり、「財政的な改善、つまり常に最大の弱点の一つであった問題に影響を及ぼすことに失敗した」[84]。そして、全国委員会が重視するイベントであるスパルタキアードのためのキャンペーンも「全国キャンペーンとしては失敗に終わった」[85]。要するに、すべての仕事が全国委員会のもくろみどおりにいかなかったのである。それは、国際ツアーに労フットボール協が乗り気でなかったり、ロンドンの多数のクラブが英労スポーツ連盟と疎遠になっていたり、いくつかの地域で加盟費や機関誌発行支援金が未払いであったり、などが原因だった。全国委員会と所属組織やクラブとの間で要求や重点課題の認識に食い違いがあり、結局溝は埋まらなかったのである。

一九三一年前半期のトッテナム都市地区議会による日曜スポーツ禁止決定の撤回を目指すキャンペーンは、ロンドンを中心とする英労スポーツ連盟指導部の援助があって成功した。トッテナム都市地区議会を動かして禁止決定撤回（同年五月）に導いたのだから、すばらしい成果である。しかし、全国委員会報告では「キャンペーンは成功したが、英労スポーツ連盟は組織を立て直し維持することに失敗した(86)」と結論づけている。英労スポーツ連盟指導部がこのキャンペーンの成功を第一義的に評価しないのはなぜか、キャンペーンの成功と英労スポーツ連盟の組織立て直しの失敗をどうして天秤にかけるのか、キャンペーンの成功の延長線上に英労スポーツ連盟の組織再編の展望をなぜ見いだそうとしないのか、理解に苦しむところである。つまりは、英労スポーツ連盟を階級的組織として発展させようとする指導部のあまりに強い意向が、男女の労働者スポーツマンの要求実現の目的に勝ってしまったのである。

7　イギリス労働者スポーツ連盟の組織建設の失敗

英労スポーツ連盟が結成され、一九二八年に赤色スポーツインターのイギリス支部として共産主義的スポーツ組織に再編され、新しい規約案のもとで全国委員会に結集を求める全国的な連盟へと飛躍していこうとする時期が、まさに本章が対象とした時期だった。

以下では、冒頭で掲げた課題、すなわち英労スポーツ連盟の組織的二面性が指導部内でどのような関係として理解されていたのか、それは彼らにとって矛盾なく解決されるものだったのか、という問題について解答を与えたい。

端的に述べれば、英労スポーツ連盟指導部は個々の場面では地域のスポーツ活動重視の施策を展開することはあっても、あくまで階級的組織として最後まで運営しようとしたために、対立した組織的二面性を解決することができなかった。彼らは、「わが組織は階級的組織であり、性格として革命的である」[87]とか、「イギリス労働者スポーツ連盟の発展の方向は、すべての労働者階級の闘争と結合した大衆的なスポーツ活動であって、「スポーツのためのスポーツ」だけではない」[88]とするような階級的理念を所属組織やクラブに求め続けた。その結果、指導部と地方所属組織やクラブとの間で運動上の重点や関心に食い違いが生まれ、この溝が最後まで埋まらなかった。苦労してトッテナム都市地区議会で日曜スポーツ禁止決定の撤回を成し遂げたにもかかわらず、こうした男女の労働者スポーツマンの要求実現を運動の根幹に据えて、その路線上で息長く組織建設をおこない、国際ツアーや反戦運動を提起していくような運動戦略を最後まで提起できなかったわけだ。つまり、英労スポーツ連盟指導部は、現実に進行している問題の解決にあたっては非常に柔軟な対応をしていたにもかかわらず、全国総会などでの総括や方針で英労スポーツ連盟の階級的性格を強調するあまり、理念的にも実践的にも大衆的労働者スポーツ運動を発展させることができなかったのである。

したがって、ジョーンズが結論づけたように「連盟はアイデンティティを消失していった」のではなく、当時の労働者スポーツ運動に適したアイデンティティを見いだすことができなかったといえる。労働者スポーツマンの統一戦線という提言自体が、共産党の政治戦術をスポーツ運動に適用したものであって、政治的課題にスポーツ課題を従属させる政治主義的な戦術だった。そして最後まで、こうした政治主義的戦術を転換することができなかったのである。イギリスの著名な歴史学者で共産党員でもあったエリック・ホブズボームは、「党の要求は絶対的な優先権をもっていた。われわれはその規律と階層性を受け入れた。それが提案している「路線」に服従するという絶対的な義務を受け入れた」[89]と記しているが、英労スポーツ連盟の指導者たちも共産党の路線を絶対的なものとして受け入れたのだった。

ただし当時、以下のような忠告がなされていたことも明記しておくべきだろう。「イギリス労働者スポーツ連盟の欠点は、それが不満を解消するための手段というのではなくスポーツ機関と見なされていないことにある。

共産党員たちや全国失業労働者運動の指導者たちは、イギリス労働者スポーツ連盟をまさに彼らのもう一つの政治目的のための宣伝手段であると考えている。それは可能であっても、成功するための方法はスポーツをすることであって政治的なものではない。「会議を開く」こと（革命運動での多くの同志たちの活動の第一義的な事柄）は役に立たない。我々は真のスポーツのためのクラブがほしいのだ。（略）我々は「政治」のためではなく、スポーツのために組織をもたなければならないのだ[90]」。これは、スポーツ組織の自立的運営を重視するジョン・モリスの主張だったが、残念ながら英労スポーツ連盟指導部内の共通見解とはならなかった。

注

（1）Stephen G. Jones, "Die Britische Arbeitersport Föderation 1923-1935," in Arnd Krüger und James Riordan (hrsg.), *Der internationale Arbeitersport. Der Schlüssel zum Arbeitersport in 10 Ländern*, Pahl-Rugenstein, 1985, S. 118.（スティーブン・ジョーンズ「イギリス労働者スポーツ連盟——一九二三〜一九三五年」青沼裕之訳、アルント・クリューガー／ジェームズ・リオーダン編『論集国際労働者スポーツ』所収、上野卓郎編訳、民衆社、一九八八年、一五六—一五八ページ）

（2）この設立会議に出席したフルハム労働組合協議会のような労働組合協議会は、「一八五〇年代末—六〇年代に主要地域に設立」された「地域ごとの職種や産業をこえた労働者の団結の組織」であり、「事実ＴＵＣ成立のイニシアティブをとったのは、合同組合ではなく、労働組合協議会であった」と指摘されるほど、イギリス労働運動にとって重要な組織的勢力であった。前掲『労働と国家』四三—四六ページ

（3）トム・グルームが代表を務めるクラリオン・サイクリング・クラブは一八九四年二月にバーミンガムで「社会主義サイクリング・クラブ」として結成され、第二回会議で社会主義新聞「ザ・クラリオン」の名にちなんで「クラリオン・サイクリング・クラブ」に改称された。九四年末までに「ザ・クラリオン」の読者は五つの工業都市、すなわちバーミンガム、陶器産地（スタフォードシャー）、リヴァプール、ブラッドフォードとバーンズリーで社会主義サイ

クリング・クラブを立ち上げ、この五つのクラブが九五年にダービーシャーのアシュボーンに集まって全国クラリオンCCを結成した。その目的は、「社会主義宣伝と様々な町のクラブ間競走を奨励する」ことにあった。Denis Pye, *Fellowship is Life: National Clarion Cycling Club, 1895-1995*, Clarion Publishing, 1995, pp. 14-15.

（4）Minute of the Meeting held at Essex Hall, Essex St. Strand on April 5th, 1923. ［People's History Museum: CP/ORG/MISC/5/3］

（5）Minute of the Meeting of the Provisional Committee of the British Workers Federation for Sport, April 12nd, 1923. ［PHM/CP/ORG/MISC/5/3］

（6）Minute of the Meeting held at Cheshire Cheese, Surrey St., Strand in May 3rd, 1923. ［PHM/CP/ORG/MISC/5/3］

（7）Minute of the Meeting held at Cheshire Cheese, Surrey St., Strand in May 17th, 1923. ［PHM/CP/ORG/MISC/5/3］

（8）Ibid.

（9）Ibid.

（10）Minute of the Meeting of the Provisional Committee held at the Cheshire Cheese, Surrey St., Strand in June 7th, 1923. ［PHM/CP/ORG/MISC/5/3］

（11）Minute of the Meeting of the Federation held at the Cheshire Cheese, Surrey St., Strand in June 21st, 1923. ［PHM/CP/ORG/MISC/5/3］

（12）Minute of the Meeting of the Federation held at the Cheshire Cheese, Surrey St., Strand in August 16th, 1923. ［PHM/CP/ORG/MISC/5/3］

（13）Minute of the Meeting of the Federation held at the Cheshire Cheese, Surrey St., Strand in August 23rd, 1923. ［PHM/CP/ORG/MISC/5/3］

（14）Minute of the Meeting of the Federation held at the Cheshire Cheese, Surrey St., Strand in September 20th, 1923. ［PHM/CP/ORG/MISC/5/3］

（15）Minute of the Meeting of the Federation held at the Cheshire Cheese, Surrey St., Strand in December 20th, 1923. ［PHM/CP/ORG/MISC/5/3］

（16）Report of Sub-Committee Appointed by the Trades Councils Joint Consultative Committee to Confer with Representatives of the British Workers' Sports Federation and Report, 9th February, 1927. Workers' Sports Organisations, 1926-1945. [University of Warwick, Modern Records Centre: MSS.292/807.12/5]

（17）Letter from H. V. Tewson to Trades Councils, 12th February, 1926. [MRC/MSS.292/807.12/5]

（18）Report of the Trades Councils Joint Consultative Committee, March 11th, 1926. [MRC/MSS.292/807.12/5]

（19）Ibid.

（20）Comments on and Further Suggestions to the Statement Submitted by the British Workers' Sports Federation, n. d., [MRC/MSS.292/807.12/5]

（21）Minutes of Meeting of Trades Councils Joint Consultative Committee, Held at 32, Eccleston Square, S.W.1., Tuesday, April 20th 1926, at 2.30 p.m. [MRC/MSS.292/807.12/5]

（22）Report of Meeting of Sub-Committee of the Trades Councils Joint Consultative Committee, Held at 32, Eccleston Square, S.W.1., on Friday, June 4th 1926, at 11 a.m. [MRC/MSS.292/807.12/5]

（23）Ibid.

（24）Ibid.

（25）Ibid.

（26）Report of Meeting of Sub-Committee of the Trades Councils Joint Consultative Committee, Held at 32, Eccleston Square, S.W.1., on Friday, June 4th 1926, at 11 a.m. [MRC/MSS.292/807.12/5]

（27）Report of Meeting of Sub-Committee of the Trades Councils Joint Consultative Committee, Held at 32, Eccleston Square, S.W.1., on Wednesday, 9th February, 1927, at 3 p.m. [MRC/MSS.292/807.12/5]

（28）ジョージ・シンフィールドは一八九九年一月二十二日に、十二人家族の一人としてロンドンのホクストンに生まれた。一九一三年に紅茶包装工として働き始め、その後ピアノ鍵盤仕上げ工に転職し、一七年から一九年まで第一次世界大戦に従軍した後、ロンドンのイーストエンド、レイトンストーンにあるピアノ製造会社ジョン・シェンストーン・アンド・サンズで働いた。その会社ですぐに全国合同家具製造工組合のショップスチュワード（職場委員）になった。スポーツに熱中していた彼は、二三年にイギリス労働者スポーツ連盟のロンドン・グループの書記となり、南部ロンドン日曜フットボール・リーグの会長も務めた。同時に、青年共産主義同盟の同盟員になり、二七年にはイギリス共産党に入党し、死ぬまで堅実な党員だった。ソ連からの招待を受けて、二七年八月にイギリス労働者スポーツ連盟はフットボールチームを派遣し、シンフィールドがその団長になった。三五年にイギリス共産党機関紙「デイリー・ワーカー」のスタッフに加わり、そこでスポーツ記者として、のちに労働者産業通信員として働いた。この時期に彼はスポーツを通じてヒルダと知り合って三七年に結婚したが、四一年に死別。その後二人目の妻を迎える。六九年十二月に突然心臓発作に襲われ、病状が回復することなく七三年に亡くなった（https://www.grahamstevenson.me.uk/index.php/biographies/s-u/s/800-george-sinfield）［二〇一八年十月二日アクセス］。シンフィールドに関する記録として次の資料がある。*George Sinfield - his Pen a Sword: Memoirs and Articles collected by May Hill*, 1975.

（29）Report of Meeting of the National Committee of the British Workers' Sports Federation, Held at Headland House, Grays Inn Road, W.C.1., on February 8th, 1928.［MRC/MSS.292/807.12/5］

（30）Ibid.

（31）Ibid.

（32）British Workers' Sports Federation. National Congress, to be held on the 6th and 7th of December［1930］in the youth House, 250 Camden Road, London, N.W.1.［PHM/CP/ORG/MISC/5/8］

（33）ジョージ・ベネットの意思は、シンフィールドのマーチン宛ての手紙から理解できる。Letter from G. W. Sinfield (Hon. Secretary of B.W.S.F.) to J. Martin (Chairman of National Committee on B.W.S.F.), 28th July 1928.［PHM/CP/ORG/MISC/5/10］

（34）Ibid.

（35）Ibid.

（36）Letter from R. Silaba (Secretary of SWSI) to G. W. Sinfield (National Secretary of B.W.S.F.), 20 June 1928.［PHM/CP/ORG/MISC/5/10］

（37）Report of the National Committee. British Workers' Sports Federation. National Congress, to be held on the 6th and

7th of December［1930］［PHM/CP/ORG/MISC/5/8］

(38) Ibid.

(39) "Date of Red Sports Day Fixed," *Daily Worker*, January 22, 1930, p. 11. 第1回赤色スポーツ・デーは、ロンドンの労働組合の諸支部、独立労働党、共産党、労働党、共青からの労働者競技者が参加し、これにソ連、ドイツ、フランスの労働者競技者と役員が加わった大労働者競技会（Great Workers' Gala）だった。プログラムには、成人男性：ハンディキャップ・イベント（百ヤード、二百二十ヤード、四百四十ヤード、八百八十ヤード、一マイル）、八百八十ヤードリレー、障害走、綱引き、成人女性：ハンディキャップ・イベント（百ヤード、二百二十ヤード、四百四十ヤード）、八百八十ヤードリレー、袋競争、十二歳以下と以上の子どもたちのイベント、ネットボール、フットボールの試合、などが含まれていた。英労スポーツ連盟指導部が、この催しを相当重視していたことが「デイリー・ワーカー」の報道から理解できる。

(40) "The Workers Carnival on the Isle of Sheppey, August 31st," *Daily Worker*, August 9, 1930, p. 6.

(41) Ibid.

(42) Report of the National Committee. British Workers' Sports Federation. National Congress, to be held on the 6th and 7th of December［1930］［PHM/CP/ORG/MISC/5/8］

(43) Suggested Constitution for the British Workers' Sports Federation. British Workers' Sports Federation. National Congress, on the 6th and 7th of December［1930］［PHM/CP/ORG/MISC/5/8］

(44) Programme of Demands for the B.W.S.F. British Workers' Sports Federation. National Congress, on the 6th and 7th of December［1930］［PHM/CP/ORG/MISC/5/8］

(45) Ibid.

(46) Ibid.

(47) Ibid.

(48) Ibid.

(49) Ibid.

（50）Minutes of Full National Committee held June 7th 1931.［PHM/CP/ORG/MISC/5/5］
（51）Ibid.
（52）Ibid.
（53）Comrade Eastman's Report on Organisation Proposals.［PHM/CP/ORG/MISC/5/5］
（54）Ibid.
（55）Minutes of National Committee Meeting held at Youth House, on February 7th 1932.［PHM/CP/ORG/MISC/5/6］
（56）Ibid.
（57）Minutes of National-Sub-Committee Meeting held 28th Oct. 1932.［PHM/CP/ORG/MISC/5/6］
（58）Minutes of National-Sub-Committee, 16th Sept. 1932.［PHM/CP/ORG/MISC/5/6］
（59）Minutes of the Parks and Open Spaces Committee Meeting, 17th June, 1932.［London metropolitan Archives. London County Council, Council and Committees. LCC/MIN.］
（60）Minutes of enlarged National Committee Meeting, 7th Oct. 1932.［PHM/CP/ORG/MISC/5/6］
（61）Minutes of National Committee Meeting, 14th Oct. 1932.［PHM/CP/ORG/MISC/5/6］
（62）Ibid.
（63）Minutes of National-Sub-Committee Meeting, 28th Oct. 1932.［PHM/CP/ORG/MISC/5/6］
（64）Minutes of National-Sub-Committee, 11th Nov. 1932.［PHM/CP/ORG/MISC/5/6］
（65）Minutes of Nat. Sub. Ctte. and members of the LWFC, 2nd Dec. 1932.［PHM/CP/ORG/MISC/ 5/6］
（66）Ibid.
（67）Minutes of enlarged National Committee Meeting, 7th Oct. 1932.［PHM/CP/ORG/MISC/5/6］
（68）Minutes of Secretariat, 30th Sept.1932.［PHM/CP/ORG/MISC/5/6］
（69）Minutes of National-Sub-Committee, 25th Nov. 1932.［PHM/CP/ORG/MISC/5/6］
（70）British Workers' Sports Federation. 3rd National Conference, March 4th & 5th, 1933.［PHM/CP/ORG/MISC/5/8］
（71）英労スポーツ連盟マンチェスター・グループがキンダー・スカウトへの集団不法侵入を決定し、一九三二年四月二十四日、日曜日、午後二時に決行した。これは、マンチェスターからの徒歩散策者が猟場番人の一団から虐待された事件への抗議としておこなわれたものだった。この行動を組織した人物はベニー・ロスマンだったが、彼は英労スポーツ連盟ランカシャー・グループの書記であり、三一年に「私的所有地を含むすべての田園地帯の徒歩散策者への開放」のために徒歩散策者権利運動を組織していた。その組織的な初めての運動がこのキンダー・スカウトへの集団不法侵入だった。集団不法侵入が始められた理由は、かつては共有地だった地所が地主や資本家による私的所有地になって、薪拾い、野草や花摘みなどの生活のための立ち入りが禁じられてきたことへの地域住民や都市の労働者の不満が鬱積していたこと、もう一方で、都市で生活する貧困、長時間労働、不健康といった問題を抱えた男女の労働青年たちが、田舎を自由に歩きたいという欲求が高まっていたこと、にあった。詳しくは、Jones, *Workers at Play*, p. 190 および Benny Rothman, *The Battle for Kinder Scout: including the 1932 Mass Trespass* (Willow Publishing, 2012), pp. 11-57 を参照。ちなみに、「耕作されていない荒れ野を歩く権利」(right to walk on uncultivated moorland) をめぐる問題は日本人の我々にとっても重要な研究課題になっている。

(72) Minutes of National-Sub-Committee, 25th Nov. 1932. [PHM/CP/ORG/MISC/5/6]

(73) Ibid.

(74) Ibid.

(75) Ibid.

(76) Ibid.

(77) Ibid.

(78) Ibid.

(79) Ibid.

(80) Ibid.

(81) Ibid.

(82) Ibid.

(83) Ibid.

(84) Ibid.
(85) Ibid.
(86) Ibid.
(87) Report of the National Committee. British Workers' Sports Federation. National Congress, on the 6th and 7th of December [1930] [PHM/CP/ORG/MISC/5/8]
(88) British Workers' Sports Federation. 3rd National Conference, March 4th & 5th, 1933. [PHM/CP/ORG/MISC/5/8]
(89) エリック・ホブズボーム『わが20世紀・面白い時代』河合秀和訳、三省堂、二〇〇四年、一三七ページ
(90) John Morris, "What is the purpose of the B.W.S.F.?," *Daily Worker*, January 13, 1933, p. 4.

第2章　イギリス労働者スポーツ連盟と組織的日曜フットボール運動

はじめに

一九三〇年頃のランカシャーの労働者たちは、以下の記述のようなスポーツ生活を送っていた。

天気がよければ、日曜日の午前を父は町の外の原野で、レスリングをして過ごした。日曜日には、町の中でのスポーツはいっさい禁止されていた。日曜日は休息と瞑想と礼拝の日だったのだ。私の幼年時代のブラックバーンでは、宗教の力が強かった。ゲームや格技やダンスや歌や飲酒、つまりあらゆる種類の娯楽が、日曜日には市内から追放された。この日だけは、工場も休業した。なにものも安息日の静寂を破る音をたてたり、教会の鐘の音と、音を競ったりすることは許されなかった。（略）ある日曜日の朝、私はほかの不信仰な仲間と、セント・フィリップス教会の裏でフットボールをしていた。すると、黒服をまとった婦人の一団が傘とステッキをもって私たちに襲いかかった。（略）私たちが聖なる日を汚したので、贖いの血を求めていたのだ。私たちは日曜日の町の中では、二度とフットボールをせず、市外の丘で、心ゆくまでフットボ

ールをして楽しんだ。(1)

引用文中の「私」は、当時十三歳で義務教育を終えたばかりで、子どもたちはフットボールが大好きだった。イギリスの他の地域ではランカシャーほどに宗教的戒律が強かったかどうかはわからないが、たぶんロンドンのような大都市では、地区間で差異があったと思われる。信心深い中産階級の居住地区と、それほど宗教的戒律にとらわれない労働者の居住地区とが隔てられていたからである。実際、ロンドンの労働者居住地区では日曜日(安息日)にもスポーツや娯楽がおこなわれていた。スティーブン・ジョーンズは次のように記す。

例えば、典型的なロンドンの労働者階級居住地区には、多くの楽しみの機会があった。つまり、日曜新聞、ラジオ、田舎への自転車遠乗り、コンサートとオルガン・リサイタル、ボクシング、時折のグレーハウンド犬の決闘、日曜日夕べのダンス。(2)

なかでもフットボールは、労働者男性と少年にとって見るのもするのも最も人気があるスポーツだった。労働者にしてみれば、男も女も日曜日が唯一自由になる日であって、安息日という戒律よりもスポーツをして楽しむことのほうがずっと重要だった。ロンドンにせよランカシャーにせよ、また町のなかだろうと町の外だろうと、日曜日にスポーツをする習慣が労働者階級に広く深く根付いていたということである。

さて、本章で取り扱うテーマは、こうしたキリスト教の戒律が生きていた時代のロンドンで、どのようにして労働者たちが唯一の休日である日曜日にフットボール・リーグを組織し、同時にそれを妨げる組織的日曜スポーツ禁止条例を撤廃する運動を実施していったのか、という歴史的事柄である。つまり、一九三〇年代のロンドンで展開された組織的日曜フットボール運動の足跡をたどる試みである。この組織的日曜フットボール運動は歴史的に見て極めて重要な事柄だったが、ジョーンズが労働者階級の政治とスポーツに関わる歴史的研究で扱っているだけで、これまでその歴史的評価は正当になされていない。そこで本章では、組織的日曜フットボール運動に関する史実をできるだけ詳細に明らかにし、この運動に正当な評価を与えたい。

1 日曜競技会の普及とロンドン・カウンティ議会の対応

トニー・メイソンの研究によれば、十九世紀の第三四半世紀以降にフットボール・クラブが組織化され、その組織化の過程は五つの類型に分かれるという。つまり、パブ、教会、路地、工場、クリケットクラブをそれぞれ母体として多くのフットボール・クラブが結成されたということである。(3) なかでも労働者居住地区では路地とパブが影響力をもっていた。子どもたちはストリート・フットボールを盛んにおこない、そこでの経験が大人のフットボール・クラブ結成の下準備になった。パブは大人たちの社交の場であり、クラブ結成に一役買った。労働者居住地区の極めて狭い範囲で結成されたクラブはおびただしい数だったとされている。例えば、ジョージ・ストリート・ウェスト・ローヴァーズのように具体的な通りの名前がつくフットボール・クラブがたくさんあったが、その結成の経緯や活動についてはほとんどわかっていない。その解明は、イギリス・フットボール史の重要な研究課題になっている。

こうした労働者フットボール・クラブの存在意義について、リチャード・ホルトは大変重要な指摘をしている。「我々はサウス・ウェールズの渓谷でラグビーを考察しようと、北部の織物の町でサッカーを考察しようと、地域リーグのネットワークのあまりの稠密さとそれが設立される速度に驚かされる。これらは善意ある中産階級の改良家たちの成果ではなかった。それは会員たち、すなわち民衆自らの仕事だった。チームスポーツをプレーすることは、男たちが前例のない都市大変動の状況のなかで緊密なグループを創り出し維持する一つの方法だった。地域のチームに加入することは単に運動するという問題だけではなかった。運動それ自体は一日中肉体的に働く若者たちがどうしても必要とするものではなかった。だが、チームスポーツは運動以上のものを提供した。チームに加わることは友達をつくることであり、忠誠やともに闘うことの意味を共有することであり、自分たちの路地や作業場を、自分たちの居住地域を代表することだった」[4]。労働者の友情と連帯が育まれ共有される場として労働者フットボール・クラブは存在していたのである。したがって、彼らにとってフットボール・クラブは死活的な意味を有し、単に運動不足解消の場というだけの位置づけではなかった。労働者フットボール・クラブは当然ながら休日に活動していて、労働者の日曜競技会が普及していた。このことがイギリス伝統の安息日（日曜日）遵守的慣習に抵触したのである。

では、本章で扱う一九三〇年代初頭までの日曜スポーツの法的規制がどのようなものだったのか、ここで簡単に触れておきたい。

第一次世界大戦の混乱が収まってきた一九二〇年代初頭には、すでにかなりの数のスポーツが日曜日に許可されていたようだが、ロンドン・カウンティ議会（ロンドン議会）では、まだまだ日曜スポーツの普及か禁止かをめぐる議論が戦わされていた。日曜スポーツ賛成派は労働者クラブと競技者に加えて働く青少年を管理・指導する公共機関の行政官たちであり、反対派は公園や空き地で静かな楽しみを享受する市民とキリスト教関係者だった。両派の意見は真っ向から対立していた。

このような状況のなかで、ロンドン議会は日曜スポーツに対して一つの判断を下した。一九二二年七月十二日付の「タイムズ」は次のような記事を掲載している。

昨日のロンドン・カウンティ議会の会議で、公園と空き地での日曜競技会を支持する公園委員会〔公園・空き地委員会：引用者注〕の報告が、七十四票対四十九票で可決された。（略）委員会は、必要な施設が提供されるか提供される可能性があるところでは、ボートが日曜日に許可されると勧告しており、また、とにかく一般大衆の便宜がそれによって損なわれないという条件で、バドミントン、ボウルズ、クリケット、クロッケー、フットボール、ゴルフ、ホッケー、ローンテニス、ネットボール、輪投げ遊び、その他のゲームが、日曜日に冬期には午後一時から、夏期には午後二時から、そのゲームの通常の終了時刻まで、公園や庭園や空き地で議会の統制のもとに許可されると勧告している。(5)

この記事からロンドン議会が日曜スポーツにどのような姿勢で臨んだかが理解できる。ロンドン議会「公園・空き地委員会」は、具体的な日曜スポーツ振興策を報告書として提出していたのである。

七月十八日のロンドン議会に提出された公園・空き地委員会の報告書には、主立ったスポーツ種目のために割り当てられる場所の一覧が付いていた(6)(表1)。フットボールやクリケットが多くの公園などで許可されたことがわかる。

しかし、この六日後の七月二十四日付「タイムズ」は、ロンドン議会が日曜スポーツの内容により踏み込んで規制したことを報じる記事を掲載した。「ロンドン・カウンティ議会は、日曜日にゲームをプレーすることに関する条例を提案する公園・空き地委員会の報告書を検討するために、土曜日〔二十二日：引用者注〕に臨時会議を開催した。(略)指定のクリケット、フットボール、ホッケーのために発行される許可証は何らかのリーグやカップあるいは類似の競技会の試合には与えられないことを規定する追加の条項が、六十五票対八票で可決された(7)」。つまり、七月二十二日のロンドン議会臨時会議で、フットボールのリーグ・マッチのような組織的スポーツが禁止される条例が制定された。普段着の未組織的なスポーツは許可されるが、組織的なスポーツは禁止されるというわけである。こうした禁止条例は、「組織的日曜スポーツが群衆、賭、労働の搾取、とりわけ安息日の無力化に導く(8)」ことを不安視した人々、特に安息日遵守主義者にロンドン議会が譲歩した結果だった。この一九二二年七月二十二日制定のロンドン議会条例によって、日曜スポーツのあり方が制限されていくことになる。

表1　日曜ゲームのための競技場利用許可一覧表（ロンドン）

場　所	ボウルズ	クリケット	フットボール	ホッケー	ローンテニス	ネットボール
アベリー・ヒル	○	○	×	×	×	×
バターシー公園	×	○	○	○	×	×
ビューモント・スクエア	○	○	○	○	×	○
ベスナルグリーン庭園	○	○	○	○	○	×
ブラックヒース	×	×＊	×	○	×	×
ブロックウェル公園	×	×＊	×	○	×	×
クラッパム・コモン	×	○	×	×	×	×
クリソールド公園	×	○	○	○	×	×
デットフォード公園	○	○	○	○	×	×
ダリッチ公園	×	○	×	○	×	×
エクルブルック・コモン	○	○	○	○	○	×
エルザム公園	○	×	×	○	×	×
フィンズベリー公園	×	×	×	×	×	×
ジェフリース庭園	○	○	○	○	○	×
ゴールダーズ・ヒル	○	○	○	○	×	×
グローブ・ホール公園	○	○	○	○	○	×
ハクニー・ダウンズ	×	○	○	○	×	×
ハクニー・マーシュ	○	×	×	○	○	×
ハイノールト・フォレスト	○	○	×＊	○	○	○
ハムステッド・ヒース外園	○	×	×	×	○	×
ハイベリー・フィールズ	○	○	○	×	×	×
ヒリー・フィールズ	×	○	×	○	×	×
ホーニマン庭園	○	○	○	○	×	○
アイランド庭園	×	○	○	○	○	○
ケニントン公園	○	○	○	○	○	×
キルバーン庭園	○	○	○	○	×＋	×
エドワード王記念公園	○	○	○	○	×＋	○
レディーウェル・レクリエーション・グラウンド	×	○	○	○	×	×
リンカーンズ・イン・フィールズ	○	○	○	○	×＋	○
ロンドン・フィールズ	○	○	○	○	×	×

場　所	ボウルズ	クリケット	フットボール	ホッケー	ローンテニス	ネットボール
マナー・ハウス庭園	○	○	○	○	×	○
マーブル・ヒル	○	○	×	×	×	×
マリオン公園	○	○	○	○	×	×
ミース庭園	○	○	○	○	×	×
ミル・フィールズ	○	○	×	○	×	×
マウンツフィールド公園	×	○	○	○	×	×
ミュンスター・スクエア庭園	○	○	○	○	○	×
マイアッツ・フィールズ	○	○	○	○	×	○
ノースブルック公園	○	○	○	○	×	×
ノーウッド公園	○	○	○	○	×	×
パーラメント・ヒル	○	○	×	○	×	×
ペッカム・ライ&公園	×	○	○	○	×	×
プラムステッド・コモン	○	×	×＊	○	×	×
レイブンスコート公園	×	○	○	○	×	×
ロイヤル・ヴィクトリア庭園	×	○	○	○	×	×
ラスキン公園	×	○	○	○	×	×
サザーク公園	×	○	×＊	×	×	×
スプリングフィールド公園	×	○	○	○	×	×
ストリータム・コモン	○	○	○	○	×	×
シデナム・ウェルズ公園	×	○	○	○	×	×
テレグラフ・ヒル	○	○	○	○	×	○
トゥーティング・コモン	○	○	×	○	×	×
ヴィクトリア公園	×	○	×＊	×	×	×
ウォンズワース・コモン	×	○	×	×	×＋	×
ウォンズワース公園	×	○	×	○	×	×
ワッピング・レクリエーション・グラウンド	○	○	○	○	○	○
ウォータールー公園	○	○	○	○	×	×
ウェル・ストリート・コモン	○	○	○	○	○	×
ワームウッド・シーラブス	○	×＊	×	×	×	×

○印＝許可　×印＝禁止　＋印＝ハードコートだけ　＊印＝一時的なプレーだけ
(出典：*The Times*, 19 July 1922, p.7.)

2　ある日曜フットボール・リーグ設立秘話

一九三〇年二月末頃、イギリス労働者スポーツ連盟（英労スポーツ連盟）の全国書記ジョージ・シンフィールドは、ある路地裏フットボール・クラブの書記から手紙を受け取った。その子細は、イギリス共産党機関紙「デイリー・ワーカー」の一九三〇年三月十四日付の記事から理解できる。

数週間前に本紙はイギリス労働者スポーツ連盟の活動に関する情報を求められた。それはイズリントンのある路地裏フットボールチームからの問い合わせだった。その用件を私のところに書き送ってきたクラブ書記は読者であり、そのクラブの代表との面会が準備された。クラブは、様々な理由によって日曜フットボールにだけ参加し、同じような他のたくさんのクラブと接触を保っているクラブの一つである。ロンドン・グループはこの問題を取り上げ、日曜フットボール・リーグの結成についての良策を検討するよう求められた。その結果、ホクストンとイズリントンの地区から十チームがイギリス労働者スポーツ連盟に徴募され、「日曜勝ち抜き戦」が組織された。以前には我々と接触がない参加チームをもたらしたのだから、いまやこの前進は、労働者スポーツ運動にとって最高に重要なものの一つである。(9)

この記事からは、ロンドン中心部のイズリントンに存在する路地裏フットボール・クラブ書記の「デイリー・ワーカー」への問い合わせが英労スポーツ連盟全国執行委員会を動かし、日曜フットボール・リーグ設立へと導いたことが理解できる。路地裏フットボール・クラブの書記からの手紙が嚆矢となって日曜フットボール・リーグが組織されたことは、一見些細なことでありながら、その後の歴史的転換の画期となる重大な出来事だった。

前述の記事はイズリントン地区に限った事例ではあるが、ロンドンの他の地区でも類似した形で日曜フットボール・リーグが組織されたことだろうと推測できる。

ところで、英労スポーツ連盟第二回全国総会（一九三〇年十二月六・七日）文書によれば、ロンドンでの前進がイズリントンとトッテナムに見られるという。そのことを記した箇所を以下に示し、日曜フットボール・リーグ設立についての補足説明としたい。

イズリントンとトッテナムでの近年の発展は、組織化のすばらしい一打である。イズリントン労働者スポーツクラブとトッテナム労働者スポーツ協会の結成は、イギリス労働者スポーツ連盟がその迅速な発展計画の基礎を築きうる事例である。土曜日と日曜日のフットボール・リーグは、それ以前からのプレーの力強さを持続しているし、プレーの能力を著しく改善してきた。[10]

つまり、日曜フットボール・リーグ設立に伴って、イズリントン労働者スポーツクラブが英労スポーツ連盟加盟組織として結成されるという事態があったのである。前述の「デイリー・ワーカー」の記事にあるように、イズリントン労働者スポーツクラブは「様々な理由により日曜フットボールにだけ参加し、同じような他のたくさんのクラブと接触を保っているクラブの一つ」だったから、日曜フットボール・リーグを存続させていくためには、統轄するクラブや協会の設立がぜひとも必要だったのである。

さらにまた、英労スポーツ連盟第二回全国総会では、各地の労働者スポーツ組織の結成と日曜フットボール・リーグ設立という事態を踏まえて、その規約案の目的の一つに日曜スポーツ禁止条例撤廃のための運動を含めた。日曜フットボール・リーグは明らかに一九二二年七月二十二日制定のロンドン議会条例に違反するものだったから、この条例を撤廃させることは英労スポーツ連盟の運動にとって避けられないものだった。ちなみに、組織的日曜スポーツ禁止条例撤廃運動の先陣を切るのはトッテナム労働者スポーツ協会だが、この協会もイズリントンのクラブと同様、英労スポーツ連盟加盟組織として結成されたものである。トッテナム労働者スポーツ協会が中心になってトッテナム都市地区議会を動かし、組織的日曜スポーツ禁止決定を撤回させることになる。これについてはのちに詳しく検討する。

話を前述の「デイリー・ワーカー」の記事に戻す。この記事のなかで先の引用文に続けて、シンフィールドは次のような重要な情報を与えている。

> 日曜フットボールはロンドン・フットボール協会によって厳しくタブーとされている。その規則と規定は、フットボーラーやフットボール・クラブが日曜日に何らかのフットボール・ゲームに加わることを妨げていて、個人もクラブもそうすることを見合わせるほかはない。しかし、ロンドンにはこれらの日曜クラブは数百存在する。彼らは協会の世話にはなっていないし、どのような形でも協会と関係をもっていない。これらのクラブは完全に労働者階級のものであり、すべて路地裏の部類に属している。(11)

実際、このような路地裏フットボール・クラブはいずれも労働者階級が組織して管理・運営している小さなクラブであって、組織財政的に乏しいうえに、所属会員の労働条件のために日曜日に公共施設を借りてフットボールをする以外に活動の術をもたない存在だった。イギリスのフットボール協会の理事や株主はジェントルマン階層に属する人々であり、日曜日を安息日として重視する教会や主日遵守協会の役員と結び付きが強い人々だったから、労働者が日曜日にフットボール競技会をおこなうことには批判的だった。だから、同じフットボールの奨励者といってもフットボール協会は日曜フットボーラーにとっては障害物であり、彼らの目には労働者スポーツを奨励する英労スポーツ連盟が頼りになる存在として映ったのである。

以後、英労スポーツ連盟が中核を担って組織的日曜フットボール運動が展開されていく。英労スポーツ連盟はこの運動を組織化していくなかで、そこに参加する多くの労働者フットボーラーを自らの隊列に取り込もうとした。英労スポーツ連盟は、大衆的な労働者スポーツ運動組織としての性格とともに、共産党に従う階級的組織としての性格を併せ持っていて、この矛盾した組織的二面性のためにのちに自己崩壊してしまう組織だった。労働者のスポーツ要求の実現を運動の中軸に据えて地道な活動を続けていけば、あるいは第二次世界大戦後まで生き残る組織になったかもしれないが、コミンテルンの戦術転換にしたがって一九三五年秋には自ら解散してしまう。本章ではこの問題にはこれ以上触れない。(12)

3 トッテナムでの組織的日曜スポーツ禁止決定撤回運動

トッテナムではトッテナム労働者スポーツ協会が結成されると、英労スポーツ連盟ロンドン・グループの指導のもとに、トッテナム労働者スポーツ協会が中心になって日曜フットボール・リーグの設立と運営、よりいい競技場とスポーツ施設建設の要求、組織的日曜スポーツを禁じた議会決定を撤回させるための運動を進めていく。前述のとおり、トッテナムもイズリントンと同様に活発なスポーツ運動を実施していたが、ここではクラブが連合した協会が組織されていて、イズリントン以上に活発で多面的な運動を展開していたことが理解できる。一九三〇年九月十日付の「デイリー・ワーカー」の記事には次の記述がある。

> トッテナムの青年労働者の例から教訓を学ぶことができるが、彼らは彼らの競技場を守るためにイギリス労働者スポーツ連盟を支持して集まっており、そしてよりいい競技場、より良いスポーツ施設などを要求してさらなる攻撃に出ている。(13)

彼らが競技場やスポーツ施設を要求していく背景には、彼らの日曜フットボール・リーグ運営への熱意と労働者フットボーラーの切実な要求があった。日曜フットボール・リーグ一九三〇—三一年シーズンの対戦結果を記した新聞記事(14)によると、トッテナム地区では二十を超えるクラブが定期的に対戦するという活況ぶりだった。

　さて、本題のトッテナム地区での組織的日曜スポーツ禁止決定を撤回させる運動の経緯については、残念ながら筆者はそれを明らかにする資料をほとんど入手していない。一九三一年六月二十四日付の「デイリー・ワーカー」の記事「トッテナムでスポーツマンたちが教会を打ち負かす」から、彼らの日曜スポーツ禁止決定撤回運動

図5　1930年代のグレーター・ロンドン
（出　典：Gwilym Gibbon and Reginald W. Bell, *History of the London County Council 1889-1939,* Macmillan, 1939. 付録の地図をもとに著者が作成）

が勝利したことがわかるだけである。これは、トッテナム都市地区議会で組織的日曜スポーツを禁じた決定を覆す議案が可決されたことを報じるものだ。以下にその議会審議の概要を示したい[15]。

まずは審議結果を示す。

五月十九日の会議で以下の諸決議案が議会を通過した。すなわち、日曜日ごとに午後二時から夕暮れどきまでゲーム施設が直ちに市民に開放されるべく、公園・私道委員会に対して必要な準備を整えるように指示されること、来シーズンの組織的フットボールが日曜の朝にマーシュでプレーされるべく、公園・私道委員会に対して必要な準備を整えるように指示されること。これによって無効となるのは、一九三〇年七月十五日の議会で記録された議会議事録の段落番号八百二十四に含まれるような以前の決定である[16]。

以上の記述からわかるように、一九三一年五月十九日のトッテナム都市地区議会で三〇年七月十五日の議会決定（この議会決定の詳細は不明である。一九二二年のロンドン議会条例を受けたものと思われる）を覆したのである。丸一年かけて、組織的日曜フットボール禁止決定を撤回させたことになる。

次いで、前述の決議案の可決に至る審議経過を紹介する。

この決議案はトッテナム都市地区議会の前回会議に上程された。同夕刻に、トッテナムの非国教派の牧師と国教会の牧師、ならびにトッテナム労働者スポーツ協会からの代表団が受け入れられた。聖職者の紳士たちは、日曜競技会の禁止決定を撤回することへの反対論を提出した。トッテナム労働者スポーツ協会代表団は禁止決定の撤回を支持するさらなる証拠を提供した。日曜競技会に教会が反対する核心は、安息日の組織的レクリエーションが「コミュニティの道徳的で精神的な利益」のための活動の妨害物だということだった。（略）議会の書記は、もし日曜競技会が許可されるならば、それはわが組織の活動に重大な脅威になるだろう、と記された救世軍からの書簡を受け取ったと紹介した。救世軍のこれらの支部は日曜競技会に対して抗議する請願書を送った。日曜競技会に反対する請願書がかなりの教会からも送付され、それらには五百三十五人の署名がしてあった。トッテナム・エドモントンYMCAの理事会のものは十八人の署名があった。ミラー記念教会のものは六人の署名があった。バプテスト教会のものは八人の署名があった。全体で八百九十人の人々が日曜競技会に反対を表明しているが、日曜競技会に賛成して労働者スポーツの請願書に署名した人数よりもかなり少ない。偽りなく、我々の反対者たちは、彼らの影響力を行使することに向けて苦労して支持を集める仕事をしてきた。二時間の議論の末に投票がおこなわれ、十七票対十三票で日曜競技会に賛成する票が多数を占めた。[17]

国教派だろうと非国教派だろうと、またYMCAだろうと救世軍だろうと、キリスト教の諸組織はおしなべて日曜日の組織的フットボールに反対だった。理由は簡単で、キリスト教の戒律では日曜日は安息日であり、神への祈りを捧げずスポーツをすることは本質的に許されないことだった。しかし、そうした教会関係者八百九十人もの反対署名があったにもかかわらず、日曜フットボール賛成派の署名はその数を大きく上回ったとされる。では、賛成派の署名はどれほど集まったのか。その数は、ロンドン労働者フットボール協議会（労フットボール協）名誉書記のトム・コンドンがロンドン議会の公園部長に宛てた書簡に記されている。すなわち、「請願書への八千人の署名を集めた後、ついにトッテナム都市地区議会の決定を転換させることに成功しました[18]」と。この膨大な数の賛成派の署名が議会に相当な圧力を与えたことは間違いない。議決での十七票対十三票の票差はそのことを如実に物語っている。

とにかく、フットボール統括組織であるフットボール協会が日曜競技会に反対であるという状況下で、しかも安息日遵守主義者が権威側に多くいただろうトッテナム都市地区議会で、日曜フットボール・リーグなどを禁じた以前の決定を撤回させたことの意義は大きい。トッテナムの労働者スポーツマンにとって一九三一年五月十九日は忘れられない日になっただろう。

4　ロンドン労働者フットボール協議会の結成

一九三〇年十月の時点で、英労スポーツ連盟ロンドン・グループは百二の路地裏チームと接触を保っており、英労スポーツ連盟が組織したロンドン青年労働者チャレンジカップの開催に向けて準備が進められていた[19]。この時期に、組織的日曜フットボール運動を指導していたのは英労スポーツ連盟ロンドン・グループだったようだ。

一九三一年六月七日に開催された英労スポーツ連盟正規全国委員会に提出された「同志イーストマンの組織提案に関する報告」には、次の指摘がある。「フットボール協議会。全国小委員会からの代表がこのために選出されるべきである[20]」と。ここに記されたフットボール協議会とは、労フットボール協のことである。英労スポーツ連盟全国執行委員会が労フットボール協の支援に力を注いでいたことがわかる。

そして、次の一九三一年七月十八日付の「デイリー・ワーカー」の記事「労働者スポーツが大きな一歩を踏み出す：トム・コンドン（ロンドン労働者フットボール協議会書記）記」は、労フットボール協設立直後の状況を伝える。

ロンドン労働者フットボール協議会の活動開始は、今年のイギリス労働者スポーツ連盟ロンドン・グループの最も重要な成果の一つである。というのは、目下署名のもとに五つのフットボール・リーグに組織されている約七十の労働者チームが協議会に加盟してきたし、我々は翌月にもほぼ同数の加盟を予定している。すでに協議会は三回の会議を開いており、来るシーズンに向けての組織活動が効果を上げている。すっかり仕上がった規約案が提案され、すべてのクラブに回覧され、満場一致で受け入れられた。二つのカップ争奪戦が取り決められ、拠点となる各地区で十月から開始される予選をおこなう必要があるほどに、多数の登録が予想されている。協議会についてもっと聞きたいと望むすべての労働者チームは、すぐにも私に手紙を書いてほしい（「ヤング・ワーカー」の八月号と「スポーツ・アンド・ゲームズ」の創刊号が詳しい情報を載せている）。協議会は新たな加盟を歓迎するだろうし、すべてのロンドン地区の新たな労働者フットボール・リーグの結成を援助する積極的な準備ができている。(21)

残念ながら、筆者が入手した資料からは、労フットボール協がいつ設立されたのかは確定できない。しかしこの記事から、一九三一年の早い時期に労フットボール協が設立されたことがわかる。しかし、労フットボール協がもっと早くに設立されていたことを推測させる別の資料も存在する。それは「わが協議会は、三〇年に公園での日曜レクリエーションの禁止をめぐって、トッテナム地区で一定の関心を引き起こすことに責任を負っていました(22)」というコンドンの書簡の一文である。この引用文中の三〇年が間違いか、そうでなければ三一年の早い時期という前記新聞記事の記述が誤りとなる。ここでは事実を確定できないが、一連の「デイリー・ワーカー」の記事からして、三一年に入ってから労フットボール協が設立された可能性が高い。英労スポーツ連盟ロンドン・グループの指導者でもあるコンドンの闘いは一貫して続いていたので、トッテナム労働者スポーツ協会を協議会と誤記したとも考えられる。さらに、トッテナムでの組織的日曜スポーツ禁止決定撤回運動のヤマ場は三一年に入ってからであり、そこで労フットボール協のような組織が必要になったと考えるほうが妥当だろう。どちらにせよ、労フットボール協の結成はロンドンの組織的日曜フットボール運動にとって重要な意味をもったのである。

最後に、労フットボール協はどのような活動をする組織として設立されたのか、日曜フットボール・リーグを束ねることを仕事としていたのか、の二点について労フットボール協名誉書記コンドンの説明を紹介しておきたい。

わが協議会は決してフットボール・リーグなのでなく、首都の百五十近いフットボールやスポーツや社交のクラブからの代表者の団体であり、その目的は、特にプレーする施設の許認可や当該の日曜競技会の開催から生じる問題に限って、すべての地区のフットボーラーの利益を守り促進することにある。(23)

この記述から、労フットボール協の運動が日曜フットボール・リーグの組織運営にとどまらず、ロンドン市内のスポーツ施設の利用問題や日曜フットボールの権利問題まで、かなり広い領域に及んでいたことがわかる。

5　ロンドン議会による組織的日曜フットボールに対する攻撃

トッテナム都市地区議会で組織的日曜スポーツ禁止決定が撤回され、また労フットボール協が関与するいくつもの日曜フットボール・リーグが盛況を呈するなかで、ロンドン議会は日曜フットボール振興の流れに逆行する措置を講じてきた。

一九三二年六月六日付の「デイリー・ワーカー」の記事は以下の情報を伝える。

ロンドン・カウンティ議会の公園・空き地委員会は、かなりの労働者フットボールチーム宛てに回覧状を送り付け、彼らが日曜日にリーグ・フットボールをおこなうことを禁じている議会条例を破ったことを通告してきた。それらのクラブは、ロンドン・カウンティ議会の登録クラブリストからはずされ、彼らの一ギニー保証金が議会によって保留されたことを通告された。ロンドン労働者フットボール協議会は、この「罪」のためにロンドン・カウンティ議会によって処罰されたすべてのチームが、フットボール協議会を通じてイギリス労働者スポーツ連盟に加盟しているチームであることを突き止めた。公園・空き地委員を含めてすべての者が、公共のピッチでの大多数の日曜競技会がリーグ・マッチであることを知っている。公園部長がイギリス労働者スポーツ連盟への書簡で述べているように、条例を破ったために処罰されるチームの名が「デイリー・ワーカー」から選び取られている。このことは、攻撃が労働者スポーツ運動に対するものであることを示しているように思われる。ロンドン労働者フットボール協議会は、この攻撃に対して、またそれが未組織的であるという条件でだけ日曜フットボールを認可するようなばかげた条例に反対して、そして保証金の返還を求めて、ロンドンで広くキャンペーンを開始している。このキャンペーンに共感をもつロンドン・カウンティ議会管区内の労働者は、議会でこの問題を提起するために議員と接触するよう求められている。イギリス労働者スポーツ連盟はその事例に関する諸事実を開陳した速報を発行しており、近日中に攻撃に晒されている路地裏フットボールチームへの配布を手配するだろう。ロンドン労働者フットボール協議会名誉書記：トム・コンドン[24]

この記事のロンドン議会条例とは、一九二二年七月二十二日のロンドン議会臨時会議を通過した日曜フットボール・リーグなどの組織的スポーツを禁じたものだった。

事の始まりは、一九三二年四月二十二日のロンドン議会公園・空き地委員会で、公園部長が提出した「日曜日にリーグ・ゲームをすることに関する条例にいくつかのクラブが違反したことについて」[25]報告書が取り上げられたことにある。この報告書は四月十一日に作成されたものだが、このなかで公園部長のＰ・モードは「かつては試合がリーグ・ゲームや競技ゲームであるとする確かな情報を得ることは難しかったが」「デイリー・ワーカー」によってその情報が得られるようになった、と記した後、「私は、その問題で取られた行動について委員会の指示があったことをうれしく思う。それらのクラブは、条例を破ることによって二十一シリングの保証金の没収を免れなくされたが、委員会の意思によって、この罰則を科すこともできるし、クラブの登録を抹消することもできる。あるいは、そのような方針が過激だと見なされるならば、これらの罰則の一つを科すこともできる。

（略）何らかの変更は議会の承認を必要とするだろう」[26]と説明している。そして、この報告書を検討した後に、公園・空き地委員会は労働者フットボールチーム宛てに前述の回覧状を送り付けてきたのだった。

6　ロンドン労働者フットボール協議会名誉書記コンドンによる公園・空き地委員会への要請

こうした状況で、労フットボール協名誉書記のコンドンは公園部長宛てに書簡を送り、次のような説明と要望を伝えた。

私は、日曜フットボールチームによってプレーされるリーグ・フットボールに関する先月三十一日の貴殿の書簡を拝受いたしました。早々ご返答をお送りいただき感謝を申し上げます。（略）我々の見解では、組織的フットボールは規律正しい秩序あるフットボールを意味します。チームも競技者も観衆も、不愉快な人物を追放するか出場停止にする権限をもつ委員会の管理下にあります。未組織的フットボールは、この管理の欠如のために、おそらく痛ましい事件へと至るでしょう。（略）いやしくもそれ〔組織的フットボール：引用者注〕は条例に従っているのですから、わが協議会の小さな代表団がその問題に関して意見を述べることが当然許されるべきである、と敬意をもって要望いたします。[27]

コンドンの書簡に続いて、トゥーティング労働者スポーツクラブ書記Ａ・Ｃ・ブラウンからも次のような書簡が公園部長宛てに送られた。

私は、以下の理由から、この地域の公園や空き地での組織的日曜競技会に対するロンドン・カウンティ議会の禁止条例に対して、満場一致の抗議文を送付する権限を上記のスポーツクラブの全会員から与えられました。（一）未組織的ゲームは、適切な統制がとれないために乱暴と大騒ぎの発生を助長すること、（二）日曜日は、すべての青年労働者がリーグやクラブ対抗スポーツを楽しむことができる唯一の日であること、（三）最高のスポーツ精神とそのために最高のスポーツマンは、組織的な方法で取りまとめたりプレーしたりすることによって、またそれを通じてだけ育成されること。貴議会がこの決議に注目してくださるよう祈ります。[28]

トゥーティング労働者スポーツクラブの主張は明快である。この三点は、組織的日曜フットボール運動の存在理由を的確に表していた。

六月十七日にロンドン議会は公園・空き地委員会を開催し、前述の労フットボール協名誉書記からの書簡がロンドン議会で検討されたことを報告した。そのときに可決された決議案は労フットボール協の意向に反するもので、「議会は提案された代表団を受け入れることによって有益な目的に奉仕するとは理解し難い」[29]という判断を下した。

このようにロンドン議会の態度は頑なであり、これまでと変わらなかった。しかし、労フットボール協はひるまずに議会外での運動を継続していく。九月十六日の英労スポーツ連盟全国小委員会では、この間の組織的日曜フットボール運動の現状について議論した。そのなかでコンドンは、組織的スポーツを禁じたロンドン議会条例の撤廃を求めるキャンペーンに英労スポーツ連盟全国執行委員会がもっと積極的に取り組むべきだと提言した。[30]十月七日の英労スポーツ連盟拡大全国委員会では、全国日曜フットボール協会がこのキャンペーンを支持したこと、またコンドンが召集する十月十七日の会議に全国日曜フットボール協会幹部も出席することが報告された。[31]さらに、十月十四日の英労スポーツ連盟全国委員会では、前記のキャンペーンを支持することを決めた全国日曜フットボール協会の会議にコンドンが出席したことが報告された。[32]詳細は不明だが、労フットボール協とは別に日曜フットボールの統括組織である全国日曜フットボール協会が結成されたことによって、両者はロンドン議会条例の撤廃を求めるキャンペーンで共同したのである。

さて、議会外での運動に取り組むのと並行して、コンドンは再び公園・空き地委員会宛てに書簡を送る。それは「請願書を提出するために代表団に便宜を与えてほしい」[33]と要請する内容のものだった。

こうした労フットボール協の運動とロンドン議会への要請が功を奏したのか、J・R・オールドフィールド議員とG・ラッセル・シュトラウス議員が十一月一日のロンドン議会会議で以下の動議を提出して可決された。その概要は、十一月十八日の公園・空き地委員会の報告に示されている。つまり、「①日曜日に組織的フットボールを許可すること、および②雨でプレーできなかったときに料金を払い戻すこと、の適否について検討し報告すること」[34]だった。この二項目は日曜フットボール・リーグ関係者の要望を代弁している。まだ「検討し報告すること」であって「決定」したわけではない。しかし、これは議会内闘争でかなりの前進である。動議を提出した両議員は、組織的日曜フットボール運動を支援していて、のちに一九二二年七月制定のロンドン議会条例を撤廃する議決に賛成することになる。[35]

この後のロンドン議会内の動向やロンドン議会公園・空き地委員会と労フットボール協との交渉過程はよくわからないが、年明けの一月二十七日の公園・空き地委員会で英労スポーツ連盟からの書簡（一九三三年一月二十一日付）が取り上げられ、二月十日の次回会議に英労スポーツ連盟の代表団を招待することが決定された。[36]オールドフィールド議員とシュトラウス議員による動議が重要な役割を果たした可能性は高い。

ここに示された英労スポーツ連盟からの書簡とは、コンドンが公園部長に宛てた書簡である。コンドンがなぜその書簡を送ったのかというと、公園・空き地委員会が「コンドンらが数カ月にわたって検討してきた請願書に基づいた決議」について議論している、と委員会の事務職員が労フットボール協に伝えてきたからである。コンドンの書簡には、彼らが「日曜競技会に関する既存の条例の修正案に賛同する運動の委員会」を創っていること、また、この委員会が「ロンドンだけで実に六百のクラブとチームを代表」していて、コンドンに公園部長と会見するよう指示していること、そして、その際に委員会を代表してコンドンが請願書を手渡すようになっていること、などが書かれていた[37]。

7　公園・空き地委員会でのイギリス労働者スポーツ連盟代表団の陳述

二月十日の公園・空き地委員会で、英労スポーツ連盟代表団を代表してコンドンがおこなった陳述とはどのようなものだったのか、本節ではその概要を明らかにする。コンドンがおこなった陳述は速記録として残っていて、それをもとにして「組織的日曜フットボールの実例――一九三三年二月十日にロンドン・カウンティ議会に全ロンドン代表団によって提出された実例に関する陳述[38]」という表題のパンフレット（図6）が作成（一ペニーで販売）された。以下に、そのパンフレットから彼らがおこなった陳述の要旨を記す。

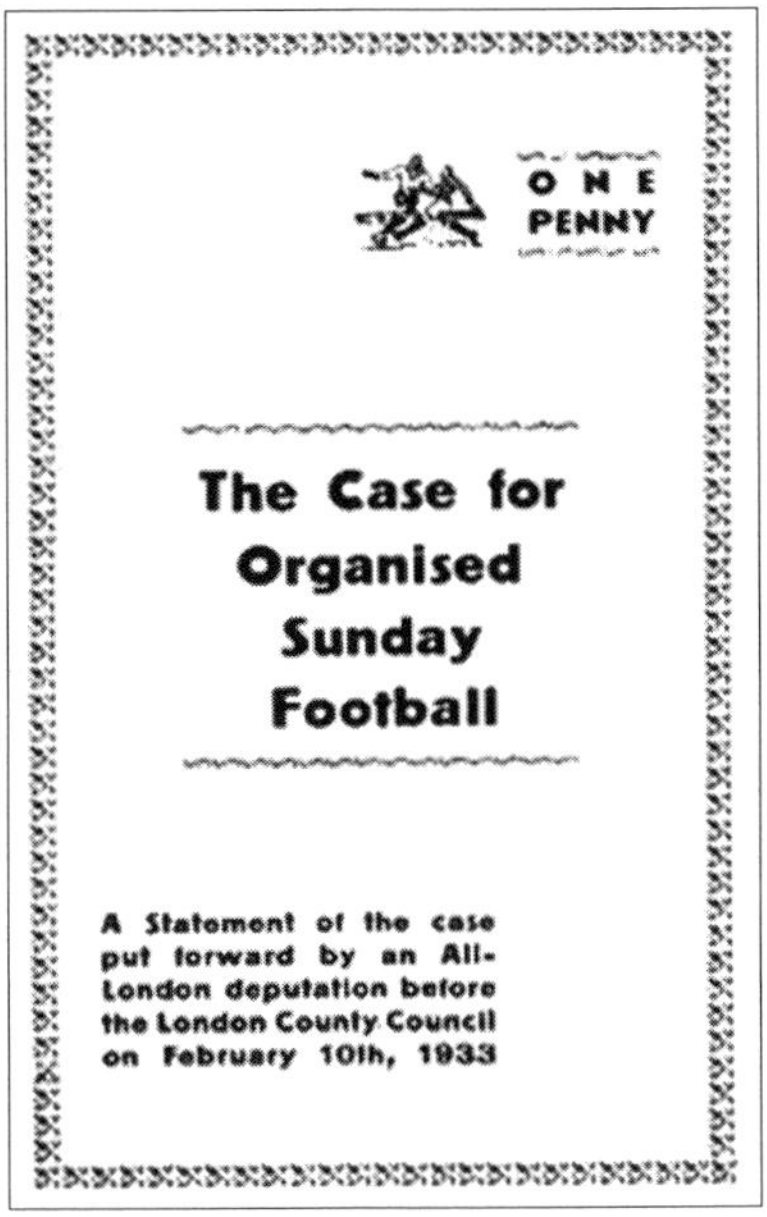

図6　パンフレット「組織的日曜フットボールの実例」の表紙
（出典：People's History Museum: [CP/ORG/MISC/6/4]）

まずは「序文」で、英労スポーツ連盟代表団がロンドンの多数の労働者フットボーラーの代表であり、そしてその事実がこの運動を正当化するものであることを強調している。

我々、一九三三年二月十日にロンドン・カウンティ議会の公園・空き地委員会に集まった代表団のメンバーは、適切なプレー設備を伴う競技フットボールへの要求と関わって、わがスポークスマンが大要を述べたように、我々の事件〔公園・空き地委員が労働者フットボールチームに対してロンドン議会条例違反を通告してきたこと：引用者注〕の真相にすべてのロンドンの労働者の注意を引き付けたいと願っている。組織的日曜フットボールのための我々の運動がロンドンの何千人もの若者の支持を得ていることは、代表団のメンバーが五百八十五チームを代表しているという事実によって、そして我々の運動が千五百あまりのロンドンのチームの支持を得ているという事実によって示されている。[39]

同時に、公園・空き地委員会議長に手渡された請願書には以下の署名があった。トム・コンドン：イギリス労働者スポーツ連盟全国委員会、G・W・ブラッドフォード：全国日曜フットボール協会名誉書記、J・G・ペイジ：デットフォード地区リーグ、G・トリスコット：南西地区日曜フットボール・リーグ、T・W・タイラー：南西日曜フットボール・リーグ名誉書記、C・A・クイン：南ロンドン日曜フットボール・リーグ名誉書記、J・ブレイド：エドモントン地区リーグ名誉書記、R・ボウルズ：トゥーティング地区リーグ名誉書記、R・サンドラー：ステップニー労働者スポーツ協会、F・テリー：ハックニー地区日曜フットボール・リーグ議長。ちなみに、英労スポーツ連盟代表団もこれらの署名者と多くが重なる。さらに、支持を表明している団体は次のとおりである。南東部リーグ、ブロックリー地区リーグ、マンスフィールド・リーグ、ウーリッチ地区リーグ、ブリクストン・リーグ、フェニックス・リーグ、北ケンジントン・リーグ、ダリッチ地区リーグ、ユダヤ陸上競技協会、ロンドン美容師リーグ、など。

では、彼らは具体的に何を要求したのだろうか。それは大きく分けて三点である。

一点目は、多くの労働者は日曜日の競技フットボールを望んでいるのだから、ロンドン議会は組織的フットボールを許可すべきこと、である。その理由はまず、「何千人もの労働者は、彼らが日曜日にプレーするのを好むという理由から日曜日にフットボールをするのでなく、単にその日が彼らの自由になる日だという理由からプレーする」ということ、次いで、「組織的フットボールは、私の意見では、訓練された秩序あるフットボールを意味する。チームも競技者も観衆も、風紀を乱す者を追放したり抑留したりできる権限をもつ委員会の統制下に[40]」あること、である。ここに、彼らがなぜ組織的フットボール（競技フットボール）にこだわるのか、そしてなぜ日曜日でなければならないのか、についての回答があった。

二点目は、ロンドン議会地域内に適切な日曜フットボール施設が欠如しているのだから、ロンドン議会は公共の施設・設備を整備すべきこと、である。この要求の背景には、「競技フットボールを公然とプレーしたいと望む多くのチームは、ロンドン郊外の私設ピッチまで長い距離を移動し、個人所有者に十シリングから二十一シリングの額をピッチ使用のためだけに支払うことを余儀なくされて[41]」いるという事情があった。そして、彼らは以下のような具体的な提案をおこなって施設・設備の整備を求めた。すなわち、少なくとも六つのピッチをパーソンズ・グリーンに整備できること、別に六ないし八つのピッチをパットニー・コモンに整備できること、ロンドン最大の公園ハイドパークに二十のピッチを整備できること、テムズ川沿いのサザーク・パークには草地が提供できること、パーク・オーヴァルには、もし用地変更するならば、十のピッチを提供できること、グリニッチ駅に近いデットフォード・パークには少なくとも二つのピッチを整備できること、ブラックヒースでは炭殻のピッチに芝が植えられるならば施設が改善されること、クラッパム・コモンにより多くの更衣室が設置されるべきこと、ヴィクトリア・パークにも更衣室が設置されるべきこと、ハックニー・ダウンズとミル・フィールズで日曜フットボールを許可すべきこと、ホーマートン・マーシュズではリア川後背地に多くの更衣室を設置すべきこと、などだった。

三点目は、一ギニーの年間保証金を半額の十シリング六ペンスに減額し、さらに雨天の場合にはロンドン議会所有のピッチ使用料の払い戻しを実施すべきこと、である。これは次の理由による。つまり、失業が若い労働者たちに非常に重くのしかかっていて、多くの競技者は必要とされる小遣い銭に乏しくてフットボールを続けていけない状況にあること、そのうえ、ピッチが使用されないときにロンドン議会がピッチ使用料を取るのは正当でないこと、だった。

以上のように、英労スポーツ連盟代表団の三つの要求には、労働者の厳しい経済事情のもとでも何とか日曜日のフットボール・リーグに参加したいという切実な要求とともに、ロンドン市民として「権利としてのスポーツ」の保障をロンドン議会に迫る主体的な意識が表れていた。

8　一九三三年三月十日の公園・空き地委員会での審議

英労スポーツ連盟代表団を受け入れた公園・空き地委員会は、彼らの陳述内容について審議するための会議を開く。三月十日の公園・空き地委員会がそれで、この会議のために公園部長P・モードは、「日曜日のフットボールとフットボールのための料金の問題（A節からQ節まで）に関してイギリス労働者スポーツ連盟からの代表団のリーダーとG・ラッセル・シュトラウス氏によって提起された多様な論点について、詳細な回答と反対意見[42]」を提出する。

では、このモードの報告書について検討する。これは、一九三二年十一月一日のシュトラウスの動議に関する議会の決議を踏まえて、英労スポーツ連盟代表団の陳述内容を検討したうえで、モード自身の論評を加えたものだった。その論評はかなり公正を期しているように思われるが、やはり英労スポーツ連盟代表団にとっては厳しい内容になっている。

モードの報告書は、まず代表団の陳述を示した後に、彼の論評を加えるという形式になっている。以下では特徴的な事例をもとにその概要を示すことにする。

第一に、代表団陳述は「チームも競技者も観衆も、不愉快な人物を追放し、あるいは出場停止させる権限をもつ委員会の管理下にある」とするのに対して、モードは「リーグ委員会は観衆に対する統制力をもちえない[43]」と述べている。第二に、代表団陳述は「競技フットボールを公然とプレーしたいと望む多くのチームは、ロンドン郊外の私設ピッチへと遠征し、一ピッチにつき十シリングから二十一シリングの私有地使用料を支払うことを強いられている」としていることに関して、モードも「日曜日に議会のピッチでおこなわれる競技フットボールの禁止は、疑いなくいくつかのチームをカウンティの境もしくは外の私設ピッチへと追いやっている[44]」と評している。第三に、代表団陳述は「議会は明らかに追加収入を得ただろう」とするのに対して、モードは「発言者は、フィールド・ゲームの料金に関する議会の政策について明らかに思い違いをしている。フットボールのための一ピッチにつき三シリングの料金は、ゴールポストを提供し設置する経費、ならびに区画されたグラウンドを維持する経費を含んでいる[45]」と説明する。第四に、代表団陳述は「年額一ギニーの保証金が十シリング六ペンスに減額されなければならない、と我々は信じる」とするのに対して、モードは「登録する諸クラブが求める保証金の問題に関しては、かつてはこれが五シリングだけであったことを私は委員会に想起させなければならない。こんな少額では、許可証が発行される条例の遵守を保証するには不十分だった[46]」「一九二〇年に私が開催したリーグ書記の会合で、保証金を二十一シリングに増額することに利点があることが合意された。日曜日のプレーが公認されていなかったので、これは土曜日とその他平日の試合に対するものだった。いくつかのクラブが平日にも日曜日にもプレーするのであれば、また一日から複数日にまたがるのであれば、日曜日にだけ異なる保証金をクラブに課すことは実際的ではない[47]」としている。その他、公園や空き地にピッチを増設し、更衣室を設置してほしいという要望に対して、数カ所で論評が加えられている。

そして、総括では以下のようにまとめている。

代表団の目的は、日曜日の午後に競技フットボールを許可するよう議会に求めることだった。（略）条例には違反していたけれども、疑いなくそうした試合はもめ事を起こすことなく日曜日の午後に広くおこなわれてきた。（略）日曜フットボールの需要は、いくつかの理由で土曜日の午後にプレーすることができない競技者たちで構成されたチームから主に生じる。（略）あらゆる事情を考慮して、委員会は、条例を維持す

るのに適当な理由が存在するのかどうかを検討することになる。(48)

以上のようなモード公園部長の報告を受けて委員会は審議に入った。この会議で決定されたことは以下のとおりである。第一に、日曜フットボールが許可される場所の新規開設について意見聴取するとともに、ブラックヒース、レディーウェル・レクリエーション・グラウンド、ノーウッド公園、ペッカム・ライがその一覧に加えられること、第二に、公園部長は、「払い戻しなしの三シリングの現行料金にかえて、プレーされないときには返済される三シリング六ペンスの料金がピッチ区画などのために課されるべきであるという提案」に日曜フットボール・リーグ関係者が応じるのかどうか確認すること、第三に、ハックニー・マーシュに臨時の更衣室を設置する件に関しては、戦争用途での一部占領の支払いとして政府から支出される全費用の決算が完了するまで延期されること、第四に、競技フットボールや日曜フットボールの問題については委員会の次期会議まで延期されること。(49)

二月十日の公園・空き地委員会に英労スポーツ連盟代表団が招待されたわりには、あまり彼らにとって意義がある決定を得ることができなかったといえる。肝心な問題は次回の会議まで先送りされてしまったのである。

9　一九三三年四月四日のロンドン・カウンティ議会会議決定

三月十日の公園・空き地委員会は、日曜日の競技フットボールの問題については次期会議まで延期することを決定したが、その会議は三月二十四日に開催された。そのときの会議録は手元にないが、その会議についての報告が四月四日のロンドン議会会議でなされている。

では、四月四日のロンドン議会会議では何を審議し、何を決定したのか。このロンドン議会会議では、三月二十四日の公園・空き地委員会の報告を受けて審議されているので、まずその報告について検討したい。この報告は、「J・R・オールドフィールド氏によって支持されたG・ラッセル・シュトラウス氏の動議」、つまり、「①日曜日に組織的フットボールを許可すること、および②雨でプレーできなかったときに料金を払い戻すこと、の適否について検討し報告することが公園・空き地委員会に委ねられる」という決定（一九三二年十一月一日）を受けて審議した結果を伝えるものだった。[50]

最初に確認事項として、②雨でプレーできなかったときに料金を払い戻すことの適否については、前回会議で決定したように、公園部長が日曜フットボール・リーグ関係者に「議会のピッチを使用するフットボール・クラブが、現在のシステムが継続されることを望むのか、それともより高額な料金が課されてもプレーが禁止されるときには全額を払い戻すことを望むのか、を確かめること」[51]が記されている。

次いで、本題となる「①日曜日に組織的フットボールを許可すること」については、以下のように報告している。

その問題は議会によって高度に論争的な性格をもつものと見なされており、最終的な決定が、日曜日にフットボールを許可するという認可条項と、リーグ、カップおよびその他の競技ゲームはその日には許可されないとする条件条項とを一対のものとする、妥協の性質を帯びていたのは明らかだった。一九二二年以来、日曜競技会に関して議会によって追求された政策に変化は見られなかった。[52]

以上のようなロンドン議会条例についての説明に続いて、次のように日曜フットボール・リーグ関係者の規則違反を問題にする。

フットボール・ピッチを申請しているクラブは、土曜日の午後、日曜日の午後、バンクホリデーにプレーするために年額一ギニーの料金で登録される。その料金は、クラブが条例に従うという条件で払い戻される。その条例の条文は、リーグ・マッチ、カップおよび類似の競技会が日曜日には許可されないというものである。昨年、この条例に違反したために、イギリス労働者スポーツ連盟に加盟する二十七のチームを取り締まる必要が生じ、そのため彼らの保証金は没収された。フットボールが日曜日の朝に許可されるべきだとする連盟の提案はあまり感心しない。(53)

そして、最終的な結論として以下のような記述で締めくくっている。

我々は、様々な理由から土曜日にプレーすることを妨げられている多くの国民諸階層に、日曜競技会に対するかなりの要求があると確信するが、議会が日曜日にフットボールを許可する条件で、そのような施設を利用したいと望む人々のために、手頃で健康的なレクリエーションを十分に提供できない、とする理由はない。フットボール協会が日曜日のプレーを許可していないことにも言及されるべきである。様々な資料から我々の眼前にあるすべての事実を非常に注意深く検討したにもかかわらず、議会が何らかの点で既存の取り決めを変更すべきである、と提案することが正しいとは思えない。(54)

要するに、英労スポーツ連盟代表団の要求の肝心なところは拒絶されたということである。問題は、前述の「リーグ・マッチ、カップおよび類似の競技会が日曜日には許可されない」(55)とする条件条項だったが、この問題で英労スポーツ連盟代表団と公園・空き地委員会の見解は真っ向から対立したのである。さらに、委員会の報告に、「フットボールが日曜日の朝に許可されるべきだとする連盟の提案はあまり感心しない」とか、「議会が日曜日にフットボールを許可する条件で、(略)手頃で健康的なレクリエーションを十分には提供できない、とする理由はない」(56)という表現が見受けられるが、これらの考え方も代表団の考え方と相いれないものだった。日曜日の朝にフットボールをするかどうかは労働者自身が決めることだし、また、午後だけで試合を消化しようにもピッチの数が足りないという現実的な問題もあったのである。そして、「手頃で健康的なレクリエーション」を望むか競技フットボールを望むかも労働者自身が決めることで、彼らは実際に競技会を望んでいたのである。こうして見ると、やはり公園・空き地委員会に出席した議員の多くにとって日曜日はキリスト教の安息日であり、その日にリーグ・マッチのようなフットボールをすべきでないという意識が明らかに潜在していたといえるだろう。最終的に、四月四日のロンドン議会会議では、以上の公園・空き地委員会報告が修正なしに可決された。

10　日曜リーグ・フットボール・キャンペーン委員会の結成

こうしたロンドン議会の決定を英労スポーツ連盟代表団は見越していたのだろう。前述の彼らのパンフレットには次のような声明も記されていた。

> 我々の経験は、我々の目的に賛同するメンバーの間で一定の共感を得たが、成功を成し遂げるためには、我々がロンドン中で、一般には日曜フットボーラーとスポーツマンの間で、そして労働者の間で、強大な運動を組織しなければならなかったことを明らかにした。（略）我々の請願書の写しをとって、すべての地区の競技場で徹底的にそれへの署名を依頼しよう。(57)

こうして、英労スポーツ連盟と労フットボール協を中核とする組織的日曜フットボール運動はさらに組織化を進めるとともに、この運動への支持をますます訴えていかなければならなかった。

その後、組織的日曜フットボール運動は、新たな勢力をもって再び代表団をロンドン議会公園・空き地委員会に派遣するところまで前進する。今回は、組織的日曜フットボール運動へのロンドン労働者の支持を集める組織ができあがっていた。それは「すべての日曜フットボール・リーグと協会の責任ある役員から構成される日曜リーグ・フットボール・キャンペーン委員会（以下、キャンペーン委員会と略す）」と称されるもので、この委員会の議長には英労スポーツ連盟全国書記のシンフィールドを選出していた。この組織については、一九三四年六月十五日付の「デイリー・ワーカー」の記事「代表団がロンドン公園委員会と会見――日曜フットボールの問題で」に、次のような記述がある。

公園委員会への陳述は、キャンペーン委員会の議長ジョージ・シンフィールドによってなされるだろう。彼は前の代表団の成果と日曜リーグ・フットボールを支持するすべての労働者フットボーラーが当面する要求の概要を述べるだろう。この陳述は、三十以上の活発なリーグがおよそ二万五千人の会員をもって存在していること、ならびにキャンペーン委員会が彼らの大多数の支持を得ていることを示すだろう。(58)

英労スポーツ連盟代表団による前回の陳情から今回の陳情までの経過を明らかにする資料はない。そのために、組織的日曜フットボール運動への支持を集めるための組織ができたことはわかったが、キャンペーン委員会が組織された経緯、またその代表にコンドンではなくシンフィールドが選出された理由はよくわからない。コンドンが代表の当時から「日曜競技会に関する既存の条例の修正案に賛同する運動の委員会」を創っていたのだから、これへの結集を呼びかけることによってでは駄目だったのか、という疑問が浮かぶ。推測としては、英労スポーツ連盟全国執行委員会が全国書記のシンフィールドを代表に立てて不退転の決意で運動を進めようとしたのではないかと考えられるが、現状では解答を出すことは難しい。しかし、今回の代表団の支持者が二万五千人にのぼるという事実は大きな意味をもつものだった。

11　ロンドン・カウンティ議会選挙でのロンドン労働党の勝利

前節までに示したように、一九三三年四月四日のロンドン議会会議ではリーグ・マッチなどの競技フットボールを禁じたロンドン議会条例を改定することはかなわなかったが、日曜フットボール・リーグ関係者たちは、キャンペーン委員会というロンドン議会陳情のための組織を創って、このロンドン議会条例を撤廃させるための運動を進めていた。

その間の一九三四年三月八日にロンドン議会選挙がおこなわれた。この選挙は、日曜フットボール・リーグ関係者たちにとって、自分たちの将来を決する選挙になった。それはなぜかといえば、保守派が支配していたロンドン議会の余暇・スポーツ政策を変更させる好機になったからである。

この選挙で、ハーバート・モリソンをリーダーとするロンドン労働党は、百二十四議席中六十九議席を獲得してロンドン議会議席の過半数を制し、助役も二十人中十一人を占めて、保守系の都市改革派を大きく上回った。保守派の議席は五十五に、助役も九人へと後退した。なお、この年には首都二十八区中十五区で労働党が議会の多数を制して行政権を握り、住宅供給、スラム清掃、病院・医療サービス行政などの社会主義的都市政策を推し進めることになった。さらに、ロンドンの公共援助組織を根本的に再編成することにもなった。(59)

キャンペーン委員会がロンドン議会公園委員会（ロンドン議会選挙後に公園・空き地委員会から名称変更されたものと思われる）に代表団を派遣できるようになった背景には、ロンドン議会選挙でロンドン労働党が勝利するという政治的変化があったのである。この選挙に関連して日曜フットボール・リーグ関係者たちが展開した選挙運動の詳細はわからない。しかし、明らかにロンドン労働党勝利に向けて選挙を戦ったものと思われる。しかも、単にロンドン労働党を応援するというのではなく、彼らの要望を聞き届けさせるような条件交渉と抱き合わせになっていたことが十分に推測できる。

この点についてては、一九三四年のロンドン議会選挙ではないが、三一年三月の選挙に関わる資料がある。「ロンドン・カウンティ議会選挙〔一九三一年：引用者注〕が三月五日におこなわれる。議会は反動的な保守党員と労働党員によって支配され、労働者スポーツのために適切な施設を与えることに反する闘いをおこなってきた。すべての英労スポーツ連盟会員は労働者憲章候補者の復帰を確実にするために熱心に活動しなければならない。この候補者たちだけがロンドン議会会議室のなかに労働者スポーツのための闘いを持ち込むだろう」[60]。しかし、三一年のロンドン議会選挙ではロンドン労働党は三十五議席しか取れずに敗北する。また、まだこの段階では、ロンドン労働党は、ロンドンの多くの労働者たちが要望する組織的日曜フットボールに関して、政策的重要性をあまり感じていなかったようだ。しかし、三四年三月までの間に、ロンドン労働党はこの政策的重要性を自覚していくことになる。英労スポーツ連盟が中心になって要求してきた「労働者憲章」、つまり「日曜日のレクリエーションに関するすべての禁止条例に反対して、そしてすべての労働者スポーツマンのための無料で適切な競技場と体育館を求めて」[61]運動している労働者の要求の実現に前向きになったということである。

12 一九三四年七月十日のロンドン・カウンティ議会での禁止条例の撤廃

さて、キャンペーン委員会代表団を受け入れることになった公園委員会は、一九三四年六月十五日と二十九日に開催された。この二つの委員会の会議録は手元にないが、七月十日のロンドン議会会議への「公園委員会の報告」からその概要を知ることができる[62]。この報告は公園委員会議長R・コポックによってなされている。もちろん彼も長老格の労働党議員だった。

コポックは、「代表団の主な目的は、日曜日に組織的リーグ・フットボールないし競技フットボールをする許可証を得ることだったが、我々は本報告でこの問題を扱う」と委員会の趣旨を説明した後で、「この問題において議会の政策が基礎を置く初期の諸決定を簡潔に要約(63)」し、続いてキャンペーン委員会の要望を吟味したうえで、いくつかの事例をもとに委員会の審議結果を示している。その事例と審議概要を以下に紹介しよう。

第一の事例は、日曜フットボーラーの要求に関するものである。

　代表団によって我々に対してなされた陳情について検討した結果、ロンドンの何百という人々のなかに、日曜日に組織的な競技フットボールをプレーしたいという熱烈な要望があること、そして日曜競技者の大多数がこの類いのゲームを禁止するという議会の行為に対して強い不満の念を抱いていることは疑いないように思われる(64)。

　協会〔フットボール協会：引用者注〕の規則に基づく競技フットボールはまったく一般的であり、ゲームで抱かれる興味を高めるものであり、そして、リーグ競技ゲームをプレーしたいという欲望はスポーツの一般的な特徴なのである。競技ゲームは、公園や空き地の快適さを損なうことなく、また参加する人々の満足と楽しみを伴って、平日にフットボールチームに許可されている。これは明らかに、毎週土曜日に指定されたピッチの大部分がリーグなどのゲームのために何の混乱も生じることなく使用されている、という事実によって証明される(65)。

説明するまでもなく、委員会が日曜日の競技フットボールを市民の一般的な願望であることを率直に認め、かつそれが週日には整然とおこなわれていることを記しているのである。

第二の事例は、安息日（日曜日）遵守主義者の要求に関するものである。

我々はまた、主日遵守協会、福音主義自由教会全国協議会、全国日曜学校連合、日曜日擁護帝国同盟、ロンドン自由教会連盟およびロンドン・メソジスト教会からの代表団も受け入れた。(66)

我々は口頭だろうと書物だろうと証言に与える世論の影響力を十分承知している。しかし、この証言の付託書には、日曜ゲームの一般的な問題を引き合いに出す特定の傾向が認められ、提出された所見には相当程度そのようなゲームへの反論が行き渡っていた。しかし、（略）この一般的な問題は議会では扱わない。我々は代表団によって提起された主要な反論に言及するつもりであり、わが委員会に提出された書簡をもとに始めるだろう。(67)

ここでは、安息日遵守を主張する教会組織がリーグ・マッチなどの競技フットボールに限定することなく日曜フットボール全般を問題にしていることに、委員会は疑義を呈しているのである。

第三の事例は、日曜学校の学童たちに関するものである。

これらのゲームをすることは、日曜学校の学童たちの日曜午後の出席を妨げる傾向がある、という事実が話題になった。もしこの話題が容認されるのであれば、例えばボート乗り、水浴び、模型ヨットの帆走、釣り、陸上競技用トラックの利用などのような、数多くの娯楽のために日曜日に施設を提供することを禁止するように、議会に求める必要があっただろう。(68)

委員会は、この件が日曜日の娯楽一般の問題になってしまい、今回の議題には噛み合っていないと判断したのである。

第四の事例は、ゲームに集まる大衆のために日曜日の公園の秩序が壊されてしまうという懸念に関するものである。

ゲームはとても多くの大衆を引き付けるだろうし、公園が日曜日に与える戸外での静かなレクリエーションを台無しにしがちである、という一般的な見解が示された。この日に様々なゲームのために割り当てられるピッチは、公園や空き地の快適さを妨げないように、また大衆の一般的な便宜に不利益を与えないように手配されているが、日曜日に利用できるピッチの数は、実際には平日に使用される数の半数なのである。我々は、指示された政策にはきちんと従っていきたいし、日曜日のプレーのために追加のピッチを割り当ててほしいという提案にも最大限の考慮を与え続けていきたい[69]。

この説明には、行政の責任がはっきりと見て取れる。日曜日の公園のすべての利用者を考慮して、フットボール・ピッチを手配しよう、またピッチの数も増やしていこうという、日曜フットボーラーにも好意的な方針を述べている。

第五の事例は、賭けに関わる問題である。「競技ゲームの導入が総賭け勝負、ギャンブルその他の悪事の増加につながるだろうという提案は、あえて言わせてもらえば、まったく根拠がない[70]」。委員会は、日曜フットボール・リーグで賭けがおこなわれているという事実もないのに、仮定としての問題を提起する考え方をぴしゃりと退けている。

第六の事例は、フットボール協会の規則に関わる問題である。

フットボール協会および同種の組織が日曜日のプレーを容認していない、という事実が強調された。これらの組織は、日曜日以外にその試合をおこなっているコミュニティの大部分で好機をつかんだ競技者たちのための規則を規定している。我々はこんな有利な立場にはないコミュニティの様々なセクションを扱ってい

るので、日曜競技会に関するこれらの団体の規則が、問題になっている事例と密接に関連しているとは考えない。(71)

委員会は、フットボール協会規則の適用を受けるフットボーラーと労働者日曜フットボーラーとでは環境も立場もまったく違うことをはっきりと認めているのである。

大筋で以上のような事例に関する審議を経た後に、委員会は以下のような結論に達した。

我々はすでに、議会が一九三三年四月四日にこの問題における現政策を再検討したが、そのときは何の変更もなされなかったことをすでに指摘した。しかし、我々は、眼前にある新たな事実に照らして、その問題を再審議する必要があると考えている。あらゆる側面で、そしてこの重要な主題について広がっているかなり相違した意見についての十分な知識をもって、その問題を最高に注意深く調査した後では、我々は、いまやこの問題の障害を取り除くよう議会に求めることに何のためらいもない。(フットボールを)他の主なフィールド・ゲーム、すなわちクリケットやホッケーと同じ立場に置くことが必要だろう。それらのゲームには、現在同じ禁止条例が適用されているのである。三四年九月一日に始まる次のシーズンの競技予定を取り決めることをクラブに許可するためには、ピッチの割り当てが十分な時間をかけてなされるように、議会はこの問題について早期の決定を下すことが望ましい。我々は以下のとおり勧告する。

一、議会の管理下にある公園や空き地にあるクリケット、フットボールおよびホッケーの指定のグラウンドのために発行される許可証が、何らかのリーグ、カップおよび類似の競技会での試合に使用されてはならない、と規定した一九二二年七月二十二日の決議二項の一定部分は、これ以後効力をもたない。(72)

さて、以上のような「公園委員会の報告」を受けて、七月十日のロンドン議会で審議がおこなわれた。そして、

「報告は受け入れられる」とする動議が票決に付され、議会は完全に二分したが、賛成五十四票、反対五十三票で、動議は可決された。さらに、次の動議も五十六票対五十一票で可決された。そして「公園委員会は、一九三五年の夏期休会前の議会の最終会議までには、得られた経験に照らして、その問題について報告すること」[73]になった。

前述のとおり、一九三四年三月の選挙でロンドン議会の労働党議席は六十九、保守派議席が五十五になっていて、総議席数は百二十四であった。ということは、議決では十七人の議員の欠席もしくは白票があったということになる。したがって、ロンドン労働党が行政権をとったこの段階でも、労働党議員の全員が組織的日曜フットボールに賛同していたわけではなかったのである。そうでなければ、一票差でからくも可決という状況にはならなかったはずだ。

しかしながら、英労スポーツ連盟と労フットボール協を中核として日曜フットボール・リーグ関係者によって進められてきた組織的日曜フットボール運動の要望は、ついにロンドン議会によって全面的に認められたのである。七月十三日付の「デイリー・ワーカー」の記事には、以下のような力強い声明が掲載されている。

日曜リーグ・フットボールに関する禁止条例を撤廃しようというロンドン・カウンティ議会の行為は、疑いなく何千人もの日曜フットボーラーによって大きな感謝をもって受け入れられるだろう。その禁止条例の撤廃は、日曜リーグ・フットボール・キャンペーン委員会への高い信頼を反映している。この委員会は、公園委員会への代表団を組織することに責任をもっている。二万五千人以上の日曜フットボーラーの支持を主張することができたこの代表団は、公園委員会に対して、ただよく組織された団体だけがおそらく描き上げることができる声明を提出した。我々は、我々の力を組織として証明したと信じる。[74]

一九三四年七月十日はロンドンの労働者にとって、競技スポーツが日曜日に合法化される記念日になったのである。

13　ロンドン・カウンティ議会による以後の政策展開

認可条項と条件条項とを併せ持つロンドン議会条例（一九二二年七月二十二日）が一九三四年七月十日のロンドン議会会議で改正されて以降、つまりリーグ・マッチのような競技会を禁じていた条件条項が撤廃されて以降、公園委員会ではこの決定を受けて行政施策が展開されていく。

十月十九日の公園部長の報告は、「日曜日に競技ゲームをすること以外の問題と関わって、一九三四年六月十五日に出席した日曜リーグ・フットボール・キャンペーン委員会の代表団によって提起された問題について、キャンペーン委員会に以下のことが通知される」[75]として、四点にわたって記している。第一は、議会がレクリエーションのための追加施設を提供できる場所を五百エーカー以上は確保すること、第二は、議会が追加の洗濯・更衣室などの設備を増築もしくは改築すること、第三は、議会が週末に聖ジョン救急隊員を派遣すること、また救援施設を設置もしくは改善すること、第四は、「ピッチを一回使用するための料金が三三年に変更され、プレーが許可されないときには返済される金額は三シリング六ペンスと決定されたこと、この改定はフットボール・クラブとの協議の後になされたこと」[76]である。最後の点に関しては、大多数のクラブは、これまでどおりの三シリングを要求していたようだが、議会は「ピッチを区画する費用、ゴールポストの提供と維持の費用」[77]を含むとして三シリング六ペンスに決定した。なお、一ギニーの年間保証金については、条例改定をした事実が見当たらない。日曜リーグ・フットボールがロンドン議会によって許可されたことで、最終的には返還される保証金の減額要求はあまり意味をもたないものになったのだろう。

ロンドン議会でも、十月三十日の会議で以下の決定を下した。第一は、日曜日におこなわれる競技スポーツにグラウンドを使用するための条例改正であり、第二は、日曜日に競技スポーツを許可するための条例改正だった。前者は「我々は、日曜日の午後二時半以降スポーツ競技会のためにグラウンドの使用を許可するため、競技スポーツ・グラウンドに関する条例を改正した」という内容であり、後者は「日曜日に競技ゲームを許可するために、一九三四年七月十日の決定を考慮して、我々は、来るシーズンにフットボール・ピッチを使用するための申請書の受け付けに向けて、適当な期限の延長を決めた。我々はまた、規定された平日向けの手順に合致するように、日曜日のクリケット、フットボールおよびホッケーのピッチの予約に関する条例を改正した[78]」という内容だった。

さらに、七月十日のロンドン議会会議での付帯決議にあるように、公園委員会は、一九三五年の夏期休会前の議会の最終会議までに、日曜フットボール・リーグが何の混乱もなく進められているのかどうかを報告する必要があったが、この義務の履行は三五年五月三十一日に果たされた。「公園部長による報告では、日曜日のリーグおよび競技ゲームのために三四年七月十日に議会によって与えられた許可証に関しては、いくつかの事例から、これまでに試合に参加する観衆の数は増加したが、大衆との関係で何の混乱もなかったこと、さらに、騒動の報告も大衆からの苦情もなかったこと、が言明されている[79]」。労働者フットボーラーと観衆は自ら規律と秩序を守っていたということがわかる。

14　組織的日曜フットボール運動の歴史的意義

ロンドンで展開された組織的日曜フットボール運動の詳細については、ここまでに示してきたとおりである。最後に、まとめとしてこの運動の歴史的意義について述べる。

ロンドンの組織的日曜フットボール運動の事例は、世界の労働者スポーツ運動の歴史でも画期的な出来事だった。一九三〇年代に労働者の組織的なスポーツ運動がロンドンという大都市の議会を動かし、その要求実現を成し遂げたことは、歴史的に記憶されていいことだろう。さらに、労働者スポーツ運動の内部的な組織化の努力と、ロンドン議会選挙でのロンドン労働党の勝利（「労働者憲章」を擁護する労働党議員が過半数を占めたこと）ならびに、それによる旧来の余暇・スポーツ政策の変更とが連動してはじめて、この運動の目的が達成されたことも明記されるべきだろう。

ロンドン議会公園委員会に出向いたキャンペーン委員会代表団が活発な三十のリーグに属する二万五千人の会員を代表していたという事実から考えても、労働者フットボーラーの日曜日にリーグ・マッチをしたいという要求は相当に高まっていたのである。いくら主日遵守協会などの安息日遵守主義者たちがキリスト教の戒律で労働者の生活を縛ろうとしても、それは無理であり無駄なことだった。ロンドンの労働者たちがまったくの無信仰であったということではないだろう。ただ彼らは自分たちの自立した余暇生活を営もうとしたのである。彼らは日曜日にもフットボールをしたかったのではない、日曜日にしかできなかったのだ。なおかつ、彼らはフットボール・リーグを創って競技に熱中したかったのであって、ロンドン議会が推奨するような健康的なレクリエーションとしてフットボールをプレーすることでは満足できなかった。一九三〇年代のロンドンの労働者たちは、自分たちの自立した日曜日の過ごし方を見いだし定着させたということができるだろう。

注

（1）ウイリアム・ウッドラフ『社会史の証人――20世紀初期ランカシャの失われた世界』原剛訳（Minerva 西洋史ライブラリー）、ミネルヴァ書房、一九九四年、二五六―二五七ページ

（2）Jones, *Workers at Play*, 1986, p. 173.

（3）Tony Mason, *Association Football and English Society：1863-1915*, Harvester Press, 1980, pp. 24-31.

（4）Richard Holt, *Sport and the British: a modern history*, Oxford University Press, 1989, pp. 153-154.

（5）*The Times*, July 12, 1922, p. 10.

（6）*The Times*, July 19, 1922, p. 7.

（7）*The Times*, July 24, 1922, p. 11. この七月二十二日制定のロンドン議会条例は、一七八〇年の日曜日遵守法（Sunday Observance Act）以来のキリスト教の主日（Lord's Day）、つまり日曜日の宗教的慣習を守ろうとする諸法規と結び付くものだった。

（8）Jones, *Sport, Politics and the Working Class*, p. 151.

（9）*Daily Worker*, March 14, 1930, p. 11.

（10）Report of the National Committee, British Workers' Sports Federation. National Congress, to be held on the 6th and 7th of December［1930］［People's History Museum: CP/ORG/MISC/5/8］

（11）Ibid.

（12）本書第3章「人民戦線運動とイギリス労働者スポーツ連盟の解散」で、イギリス労働者スポーツ連盟が解散した経緯と理由について説明している。

（13）*Daily Worker*, September 10, 1930, p. 4.

（14）*Daily Worker*, January 13, 1931, p. 4.

（15）*Daily Worker*, June 24, 1931, p. 4.

（16）Ibid.

（17）Ibid.

（18）Letter from T.M. Condon to Chief Officer, the Parks & Open Spaces Ctt., and London County Council, No. 34, 4th June 1932.［London Metropolitan Archives: LCC/MIN.］

（19）*Daily Worker*, October 14, 1930, p. 4.

（20）Comrade Eastman's Report on Organisational Proposals, Minutes of Full National Committee held June 7th 1931.［PHM/CP/ORG/MISC/5/5］

（21）*Daily Worker*, July 18, 1931, p. 4.

(22) Letter from T.M. Condon to Chief Officer, the Parks & Open Spaces Committee and London County Council, No. 34, 4th June 1932. [LMA/LCC/MIN.]

(23) Ibid.

(24) *Daily Worker*, June 6, 1932, p. 6.

(25) Minutes of Meeting of the Parks and Open Spaces Committee. 17th June 1932. [LMA/LCC/MIN.]

(26) Report to the Parks and Open Spaces Committee by P. Maud, Chief Officer. 11th April 1932. [LMA/LCC/MIN.]
P・モードは、グレーター・ロンドン市行政の上級職員で、公園部長（Chief Officer, Parks Department）の肩書をもつ。ロンドン議会公園・空き地委員会での報告は、もっぱら彼の役割だった。

(27) Letter from T.M. Condon to Chief Officer of the Parks and Open Spaces Committee, 4th June 1932. [LMA/LCC/MIN.]

(28) Letter from Hon Secretary of Tooting Workers' Sports Club to Chief Officer, London County Council, 12th June 1932. [LMA/LCC/MIN.]

(29) Minutes of Meeting of the Parks and Open Spaces Committee. 17th June 1932. [LMA/LCC/MIN.]

(30) Minutes of National Sub-Committee Meeting of BWSF, 16th September 1932. [PHM/CP/ORG/MISC5/6]

(31) Minutes of enlarged National Committee Meeting of BWSF, 7th October 1932. [PHM/CP/ORG/MISC5/6] ちなみに、筆者が国立労働史博物館所蔵の共産党文書から入手した資料に「ロンドン日曜フットボール協会 規則と規約」がある。このロンドンの組織と前述の全国日曜フットボール協会との関係は、実証する資料がないので目下のところわからない。しかし、全国日曜フットボール協会が当初ロンドン日曜フットボール協会として構想され、規約も作成されたが、その後実際には「ロンドン」と限定せずに「全国」としたのではないか、という推測も成り立つ。なぜならば、この規約には、ロンドンに限定する記述がないばかりか、全国日曜フットボール協会との関係に触れた条項もないのである。そうした推測はさておき、ロンドン日曜フットボール協会は日曜フットボール競技会の奨励、援助と運営、規則の制定、リーグ内で生じた紛争の解決、日曜禁止令撤廃に向けての運動を請け負う組織として創設しようとしたものだった。

（32）Minutes of National Committee Meeting of BWSF, 14th October 1932. [PHM/CP/ORG/MISC5/6]

（33）Letter from T.M. Condon to the Parks and Open Spaces Committee, n. d. [LMA/LCC/MIN.]

（34）Minutes of Meeting of the Parks and Open Spaces Committee. 18th November 1932. [LMA/LCC/MIN.]

（35）Minutes of Proceedings at a Meeting of the Council of the Administrative County of London, held at the county Hall, Westminster Bridge, on Tuesday, the 10th day of July, 1934, under and by virtue of the Local Government Act, 1888. [LMA/LCC/MIN.]

（36）Minutes of Meeting of the Parks and Open Spaces Committee. 27th January 1933. [LMA/LCC/MIN.]

（37）Letter from T.M. Condon to Chief Officer, Parks & Open Spaces Ctt., and LCC. 21st January 1933. [LMA/LCC/MIN.]

（38）The Case for Organised Sunday Football: A Statement of the case put forward by an All-London Deputation before the London County Council on February 10th, 1933. [PHM/CP/ORG/MISC5/6]

（39）Ibid.

（40）Ibid.

（41）Ibid.

（42）Letter from Chief Officer of the Parks Department to the Parks, &c., Committee, 10th March 1933. [LMA/LCC/MIN.]

（43）Ibid.

（44）Ibid.

（45）Ibid.

（46）Ibid.

（47）Ibid.

（48）Ibid.

（49）Minutes of Meeting of the Parks and Open Spaces Committee. 10th March 1933. [LMA/LCC/MIN.]

(50) Minutes of Proceedings at a Meeting of the Council of the Administrative County of London, held at the county Hall, Westminster Bridge, on Tuesday, the 4th day of April, 1933, under and by virtue of the Local Government Act, 1888. [LMA/LCC/MIN.]
(51) Ibid.
(52) Ibid.
(53) Ibid.
(54) Ibid.
(55) Ibid.
(56) Ibid.
(57) The Case for Organised Sunday Football: A Statement of the case put forward by an All-London Deputation before the London County Council on February 10th, 1933. [PHM/CP/ORG/ MISC5/6]
(58) *Daily Worker*, June 15, 1934, p. 4.
(59) 一九三四年三月のロンドン・カウンティ選挙でのロンドン労働党の勝利とその政策については、Herbert Morrison and D. H. Daines, *London under Socialist Rule* (Labour Party, 1935)、G・D・H・コール『イギリス労働運動史』第三巻（林健太郎／河上民雄／嘉治元郎訳〔岩波現代叢書〕、岩波書店、一九五七年）三〇八―三〇九ページ、および犬童一男『危機における政治過程――大恐慌期のイギリス労働党政権』（東京大学出版会、一九七六年）二六五ページを参照した。
(60) *Daily Worker*, January 16, 1931, p. 6.
(61) *Daily Worker*, February 19, 1931, p. 4, Jones, *Sport, Politics and the Working Class*, p. 153.
(62) Minutes of Proceedings at a Meeting of the Council of the Administrative County of London, held at the county Hall, Westminster Bridge, on Tuesday, the 10th day of July, 1934, under and by virtue of the Local Government Act, 1888. [LMA/LCC/MIN.]
(63) Ibid.

(64) Ibid.
(65) Ibid.
(66) Ibid.
(67) Ibid.
(68) Ibid.
(69) Ibid.
(70) Ibid.
(71) Ibid.
(72) Ibid.
(73) Ibid.
(74) *Daily Worker*, July 13, 1934, p. 4.
(75) Minutes of Meeting of the Parks Committee, 19th October 1934.［LMA/LCC/MIN.］
(76) Ibid.
(77) Ibid.
(78) Minutes of Proceedings at a Meeting of the Council of the Administrative County of London, held at the county Hall, Westminster Bridge, on Tuesday, the 30th day of October, 1934, under and by virtue of the Local Government Act, 1888.［LMA/LCC/MIN.］
(79) Minutes of Meeting of the Parks Committee, 31st. May 1935.［LMA/LCC/MIN.］

第3章　人民戦線運動とイギリス労働者スポーツ連盟の解散

はじめに

「イギリスの労働者スポーツ運動は大陸のそれに比べて小規模なものだが、わが国には「フェアプレー」の偉大な伝統が存在する」という言説は、反ファシズム闘争期の労働者スポーツ組織の代表者たちによって、ことあるごとに繰り返されたものである。

前章までに見たように、イギリスの労働者スポーツ運動は、一九二三年四月にイギリス労働者スポーツ連盟（英労スポーツ連盟）を結成した後、二八年に分裂し、英労スポーツ連盟が共産主義者の組織として存続する一方、社会民主主義者たちは労働党と労働組合会議（TUC）の後援を得て、三〇年に全国労働者スポーツ協会（全労スポーツ協会）を別に結成する。もともと小規模な運動であったにもかかわらず、この分裂は力を弱める結果になった。こうした組織の分裂もあって、イギリスの運動はイギリス人民のスポーツ運動として独自の路線を歩むことが困難になり、常に国際統括組織の赤色スポーツ・インターナショナル（赤色スポーツインター）と社会主義労働者スポーツ・インターナショナル（社会主義スポーツインター）の指導を受け、また国内的にも共産党と労働党およびTUCの強い影響力のもとに置かれることになった。しかし、そのなかでも「フェアプレー」「真のスポーツ精神」の伝統を掲げて世界にアピールするとともに、自己のアイデンティティを模索し、国際的な運動に乗り遅れないような努力が払われたのも事実だった。このことが前章までに示した言説に表れている。

ところで、一九三〇年代はファシズムの脅威が世界を覆うなかで、各国内であるいは国際的に反ファシズム文化運動が展開された時期だった。それはスポーツ運動の分野でも同様だった。すなわち、フランスとノルウェーでの左派・右派の労働者スポーツ組織の合同、広範な人民を視野に入れた赤色スポーツインターと各国所属組織の人民スポーツ運動への戦術転換、それらを契機とした二つの国際統括組織による統一への模索、といった動きが進展し、さらに、ベルリンオリンピックのボイコットに向けた国際的ないし各国での運動、その延長線上にスペインから発した人民スポーツ運動の象徴的祭典としてのバルセロナ人民オリンピアードの開催（スペイン内戦の勃発によって未発に終わる）などの反ファシズム・スポーツ運動が展開されたのである。

こうした国際的な動向のなかで、イギリスの反ファシズム運動としての労働者スポーツ運動はどのように展開したのかを明らかにすることが本章の課題である。そして、この課題については次の二つの視点から考察する。第一に、国際的な反ファシズム闘争の前進のもとで英労スポーツ連盟が採った戦術転換の中身とその背景について、第二に、英労スポーツ連盟による組織統一の模索について、である。ただし、バルセロナ人民オリンピアードとアントワープ労働者オリンピアードの開催のための準備活動が、イギリスでも反ファシズム・スポーツ運動の重要な局面を構成するのだが、その詳細は本章では扱わずのちの章で詳しく論じる。

1　イギリス労働者スポーツ連盟の戦術転換と解散の目的

国際的にも各国でも、反ファシズム闘争に広範な男女のスポーツマンを結集するための労働者スポーツ運動の戦術転換が進むなかで、イギリスでもそれに呼応する動きが一九三五年後半に認められる。それを主導したのは共産主義的組織の英労スポーツ連盟だったが、その戦術転換の中身を詳細に示しているのが、赤色スポーツインター機関誌「国際スポーツ評論」一九三五年十月号と十一月号に掲載された英労スポーツ連盟全国書記ジョージ・シンフィールドの論説だった。(1)

シンフィールドはその論説の書き出しで、「労働者スポーツ運動では、スポーツの原動力になる男女の大衆をつかむための闘争で、最も適したものと見なされる政策や方針を定式化するための基礎を示すことが試みられるべきである」(2)と述べて、大衆闘争を進めるための戦術の重要性を指摘した。これが大衆的労働者スポーツ運動の創造へと導かれるのだが、その根拠は彼の指摘によれば、「スポーツマンが、ブルジョアによって統御され護衛されたスポーツ組織ではなく、労働者によって政治的に統御され護衛されたスポーツ組織のなかに存在するところでは、スポーツクラブやスポーツ連盟に労働者が組織されている。(略)スポーツ活動が頻繁におこなわれることが、労働者スポーツ運動を明確な政策と正当な組織をもって直ちに発展させる土台なのである」(3)という考え方だった。ここから彼は、イギリスにも大衆的な労働者スポーツ運動を進める条件はそろっていて、英労スポーツ連盟の戦術を転換して時期を移さずその実現のために力を尽くさなければならない、という結論を導き出すのである。

シンフィールドは、イギリスに大衆的労働者スポーツ運動を創造するために、その前提となる組織統一のための戦術と、それによる近い将来の闘争課題を提起している。では、組織統一のための戦術とはどのようなものだったのか。これは端的に言って、フランスやノルウェーのような左派右派の労働者スポーツ組織の合同、それがかなわない場合の共同行動の模索といった既存組織を保った戦術ではなく、英労スポーツ連盟を解散して個々の組織と個人が全労スポーツ協会に加盟して内部から全労スポーツ協会を改革していこうという戦術だった。なぜこのような戦術を採るに至ったのかが問題だが、これについては次節以下で検討することにして、以下にその戦術の具体的な内容を示そう。

イギリス労働者スポーツ連盟——革命的に護衛されたスポーツ組織——は、統一のためのキャンペーンの第一歩として、大衆的労働者スポーツ運動の創造のための予定条件として、厳密な措置をとらなければならなかった。連盟は何をしたのか。連盟は全国労働者スポーツ協会——労働組合運動と労働党の組織——を革命的な路線に立て直すことを決定した。的を射た方針とは、（a）全国労働者スポーツ協会の内部的統一によって統一したスポーツ行動に駆り立てること、（b）労働組合のスポーツ支部を支援すること、ならびにその支部を全国労働者スポーツ協会に加盟させること、（c）我々が交渉している多くの改良主義的な部隊に全国労働者スポーツ協会への興味を喚起すること、（d）我々のスパルタクス自転車クラブをクラリオン・サイクリング・クラブに加盟させること、（e）イギリス労働者スポーツ連盟の信頼できる部隊を全国労働者スポーツ協会に加盟させること、（f）組織内の積極的な任務のためにできるかぎり全国労働者スポーツ協会内の地位を得ること、だった。(4)

これらはすべて過去形で記されているので、すでにこの戦術は展開されていたと見るべきである。その意味では、この論説は、大衆的労働者スポーツ運動の進行状況とその路線の正しさを確認しようとしたものといえる。改めて注目したいのは、全労スポーツ協会への結集を強制する英労スポーツ連盟の戦術である。英労スポーツ連盟を解散して、すべての労働者スポーツ組織を全労スポーツ協会に加盟させるという戦術が、反ファシズム闘争期に英労スポーツ連盟が推し進めようとしたものだったが、これが自己犠牲的であるというよりも、全労スポーツ協会の組織的性格と公式見解を意に介さない冒険主義的な行動だったことに注意を向けたい。(5)

ところで、転換される以前の戦術がどのようなものだったのかについて、ここで簡単に触れておく必要があるだろう。当の英労スポーツ連盟が、転換前の戦術の何が問題だと認識していたのかをはっきりさせるためである。転換前の戦術とは、基本的には一九三〇年十二月の英労スポーツ連盟第二回全国総会で決定されたものだった。

この総会では、コミンテルンの「階級対階級」戦術の影響下に、支配層のスポーツの堕落した性格を暴き出すこと、ならびに会員のためにスポーツ施設を確保し、日曜日のスポーツ活動を国や自治体に保障させることを目的と定め、ブルジョア・スポーツ組織から労働者会員を英労スポーツ連盟に獲得することが運動方針として示された[6]。その後、全労スポーツ協会も階級の敵と見なされ、全労スポーツ協会を弱体化して英労スポーツ連盟に吸収することが目指された。こうしたセクト的で教条主義的な戦術が、ファシズムが世界を覆うなかで状況に適さないものとして否定されたために、すでに見たように英労スポーツ連盟の大胆な戦術転換がなされたのである。

2　イギリス労働者スポーツ連盟の戦術転換の根拠と将来の課題

では、こうした戦術転換がなぜおこなわれたのか、そうする必要がどこにあったのか。この点については前節の末尾でごく簡単に触れたが、より詳細に検討するために、ここでシンフィールドの言説を問題にする必要があるだろう。まずは、次の一文に注目したい。「とりわけ、労働組合運動を通じてのイギリス労働者階級の長年の影響を記憶しておくことが大切である。その巨大な機構、その強大な力、そのよりよい財政的な関係が、その確かで重大な影響とより多くの会員を獲得したのだった[7]」。彼のこの主張は、ＴＵＣと労働党が牽引する労働運動が、イギリス労働者階級の砦であるということを素直に認めたものであって、その「改良主義的な幻想」には厳しい批判を浴びせるにしても、その砦を捨てて闘っても何の成果も影響も得られないとはっきりと了解していたことを意味する。さらにシンフィールドは、以下の事実をもって英労スポーツ連盟の戦術転換が可能だと示そうとした。第一に、全労スポーツ協会内での英労スポーツ連盟会員の活動の直接的な成果として、クラリオンＣＣが全労スポーツ協会内での支援と権限の欠如のために脱退した誤りを理解して、その多くの地方支部が一定の留保付きで再加盟を要求している（ロンドン支部は脱退せず依然として加盟組織である）こと、ならびにクラリオン

ＣＣが一九三五年二月までに会員数を二倍にし、またクラリオンＣＣに加盟するブリストルの革命的スポーツマンのクラブがこの都市の全労スポーツ協会の熱心な構成員になっていたこと、第二に、英労スポーツ連盟の力が強かったロンドンや南部ウェールズのように、革命的労働者が断固として課題に取り組んでいたところでは全労スポーツ協会が成長したこと、などである。

以上の根拠のもとに全労スポーツ協会に加盟していった英労スポーツ連盟の組織や会員（イギリス共産党アーカイブに収められている『イギリス労働者スポーツ連盟文書』を見ても、実際どのように英労スポーツ連盟のメンバーが全労スポーツ協会に加盟していったのかは不明である）は、以下に示す五点に「近い将来の課題[8]」として取り組むことが求められた。

第一に、工場や労働組合に注意を向けることによって、全労スポーツ協会を築き上げることである。すなわち、全労スポーツ協会は労働者スポーツマンのスポーツ要求の組織者として、彼らが労働運動と無関係であっても受け入れること、若者をファシズムの影響下に置く試みに対して闘うこと、これとの関係でより広い領域からのメンバーが獲得されること、つまり「ブルジョア的で一般的なスポーツ組織が併合されなければならない[9]」こと、そして、これらはすべて全労スポーツ協会によって組織される活動に引き寄せられなければならないこと、である。イギリスではついぞ「人民スポーツ運動」の組織形成には至らなかったが、全労スポーツ協会にブルジョア・スポーツ組織も併合して組織拡大を図ろうとしたことは、人民スポーツ運動の形成に向かおうとする意欲が英労スポーツ連盟指導部内に存在した事実を物語っている。しかし、これを反目が絶えない相手組織の全労スポーツ協会を母体として展開しようというのは、実際には不可能なことだった。

第二に、全労スポーツ協会へのクラリオンＣＣの再加盟のために行動することである。これは、「すべての労働者スポーツマンの即座の統一」のための突破口として、また全労スポーツ協会の民主的改革を進めるために、クラリオンＣＣの再加盟が重視されたことを意味する。

第三に、全労スポーツ協会のスポーツマンと各国のスポーツ運動に力を与えるソ連の労働者との緊密な連携を強めることである。

第四に、全労スポーツ協会が一九三六年に組織しようとしている競技会に関わって、「初めて真の大衆的な労働者スポーツ祭典をイングランドで開催するために、祭典の目標と視野を広げること」[10]である。これは、実際に英労スポーツ連盟が組織として関わった最後の活動だった。[11]

第五に、ベルリンオリンピックへのイギリスのスポーツマンの不参加とベルリンからの大会会場移転を要求するキャンペーンを開始することである。これは間近に迫った課題だったが、「「フェアプレー」の伝統がスポーツ活動に根を張っている（略）イングランドでは支持を見いだすだろう[12]」という見通しのもとに提起されたものだった。しかも、キャンペーンにはスポーツ分野だけでなく、科学、美術、文学、音楽および宗教の各分野の著名人から署名を集める試みも含まれていて、広い範囲からの支持を集めることが目指されていた。実際には、この緊急の提案は、組織的な不参加も会場移転もかなわずに失敗に終わったが、バルセロナ人民オリンピアードの開催準備へと接続していったのである。

図7　バルセロナ人民オリンピアードのポスター。1936年2月にスペインで樹立された人民戦線政府は、ドイツでのナチ体制に抗議してベルリンオリンピックをボイコットすることを選択し、それに対抗するバルセロナ人民オリンピアードを7月22日から26日に開催する計画を立てた。出場者数が超過したために開始日を7月19日として準備を進めたが、7月18日早朝に勃発したスペイン内戦が全土に広がり大会は中止になった。
（出典：「The Olympics: Playing Political Games」〔https://warwick.ac.uk/services/library/mrc/explorefurther/images/olympics〕）

3　赤色スポーツ・インターナショナルと社会主義労働者スポーツ・インターナショナルとの交渉

赤色スポーツインターは、すでに一九三四年九月二十二日の社会主義スポーツインター第七回カールスバード総会への書簡のなかで、統一した労働者スポーツ・インターナショナルへのすべての労働者スポーツ組織の統一に向けた討論の場と共同行動を提案していた。そこでこれを機に翌年三月一日に共同の会議が開かれ、その場の討論を踏まえてさらに赤色スポーツインターと社会主義スポーツインターで書簡をやりとりしあう交渉が続いた。その交渉の過程で両組織に確認された内容（正確には、赤色スポーツインターの提案に対して社会主義スポーツインターが同意した内容）は、以下のとおりである。ファシズムと軍国主義に反対する共同の闘いのために、「組織の執行部の合同によって共同行動が開始されることはないが、大衆の共同行動は合同に向けて導かれなければならない」こと、そして二つのインターナショナル間の交渉結果としては、①それぞれの国の社会主義スポーツインターの組織が赤色スポーツインターの組織とともにスポーツ競技会を開催することを許可すること、②社会主義スポーツインターと赤色スポーツインターは、国内的にも国際的にも、非攻撃の政策に同意すること、③双方の不満は社会主義スポーツインターもしくは赤色スポーツインターの会長のもとへ届けられ、会長がその不満を解消しえないときには、同数のメンバーによる合同委員会に委託されること、である。これら三点の条件を付けて共同の闘いを直ちに開始することに合意した。(13) 社会主義スポーツインターは組織統一には同意しなかったが、共同行動へは一部条件付きで賛成したのである。

しかし、この双方の書簡に示された提案に対して、全労スポーツ協会執行委員会は小委員会の会議を経て次の決定を下した。「全国労働者スポーツ協会執行委員会は、赤色スポーツ・インターナショナルと社会主義労働者スポーツ・インターナショナルの書簡を注意深く検討した結果、二つの団体の融合と各インターナショナル加盟団体間の国内的・国際的な協力に反対である[14]」と。しかも、前述の社会主義スポーツインター第七回カールスバード総会では、全労スポーツ協会書記長のジョージ・エルヴィンが、「決議案〔社会主義スポーツインターと赤色スポーツインターとの合同の問題を含んだ統一戦線に関する決議案：引用者注〕はついにその主題についてのイギリスの動議の方向に沿って可決された。（略）全国労働者スポーツ協会に異論はなく、実際、社会主義労働者スポーツ・インターナショナルに加盟する組織とロシア一国とのスポーツ上の関係は歓迎するだろう。しかし、どんな条件のもとでも一般に共産党のスポーツ組織との関係を許容することはできない[15]」と主張したことを、労働組合情報誌「レイバー」に書き留めて、統一戦線問題を未決に持ち込んだ提案者が全労スポーツ協会代表だったことを自負をもって語っていたのである。こうした全労スポーツ協会の激しい反共産主義的な意識と統一戦線に反対する姿勢はどこに由来するものなのか。これに関してエルヴィンは、「私は労働組合ないし労働党の組織的運動に向けての全労スポーツ協会の忠誠を強調し、我々がこれら二つの団体の政策と、それらが加盟する尊敬すべきインターナショナルの政策に反する政策を遂行することはできない[16]」と説明した。

それではなぜ、社会主義スポーツインターが共同行動への歩み寄りを示しているにもかかわらず、全労スポーツ協会は頑ななまでに反共産主義的な公式見解を変えなかったのか、逆に、なぜそうした相手に対して英労スポーツ連盟は歩み寄ろうとしたのか。これらの問題について考察を深めるためには、労働者政党間の論争に立ち入らなければならないだろう。

一九三五年七月二十五日から一カ月間にわたって共産主義インターナショナル（コミンテルン）第七回大会がモスクワで開催され、イギリス共産党（コミンテルンのイギリス支部）を代表してハリー・ポリットが出席して発言した。そこで彼が労働党への加盟の意向を語っていたことに注目する必要があるだろう。[17] コミンテルン大会終了の三カ月後には共産党を代表してポリットが、労働党書記のJ・S・ミドルトンに加盟申請する書簡を送った。ポリットは、「階級の敵に転向した」ラムゼイ・マクドナルドやフィリップ・スノーデンが組閣した挙国一致内閣とファシズムに対する「社会主義の勝利は、労働者階級運動のすべてのセクションの統一行動なしにはありえない[18]」として、次の提案をおこなった。

労働党は常に連合体として、イギリスでの労働者階級の「統一戦線」を代表するという見解をとってきた。労働党が共産党を加盟組織として受け入れることによって、すべてのセクションを代表するという主張を正当化しようというのであれば、共産党は完全に統一された労働者階級の連合組織として労働党を受け入れる意思がある。[19]

これに対して、ミドルトンは労働党の意向を伝えるべく返書を送り、一九二二年のエジンバラ年次大会で決定したとおり、「労働党の民主的政策および実践と共産党が促進すべく創り出した独裁的政策との根本的な相違は和解できない」ものであり、「目下の加盟申請は単に、近年コミンテルンによって追求された戦術転換の証拠」にすぎず、また「労働党の公表された政策とプログラムを（略）共産党の原則に基づいた政策とプログラムに置き換えるために加盟が求められている[20]」と結論づけて、共産党の加盟申請を拒絶した。

労働党の路線に忠誠を誓う全労スポーツ協会が、こうした労働党の決定や意向に反逆するはずもなく、労働党の運動の枠組みを全労スポーツ協会の運動の枠組みに移し替えたことは明白である。全労スポーツ協会が共産主義的スポーツ組織との組織統一も共同行動も拒絶したのは、労働党やその母体であるＴＵＣの政策に由来したものだった。

4　イギリス労働者スポーツ連盟の戦術転換を促した人民戦線戦術

また、同様の脈絡から英労スポーツ連盟の戦術転換の政治的要因についても読み取ることが可能である。しかし、前述の「国際スポーツ評論」のシンフィールドの論説からも、イギリス共産党アーカイブ資料からも、共産党の直接的な影響を証明することはできない。したがって、推測を交えての判断になるが、英労スポーツ連盟の新戦術、すなわち英労スポーツ連盟を解体して全労スポーツ協会に個々に加盟し、内部から組織を立て直していくという戦術が、共産党が採用した労働党への加盟戦術とまったく同類のものであること、また前述したように、労働党とTUCが牽引する労働運動が労働者階級の砦であるという理解を英労スポーツ連盟全国執行委員会が示していたこと、さらに、英労スポーツ連盟の戦術転換と共産党の労働党への加盟申請の時期が重なっていることから判断して、コミンテルンが提起した反ファシズム人民戦線戦術をイギリスへ適用するという共産主義運動の枠組みが英労スポーツ連盟の戦術転換の背景にあったことは否定できないだろう。しかし、イギリス共産党が直接的な圧力を英労スポーツ連盟に加えたとは考えるべきでない。先のポリットの大会発言には、「青年の獲得」の節に「クラブ、スカウト、スポーツリーグ、シネマ、トレーニングセンターを通じて、「わが祖国と旗」という巧みなプロパガンダを知らせる試みがなされているが、これが共産諸党、とりわけイギリス共産党によって過小評価されている(21)」と述べた箇所がある。

この点で、労働者スポーツ運動の統合に積極的な関心を示したのが共産主義青年組織だった。共産主義青年インターナショナル第六回世界大会が一九三五年九月二十五日から十月十日にかけてモスクワで開催されたが、そこでミハル・ヴォルフが執行委員会を代表して、「青年世代の幸福と自由への道」と題して「青年のあらゆる反ファシズム大衆組織の力を結集する道」について報告した(22)。ここで取り上げるのは、ヴォルフ報告のなかで、コミンテルンの諸報告と比べて異様に長く扱われている「スポーツ運動の統一のための闘争」の部分である。彼は、ブルジョア的ないしファッショ的なスポーツ組織のなかにも非ファシストないし反ファシストの多数のスポーツマンがいて、彼らと友好関係を結ぶことが必要であること、ヒトラー・オリンピックに反対する闘争で、赤色スポーツインターと社会主義スポーツインターとの間で目指された了解が労働者スポーツの統一の実現に向けての第一歩になることなどを指摘した後に、「我々は、軍国主義的ファッショ的後見に反対するスポーツ運動の自由を擁護するために、スポーツマンの団結に向けてのあらゆる努力を支持し、そして平和、自由、進歩のために闘っている一団とスポーツ運動との連合に賛成する。そのため、我々はフランスとノルウェーの労働者スポーツ運動の合同を歓迎する。我々は、国際的な尺度で統一を再興することに助力するだろう。結集は、目下の小さな労働者スポーツ組織を大衆的スポーツ運動に組み替えるための第一歩となるだろう」[23]と述べて締めくくった。彼の報告の要点は、国際的および各国でのスポーツ運動の成果に立脚して、各国支部にそうしたスポーツ運動と連帯するよう呼びかけることであって、狭量な政治的意図をもってスポーツ運動を扇動しようすることではなかった。ここでの要は、大衆的スポーツ運動の創出と連帯にあった。

さらに、イギリスの共産主義青年同盟（以下、共青と略記）を代表してジョン・ゴランも、大衆的労働者スポーツ運動の確立に向けての提案を含めて発言した[24]。彼の主張は以下のとおりである。すなわち、我々はみな社会主義を望むばかりでなく、今日すべての社会主義的青年が緊急の課題として、①青年の間での十全の労働組合主義、②青年の間での力強い平和運動、③挙国一致内閣の打倒と労働党内閣の再建、④大衆的統一労働者スポーツ協会の設立、に同意していることに気づいているが、わが国の社会主義的青年組織がばらばらに活動しているために、これらの目的を前進させられていない。こうした現状では、「我々には、労働者階級と社会主義的青年学生組織の連合もしくはある形での統合が無条件に必要である。そのような連合は、イギリスの統一された大衆的な労働者階級スポーツ運動の確立に大きく貢献するだろう」[25]。つまり、彼が主張するところによれば、青年分野での反ファシズム統一戦線の建設が主要課題として位置づけられ、その一つの軸になるのが大衆的統一労働者スポーツ協会の設立だったのである。青年分野の統一戦線は、労働党青年同盟、協同組合同志サークル、クラリオンCC、全労スポーツ協会、ウッド・クラフト・フォーク[26]、労働組合青年支部、共青がその対象だった。以上のことから、スポーツ分野での統一戦線運動の成果を広く青年分野の統一戦線運動に組み入れようとしたのが、共青の新戦術だったと理解していいだろう。大衆的労働者スポーツ運動の創造ないし確立という表現も、シンフィールドの主張とまったく一致していた。

エドワード・H・カーは、イギリス共産党がファシズムの台頭のもとで、そしてコミンテルンの指導によって、徐々にセクト主義を改めて大衆政党に脱皮しようとしていたこと、すべての労働者政党と労働組合の代表および知識人が参加した統一戦線協議会の会議が開催され、ナチズムに反対する人民的キャンペーンが展開されたこと、などを説明したうえで、「イギリスにおける人民戦線は、一九三五年七月にモスクワで召集されたコミンテルン第七回大会前に、十分かつ真にその基礎が据えられた[27]」と結論づけている。こうした基礎のうえに立って、三五年十月前後の時期は、労働運動、青年運動、文化運動、スポーツ運動などの各分野で、それぞれに関係をもちながらも独自の課題をもって、人民戦線戦術をイギリスの現実に適用しようとした時期だった。ここから、労働者スポーツ組織の統一と共同へ向けての運動が少しずつ実を結んでいくことになる。

5 全国労働者スポーツ協会の組織改革

全労スポーツ協会は親組織の労働党やTUCともども頑なに反共産主義的な路線に固執していたが、国際的な反ファシズム・スポーツ運動によって、また国内での労働者スポーツ組織の下からの押し上げによって、いくぶんかはその狭隘なセクト主義を克服していった。その動きの一つが全労スポーツ協会の組織改革だった。

全労スポーツ協会の組織改革は、一九三六年四月十八日にロンドンの全国労働組合クラブ（運輸会館の一室）で開催された第六回年次総会の一議題として議論された。「レイバー」五月号に掲載された第六回年次総会の報告には、次のような記載がある。

年次総会で可決された決議案のなかに、協会の名称をイギリス労働者スポーツ協会に変更する決議案があった――全国労働者スポーツ協会の場合と同様に、イギリス労働者スポーツ協会（BWSA）のイニシャルで人気を博することが期待される。総会は執行部の過去の努力をよく理解する一方で、労働組合に対して労働者スポーツへの興味を起こさせ、組合スポーツ部門を設けるよう組合執行部に奨励するキャンペーンを検討する委員会設置を指示した。さらに、協会の専従幹事の任命についてＴＵＣ総評議会と労働党執行委員会に接見することが決定された。いまや、協会によって果たされる拡大した活動が、そのようなステップを必要としたことが実感できる。(28)

つまり、全労スポーツ協会の拡大する活動のためには、名称の変更も組合スポーツ部門の設置奨励も専従幹事の任命も必要だったということである。これに加えて、『ＴＵＣ年次報告書』（一九三六年）には、次のような記録がある。「執行委員会が当該団体の社会主義的運営と構成に満足することを条件に、ＴＵＣもしくは労働党に加盟していない労働者スポーツ団体を許容するまでに視野が拡大された(29)」

この場合、なぜＴＵＣと労働党に未加盟の労働者スポーツ組織を許容するようになったのかが問題である。それについて明快な回答を与えるような資料を入手しているわけではないが、シンフィールドが前述の「国際スポーツ評論」掲載の論説で、英労スポーツ連盟の戦術転換の根拠として示していた要因に注目する必要があるだろう。つまり、クラリオンＣＣの再加盟要求、ロンドンやウェールズでの英労スポーツ連盟会員・組織の全労スポーツ協会内部での影響力の拡大、などがそれである。

さらに、クラリオンＣＣの再加盟の件では、『クラリオン・サイクリング・クラブ会議録』も重要な資料になる。一九三六年四月十二日に開かれたクラリオンＣＣ年次総会では、「わが国の真の大衆的労働者スポーツ運動の必要性を自覚して、全国労働者スポーツ協会に再加盟することに同意(30)」する決定をおこなった。この決定は、全労スポーツ協会が組織改革に関する決議案を可決した先の年次総会の直前になされたものであり、これによって全労スポーツ協会は組織性格的に異質の組織を抱えるなかで年次総会を迎え、前述のような組織改革をおこなったのである。組織性格的に異質というのは、クラリオンＣＣが年次総会で確認した「真の大衆的労働者スポーツ運動の必要性」という標語が英労スポーツ連盟の戦術転換の要として提案されたものだったからであり、また、三五年後半以降にはクラリオンCCと英労スポーツ連盟との共同行動が部分的に進められたが、そうしたことは全労スポーツ協会の理念や方針と合致しないはずだったからである。ここから、全労スポーツ協会の関係文書が触れていない実情が浮かび上がってくる。すなわち、全労スポーツ協会の組織改革の背後に、クラリオンCCロンドン・ユニオンをはじめとした英労スポーツ連盟と結び付きが強い地域の労働者スポーツクラブが全労スポーツ協会に加盟し、内部から組織改革を要求していたのではないか、という仮説が成り立つのである。これについては、共産党機関紙「デイリー・ワーカー」一九三六年四月十七日付の記事で、全労スポーツ協会年次総会が「一九二八年以来この国で経験していない環境のなかで開催されるだろう――真の発展と進歩、そして信頼の精神において等しく重要なものである」[31]と歓迎しているのも、そのことの傍証になるだろう。

6　クラリオン・サイクリング・クラブの先駆的役割とジェフリー・ジャクソンのイニシアティブ

クラリオンCCは一九二三年結成の英労スポーツ連盟にその当初から加盟していたが、二八年の全国総会で共産党と関わりが深い指導部が選出され、そのもとで英労スポーツ連盟が赤色スポーツインターに所属する決議案が可決されたことに抵抗して、英労スポーツ連盟から脱会し、その後労働党とTUCの後援のもとに三〇年に結成された全労スポーツ協会に加盟したが、全労スポーツ協会指導部への不満がもとで三五年にそこからも脱会するというように、極めて曲折した経緯をたどった。しかし、一貫して共産党系の組織にも労働党系の組織にもある程度の距離を保ち、自主独立の道を歩んできた組織だったといっていい。

その後、クラリオンCCは前述のように、一九三六年四月の年次総会で英労スポーツ連盟の新戦術と一致する「大衆的労働者スポーツ運動の必要性」を確認し、再び全労スポーツ協会に加盟して内部からの改革を進めることになる。この年の年次総会はクラリオンＣＣにとって大きな節目になる総会だった。この総会では、国内のどの組織にも先んじて、「国際フェアプレー委員会〔オリンピック理念擁護国際委員会と正式には呼称する：引用者注〕を支持することに同意(32)」し、その後の労働者スポーツ組織の共同行動を生み出す第一歩を踏み出した。三六年という年は、まさにイギリスでもスポーツ運動組織が国際的な視野で共同行動に取り組んだ年だったが、その重要な取り組みの一つが国際フェアプレー委員会の国際会議への参加であり、また、それと密接な関連をもつバルセロナ人民オリンピアードに向けての準備と選手・役員派遣だった。そこで、クラリオンＣＣは英労スポーツ協会とともに中心的な役割を担った。

一九三七年に入ると、アントワープ労働者オリンピアードと統一戦線の問題をめぐって労働者スポーツ運動内に論争が再浮上してくる。ここでも、中心的な論戦を張ったのがクラリオンＣＣだった。その内容を『クラリオン・サイクリング・クラブ会議録』から拾ってみよう。

まずは、アントワープ労働者オリンピアードに関する事柄である。クラリオンＣＣは三七年一月十六・十七日に開かれた全国委員会で、次の決議案をイギリス労働者スポーツ協会（英労スポーツ協会）に伝えることを可決した。すなわち、「クラリオン・サイクリング・クラブは、一九三七年の「アントワープ労働者オリンピアード」について「ロシア」と赤色スポーツ・インターナショナルの一部の支部に招待状は送るが、そこで競技することを赤色スポーツ・インターナショナルのすべての支部には認めない、とするルツェルン・スポーツ・インターナショナル〔社会主義スポーツインターの別称略号：引用者注〕の決

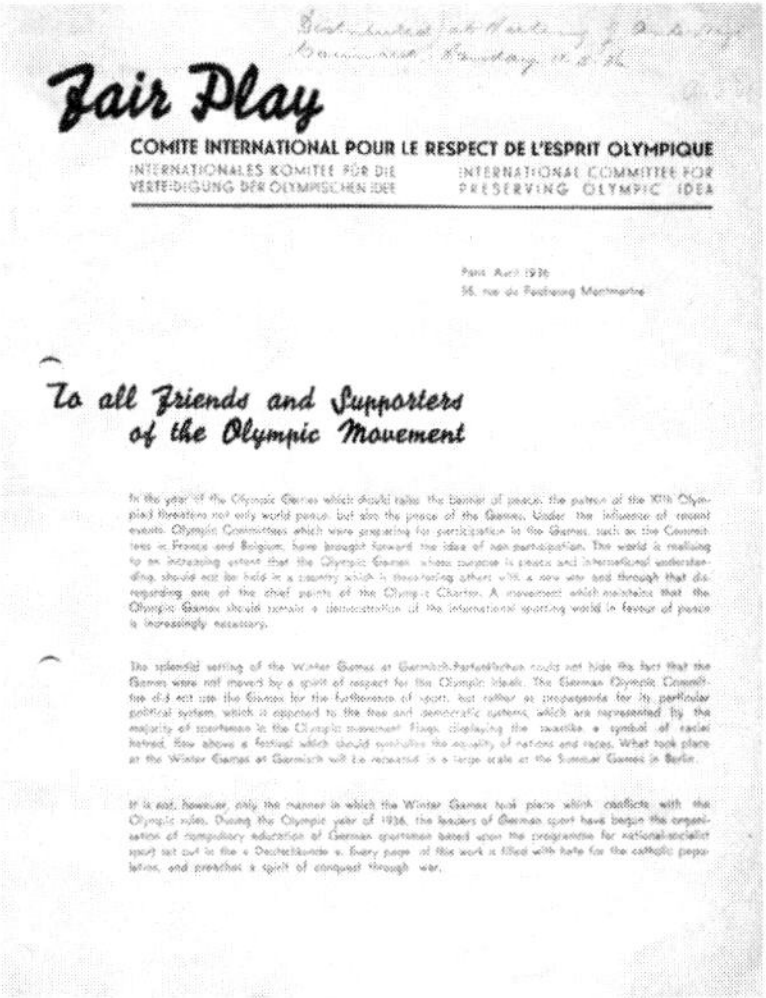

Fair Play
COMITE INTERNATIONAL POUR LE RESPECT DE L'ESPRIT OLYMPIQUE
INTERNATIONALES KOMITEE FÜR DIE VERTEIDIGUNG DER OLYMPISCHEN IDEE
INTERNATIONAL COMMITTEE FOR PRESERVING OLYMPIC IDEA

Paris, April 1936
56, rue du Faubourg Montmartre

To all Friends and Supporters of the Olympic Movement

In the year of the Olympic Games which should raise the banner of peace, the patron of the XIth Olympiad threatens not only world peace, but also the peace of the Games. Under the influence of recent events Olympic Committees which were preparing for participation in the Games, such as the Committees in France and Belgium, have brought forward the idea of non-participation. The world is realising to an increasing extent that the Olympic Games, whose purpose is peace and international understanding, should not be held in a country which is threatening others with a new war and through that disregarding one of the chief points of the Olympic Charter. A movement which maintains that the Olympic Games should remain a demonstration of the international sporting world in favour of peace is increasingly necessary.

The splendid setting of the Winter Games at Garmisch-Partenkirchen could not hide the fact that the Games were not moved by a spirit of respect for the Olympic Ideals. The German Olympic Committee did not use the Games for the furtherance of sport, but rather as propaganda for its particular political system, which is opposed to the free and democratic systems, which are represented by the majority of sportsmen in the Olympic movement. Flags, displaying the swastika, a symbol of racial hatred, flew above a festival which should symbolise the equality of nations and races. What took place at the Winter Games at Garmisch will be repeated on a large scale at the Summer Games in Berlin.

It is not, however, only the manner in which the Winter Games took place which conflicts with the Olympic rules. During the Olympic year of 1936, the leaders of German sport have begun the organisation of compulsory education of German sportsmen based upon the programme for national-socialist sport set out in the « Deutschkunde ». Every page of this work is filled with hate for the catholic population, and preaches a spirit of conquest through war.

図8　1936年4月にオリンピック理念擁護国際委員会によって公表された回状
（出典：「The Olympics: Playing Political Games」〔https://warwick.ac.uk/services/library/mrc/explorefurther/images/olympics〕）

定を遺憾に思うこと、（略）我々は、すべての支部が同様に招待されるべきだという意見である。クラリオンの事例は、様々な社会主義思想をもつ誠実なスポーツマンが、進歩的なスポーツ運動を建設するために統一しうることを証明した(33)」という決議である。その後、赤色スポーツインターと社会主義スポーツインターの協議によって、アントワープ労働者オリンピアードは社会主義スポーツインターの主催のもとに赤色スポーツインターが協力するという形で開催されるという共同行動の前進が見られる。この合意は同年三月二十八日のクラリオンCC全国会議で称賛をもって迎えられた(34)。

次に、統一戦線の問題についてである。同じ全国会議で労働者政党間の統一戦線問題が議論され、「この会議は、社会主義の推進という目的をもつすべての組織と共同してファシズムと挙国一致内閣に反対する統一戦線に賛成であり、そして社会主義同盟、独立労働党とイギリス共産党によって一九三七年一月に創始された統一キャンペーンへの支持を堅く約束する(35)」という決議案が提出された。この決議案は六百七票対二百三票で可決された(36)。この二つの決議案にはまったく共通の考え方が認められる。労働者スポーツの分野でも労働者政党運動の分野でも、共産主義的組織を排除せずに統一戦線を組んで、国内外のファシズム勢力に抗していこうという主張だったが、スポーツ組織のなかで、このように政治的な統一戦線への明確な支持を与えたのはクラリオンCCだけだった。

ところで、一九三六年四月のクラリオンCC年次総会で、国際フェアプレー委員会を支持する提案をおこなったのはジェフリー・ジャクソンだったが、彼は、三六年六月六・七日に開催された国際フェアプレー委員会の国際会議に、イギリス代表の一人として出席していた。さらに、その数カ月前の三月七・八日にプラハで開催された赤色スポーツインターの国際協議会にも、イギリスを代表して討論に参加している。彼は、クラリオンCCロンドン・ユニオンの代表として年次総会に出席し、国際的な反ファシズム・スポーツ運動へのクラリオンCCの窓口にもなっていたから、国際フェアプレー委員会の会議にイギリス代表として参加するのは自然なことだった。ところが、赤色スポーツインター国際協議会へのイギリス代表としての参加となると、別の意味を帯びてくる。

というのは、一貫してクラリオンCCは赤色スポーツインターの所属組織になっていなかったし、赤色スポーツインター国際協議会は各国の共産主義的組織の代表が参加するものだったから、彼がこの国際協議会に公式に参加することはできなかったはずだからである。したがって、彼は非公式に参加したものと思われる。つまり、クラリオンCCロンドン・ユニオンは解散前の英労スポーツ連盟と強い結び付きをもっていたから、解散した英労スポーツ連盟の指導者ではなく、そこでの人脈からクラリオンCCや全労スポーツ協会に影響力を行使しうる彼が選ばれたのだろう。彼は明らかに旧英労スポーツ連盟全国執行委員会とつながっていて、英労スポーツ連盟の新戦術をクラリオンCCに持ち込んだ指導者の一人だったと考えられる。

この時期の重要な国際関係を一身に体現していたと言えるジャクソンだったが、まずは、国際フェアプレー委員会の国際会議での彼の発言に注目しよう。ちなみに、この会議は、ヒトラー・オリンピックに反対し、真のオリンピック理念とフェアプレーの精神を尊重するための行動を強化することを求めて開催されたものだったが、これは人民スポーツ運動を展開するうえで重要な位置を占めるものであり、その後の国際的運動に大きな影響を与えるものだった。彼は次のように主張した。

わが国では「フェアプレー」の偉大な伝統が存在する。スポーツクラブに入る者は誰もが、どんな政党に属しているかを言ってはならない。イギリスのスポーツマンは、すべての者がスポーツの発展のために共同で働くべきだと信じている。（略）我々は、カトリック、社会主義者、共産主義者が属するスポーツ連盟の除外、ならびにすべてのユダヤ人スポーツマンの追放には我慢できないと考える。この理由で、スポーツマンの大部分がベルリン大会に反対する力強い運動を創造したのである。[37]

加えて、赤色スポーツインター国際協議会での彼の発言から補足する。

クラリオン・サイクリング・クラブは六千人である。それ以外にスポーツクラブは労働組合にも生活協同組合にもあるが、これらの組織はいまだ全国労働者スポーツ協会と協力していない。生活協同組合のスポーツマンは、労働組合のスポーツマンが置かれている政治的従属に対して抗議していて、そのためにこの両者の協力はいまだどのような形でも存在しない。そのために、強固な労働者スポーツ運動の創造の可能性はスポーツ運動の政治的従属の克服にしかない、と私は思う。労働組合と労働党から独立した統一した労働者スポーツ運動が追求されなければならない。そのためにふさわしい道は、スポーツマンの具体的要求のための闘争である。(38)

その事例としては、日曜日のフットボール競技会を公認させるための闘い、イギリス国王統治二十五周年記念祭の折に七十五万ポンドの資金をもとに設けられた基金を配分するための闘い、反オリンピック・キャンペーンが挙げられている。

彼の主張の要点をまとめると以下のようになる。つまり、イギリスの労働者スポーツ運動は、人種、宗教、思想の違いを超えて、具体的なスポーツ要求に基づいて進められるべきこと、それはまた統一したスポーツ運動であるべきだが、政党や労働組合から独立したものであること、だった。これは明確に、労働党とTUCの傘下にある英労スポーツ協会に対する正面からの批判であるとともに、英労スポーツ連盟のセクト的で教条主義的な旧戦術からの脱却を求めるものだった。この意味で、ジャクソンの主張は、これまでの労働者スポーツ運動の方針を質的に転換させ、スポーツそれ自体の文化的価値の承認に基づく新たな人民スポーツ運動の方針を、イギリスの現状との関わりのなかで展開しようとしたものだったと言える。

7　人民戦線運動としての労働者スポーツ運動

以上の論述から、イギリスの反ファシズム運動としての労働者スポーツ運動の戦術転換とその組織的背景が明らかになったと思う。そこで最後に、反ファシズム闘争期のイギリス人民戦線運動の展開のなかに労働者スポーツ運動を位置づけて、より広い視野からとらえ返すことで本章の結びとしたい。

「赤い十年間」と呼ばれるイギリスの一九三〇年代は、政党レベルにとどまらず青年組織、各種の文化・芸術組織でも左翼的運動が展開された。そして、三六年前後を分岐として、それらの運動は自らを人民戦線運動として位置づけ直していく。「レフト・レヴュー」や「レイバー・マンスリー」などの左翼雑誌は、人民戦線（論）が共産党や独立労働党および社会主義同盟に関係する活動家や知識人の間で集団的に議論されるようになったことを伝えている。この成果が三七年の共産党、独立労働党および社会主義同盟によるファシズムと挙国一致内閣に反対する共同行動へと結実していった。左翼系の文化・芸術運動でも、この時期に目覚ましい前進が認められる。社会主義演劇運動は、労働者演劇運動のセクト主義的目標と決別し、「統一劇場」を舞台として、三六年以降「反ファシズム闘争と左翼統一戦線を求める幅広い社会主義演劇運動の創造」[39]に着手していった。また、レフト・ブック・クラブが、「真の人民戦線にとって必要な大衆的基盤を形成」する文化・教育運動組織として、三六年五月に創設された。クラブは三九年には五万七千人の会員を抱えるまでに成長し、選書その他合わせて二百万部を廉価でイギリス人民のもとに届けた。[40]労働者旅行協会は、労働者が安く旅行できる手助けをし、バルセロナ人民オリンピアードやアントワープ労働者オリンピアードへの観戦ツアーでも便宜を図った。

こうして、各分野の組織が一体となって反ファシズム人民戦線を追求していった同じ時期に、労働者スポーツ組織も共同した運動を展開した。新しい演劇運動への転換に苦慮していた労働者演劇運動の指導者トム・トマスは、「演劇的表現で反ファシズム統一戦線の構築のような建設的議論を提示するのは、階級の敵に対する風刺や攻撃を書くよりも、はるかに難しい」[41]と当時を回想しているが、労働者スポーツ運動も前述のように苦難の道を歩み、その紆余曲折した運動の経験のなかから、労働者スポーツ運動の政治的従属に反対してスポーツマンの具体的要求のために闘うことが、統一した労働者スポーツ運動の使命であるという自覚に至ったのである。しかし、この自覚は国際感覚に優れたジャクソンのような指導者には芽生えても、当時の多くの指導者たちに共有されていたわけではなかった。

注

（1）G. Sinfield, "Der Weg des englischen Arbeitersports," in *Internationale Sportrundschau: Zeitschrift für Theorie und Praxis der Körperkultur*, Jahrgang III, Nr.10, October, 1935, S. 396-399, G. Sinfield, "Der Weg des englischen Arbeitersports (Schluss)," *Ebenda*, Nr.11, November, 1935, S. 440-442. 以下、特別の指示がないかぎり、本節での引用はこの二つの論説による。なお、赤色スポーツ・インターナショナル機関誌「国際スポーツ評論」（*Internationale Sportrundschau*）（ボン〔ドイツ〕の社会民主党文書館所蔵）は、上野卓郎氏（一橋大学名誉教授）が収集した資料を利用できた。

（2）Ebenda.

（3）Ebenda.

（4）Ebenda.

（5）スティーブン・ジョーンズは「独自のマルクス主義的文化組織として、イギリス労働者スポーツ連盟は統一戦線の犠牲となった」（前掲「イギリス労働者スポーツ連盟」一五六ページ）と記しているが、事実はそれほど単純でも受動的でもない。この問題については本章で詳しく論じていきたい。

（6）Suggested Constitution for the British Workers' Sports Federation. British Workers' Sports Federation. National

Congress, on the 6th and 7th of December 1930.［People's History Museum: CP/ORG/MISC/5/8］この「規約案」は英労スポーツ連盟第二回全国総会（一九三〇年十二月六・七日にロンドンで開催）に提出されるが、一九三三年三月の第三回全国総会でも依然として議題になっていて、最終的に「規約」になったのかも疑わしい。なお、英労スポーツ連盟文書を含むイギリス共産党アーカイブは、かつてロンドンの共産党図書館に所蔵されていたが、九四年末にマンチェスターの国立労働史博物館に移管され、さらに二〇〇一年にマンチェスターに新設された人民史博物館に移管された。

（7）G. Sinfield, a. a. 0.

（8）Ebenda.

（9）Ebenda.

（10）Ebenda.

（11）英労スポーツ連盟文書に所収されているシンフィールドが取り交わした手紙は、英労スポーツ連盟がこの催し、すなわちイギリス青年祭典にどう関わったのかを教えてくれる。英労スポーツ連盟はこの祭典で四十ポンドの負債を抱え込むことになったが、のちに記すように、祭典の準備と開催および負債精算で多忙な時期が英労スポーツ連盟の戦術転換の時期と重なっていて、組織として自転車操業で活動していたことがわかる。Ex. Letter from G. W. Sinfield to A. Mead, 29th September 1935; Letter from G. W. Sinfield to J. Cambell (C.P. of G.B.), 30th September 1935; Letter from G. W. Sinfield to W. Cohen (London District of Y.C.L.), 30th September 1935.［PHM/CP/ORG/MISC/5/8］

（12）G. Sinfield, a. a. 0.

（13）Letter from the Secretary of the Red Sports International to Secretary of the Socialist Workers' Sports International, Stockholm, 12th April 1935; Letter from the Secretary of the Socialist Workers' Sports International to Secretary of the Red Sports International, Prague, 16th April 1935.［PHM/CP/ORG/MISC/5/8］

（14）Minutes of the Sub-Committee Meeting of N.W.S.A., 8th May 1935.［PHM/CP/ORG/MISC/5/8］

（15）George H. Elvin, "Workers at Play," *Labour*, November 1934.

(16) Ibid.
(17) Harry Pollitt, *Unity Against the National Government: Harry Pollitt's Speech at the Seventh Congress of the Communist International* (Moscow, 25th July- 20th August, 1935), Communist Party of Great Britain, 1935, n.d. の二七ページに、"Communist Party and Affiliation to Labour Party" という項があり、それ以降で労働党への加盟の目的と情勢分析がおこなわれている。
(18) Letter from the Central Committee of the Communist Party of Great Britain to the National Exective Committee of the Labour Party, *International Press Correspondence*, December 7, 1935.
(19) Ibid.
(20) Letter from the National Exective Committee of the Labour Party to the Central Committee of the Communist Party of Great Britain, *Ibid.*, February 8, 1936.
(21) Harry, *op.cit.*, p. 8.
(22) Rede des Gen. Wolf Michal auf dem IV. Kongre der KJI. ここで利用したヴォルフによる報告は、August Scherl, *Straßenverzeichnis von Berlin* (Berlin, 1908)(カレル大学教育学部図書館所蔵)として出版されたカムフラージュ本に所収されたものである。本資料は、功刀俊雄氏(奈良女子大学)がチェコで手に入れた物を借りた。現在、ヴォルフ報告の全文は Young Communist International のウェブサイトからダウンロードできる(http://ciml.250x.com/yci/yci_index.html)[二〇一九年三月十七日アクセス]。なお、ヴォルフ報告は、ヴェ・プリヴァーロフ『青年インタナショナル史』(岩村登志夫訳、大月書店、一九八一年)でかなり詳しく論じている。ただし、スポーツ運動に関する記述はない。
(23) Ebenda.
(24) John Gollan, *Raise High the Banner. Speech of Comrade John Gollan at the 6th World Congress of the Young Communist International* (Moscow, 25th September-10th October, 1935), Young Communist League, 1935, n.d.
(25) Ibid.
(26) 社会主義的な立場を堅持したレスリー・ポールが創始した青年組織である。

(27) E・H・カー『コミンテルンの黄昏——1930-1935』内田健二訳、岩波書店、一九八六年、二一八ページ

(28) H. R. Underhill (Joint General Secretary of B.W.S.A.), “Workers at Play,” *Labour*, May, 1936.

(29) Trades Union Congress, *Report of Proceedings at the Annual Trades Union Congress*, Trades Union Congress, 1936, p. 114.

(30) Minutes of Annual General Meeting, 12th April 1936. ［Manchester Central Library. Local Studies Unit: 061/i/2］

(31) *Daily Worker*, April 17, 1936, p. 6.

(32) Minutes of Annual General Meeting of the National Clarion Cycling Club, 12th April 1936. ［MCL/ 061/i/2］

(33) National Committee Meeting of the National Clarion Cycling Club, 16th & 17th January 1937. ［MCL/ 061/i/2］

(34) National Conference of the National Clarion Cycling Club, 28th March 1937. ［MCL/061/i/2］

(35) Ibid.

(36) Ibid.

(37) International Conference of Adversaries of the Hitler Olympiad and Friends of the Olympic Movement, MINUTES, Paris, 6th June 1936, p. 5. ［PHM/CP/ORG/MISC/5/8］

(38) *Internationale Sportrundschau: Zeitschrift für Theorie und Praxis der Körperkultur*, Jahrgang IV, Nr. 3/4, Mörz-April, 1936, S. 93-94.

(39) ジョン・クラーク「社会主義演劇と統一劇場」庄子信訳、前掲『危機と文化 30年代のイギリス』所収、二五一ページ

(40) 富岡次郎『イギリス社会主義運動と知識人』三一書房、一九八〇年、二五二—二五八ページ

(41) 前掲「社会主義演劇と統一劇場」二五五ページ

第4章　イギリス労働者スポーツ協会の分立と発展

はじめに

　イギリス労働者スポーツ連盟（英労スポーツ連盟）初の全国総会が一九二八年四月二十八日にバーミンガムで開催され、それまで英労スポーツ連盟を支えてきたトム・グルームらの「改革主義的幹部」が排除されて、ジョージ・シンフィールドを全国書記とする共産主義的指導部が選出された。これによって英労スポーツ連盟指導部は分裂状態に陥った。そして、シンフィールドらの新指導部が新しい英労スポーツ連盟にふさわしい組織方針を仕上げる場としたのが、三〇年十二月にロンドンで開催された第二回全国総会だった。この全国総会で全国委員会を代表してシンフィールドがおこなった報告が了承され、「改良主義的幹部を排除」し「旧来の観念を一掃する」こと、「規約」を制定して労働者階級的な性格を強化することが明確にされた。これらの点はすでに第1章で明らかにしているので参照してほしい。

　こうした英労スポーツ連盟の組織性格の転換のなかで、これに反発し敵対した勢力が全国労働者スポーツ協会（全労スポーツ協会。一九三六年にイギリス労働者スポーツ協会〔英労スポーツ協会〕へと名称変更）を設立していくことになる。

本章は、英労スポーツ連盟から分立した全労スポーツ協会の足跡を、一九三〇年の設立から第二次世界大戦勃発の三九年までに限定してたどるものである。具体的には、この間に全労スポーツ協会ないし英労スポーツ協会がどのような活動を展開し、組織拡大を進め、また組織問題にぶつかり、それをどう解決していったのかを考察の対象にする。戦中期の社会主義労働者スポーツ・インターナショナル（社会主義スポーツインター）との関係、大戦後の再建過程と五八年の解散については、後の章で明らかにする。

1　全国労働者スポーツ協会の設立経緯

一九二八年四月の英労スポーツ連盟全国総会（バーミンガム）でシンフィールドを全国書記とする共産主義的指導部が選出されると、労働党執行委員会は即座にロンドン労働党に別の労働者スポーツ組織を設立するよう命じた。それに応じて結成された組織は「ロンドン労働党スポーツ協会」と称し、最初はまったく目立たない存在だった。その後、労働組合会議（ＴＵＣ）も英労スポーツ連盟とは別の労働者スポーツ組織の設立を望み、労働党執行委員会と「運動の産業的および政治的な面を固めるための共通のスポーツ組織について協議をおこなった」[1]。新組織の設立にあたって責任をもつことになったのはロンドン労働党とロンドン労働組合協議会であり、二八年十二月には双方の書記、ハーバート・モリソンとＡ・Ｍ・ウォールが新組織設立に向けての覚書を交わした[2]。

一九三〇年一月に入って、ロンドン労働党とロンドン労働組合協議会はＴＵＣの加盟組織やロンドン労働党スポーツ協会に書簡を送った。その内容はおおむね、「ベルファストでＴＵＣは、全国組織の核としてロンドンの協会を設立することを目的としたロンドン労働者スポーツ組織〔ロンドン労働党スポーツ協会のこと：引用者注〕

の規約草案に合意した」ので、労働運動が支援するスポーツ組織に大きな未来が開けたこと、それぞれの組織から二人の代表を来る二月二十日の会議に派遣してほしいこと、その会議の議長はモリソン議員・運輸大臣が務め、アーネスト・ベヴィン運輸一般労組書記長が補佐するだろうこと、そしてこの会議はロンドンのスポーツ諸組織にとって最も重要なものであり、「出席する代表には全国組織の核として活気あるロンドンのスポーツ協会の結成について議論」[3]してほしいこと、である。

そして、予定どおり一九三〇年二月二十日夜、ロンドンの運輸会館で設立会議が開かれ、労働運動の軌道内に改めて全国的なスポーツ組織を設立するための種子がまかれた。この会議は前述のとおりロンドン労働組合協議会とロンドン労働党によって招集されたが、ロンドン労働党の指導者で第二次労働党内閣の運輸大臣の職にあったモリソン議員が欠席したため、TUC内で最大の影響力をもつベヴィンが議長になって開会された。彼は開会にあたって以下のような宣言をしている。

私は、厚生クラブや同様の性格を有するものとして雇用者によって運営される多くのスポーツ組織ほどに、我々の運動に敵対して利用されるものを知らない。スポーツという媒体を通じて労働者の政治的・産業的側面を結び合わせることは、我々の全体的な発展に反映されなければならない絆を鍛えるだろう。[4]

この会議に参集した代議員たちは新たな労働者スポーツ組織の結成を承認するとともに、「ベルファストで明言されたように、労働者スポーツに関するTUCの意志を実現するために、それぞれのクラブが最善の努力を尽くすことを誓い合った」[5]。さらにこの会議で、ロンドン労働党スポーツ協会が全労スポーツ協会の加盟組織に位置づけられ、書記長にジョージ・エルヴィン[6]が選出された。またトム・グルームとジョージ・ベネットが満場一致の票決によって執行委員会に加わった。[7]

２　全国労働者スポーツ協会の規約案採択

この会議で「全国労働者スポーツ協会の規約」案が採択された。以下に採択された規約を全文紹介する。

名称　「全国労働者スポーツ協会」と称す。
目約
１　労働者階級諸組織の間でアマチュア・スポーツとレクリエーションを奨励、振興、統括すること
２　ＴＵＣと労働党の後援のもとに組織されたスポーツ組織を連合すること
３　社会主義労働者スポーツ・インターナショナル（ルツェルン）に加盟すること
４　必要とあれば、また必要とされるときに、既存のスポーツ組織に加盟すること
会員資格　以下の構成となる。
ａ　ＴＵＣおよび／もしくは労働党によって承認された団体と提携しているか、これら二つの団体に加盟するに値するスポーツ組織
ｂ　適正な労働組合および／もしくは労働党のメンバーである諸個人
会員資格に関するすべての疑わしい事例は、ＴＵＣ総評議会と労働党執行委員会の双方に照会されるものとする。そこでの決定が最終的なものである。
分担金
組織の場合に、最少額の年間団体会費は、最初の五十人については一組織につき五シリングだが、それを超えると年二シリング六ペンスが加算され、以後五十人を超えるごとに同額が加算される。

個人会員は一人につき二シリング六ペンスの最少額の個人会費を支払うものとする。
大きな組織の場合には、必要とあれば、協会の執行委員会が特約を結ぶことができる。

総協議会　協会の総協議会は以下の構成となる。

協会の役員、選挙の際に団体会費が支払われる加盟団体の代表二人、ＴＵＣ総評議会の代表一人、労働党執行委員会の代表一人

総協議会は少なくとも年一回は開かれるものとする。

執行委員会　以下の構成となる。

総協議会の年次会議で選ばれた六人の者（非加盟組織は執行委員会に一人以上の者を選出する）

協会の役員、ＴＵＣ総評議会の代表一人、労働党執行委員会の代表一人

協会役員　総協議会の年次会議で選ばれるものとする。

会長／五人以下の副会長

および、前記の者に委任された以下の役員

議長／副議長／会計役／書記長

スポーツ委員会　執行委員会は個々のスポーツに関する代表者会議を召集するが、このような会議は、執行委員会によって任命される人物のほかに、会期中にスポーツ委員を任命するものとする。

国際会議　協会のどの部門も、最初に執行委員会の許可を得ることなしには、どんな国際契約も結ばないものとする。

協会の何らかの部門が何らかの国際契約を結びたいと欲するのであれば、そのための請願書が執行委員会に送付されるものとする。執行委員会はそれを受け取ってから十四日以内に明確な回答を与えるものとする。執行委員会による回答がない場合には、どの部門も問題を自由に取り扱うものとする。(8)

スティーブン・ジョーンズは全労スポーツ協会に関する研究のなかで、「全国労働者スポーツ協会の主要なねらいは、全般的な資本主義的協定を信用しないことでも、階級闘争を前進させることでもなく、労働者組織のもとでスポーツを奨励することだった」[9]と結論づけているが、全労スポーツ協会の設立目的が本当に労働者のためのスポーツ振興だったのかどうかは疑問である。先のベヴィンの宣言からもうかがわれるように、ＴＵＣがスポーツの組織化を通じて労働運動内の結束を固めようとしたことを、まずは見落としてはならないだろう。ＴＵＣと労働党の公式の報告書に英労スポーツ連盟に関する見解や評価が皆無であることの意味を一方で探らなければならないが、全労スポーツ協会規約案の厳格な会員資格と総協議会の構成と任務をみれば、全労スポーツ協会から共産主義者の影響力を排除し、労働運動の結集を図る場にするという強い意図がはたらいていたものと推察できる。そして同じく、規約案の会員資格の規定とＴＵＣによるスポーツの手段的利用の意向から判断して、スポーツ振興のためのスポーツ組織としての自立が、原理的に未確立であったことも確認すべきである。ジョーンズの研究ではこの点の考察が欠落している。

ところで、一九三〇年という時期は、前年五月の総選挙の結果、労働党が庶民院の過半数の三百八議席には満たないものの、二百八十八議席を獲得して第二次労働党政権を樹立していた時期であり、労働党は国政を左右しうる立場にあった。しかし、こうした好条件にもかかわらず、全労スポーツ協会の運動は労働運動の勢力範囲内の運動にとどまることが決定されていた。労働者スポーツ運動の延長線上に国家レベルのスポーツ政策を構想するような壮大な計画は、労働党の報告書にはなかったのである。

3　一九三〇年代前半の全国労働者スポーツ協会の組織構成と活動

本節では、一九三〇年二月二十日に全労スポーツ協会が設立されて以降、組織構成と活動の面でどのような発

図9　全国労働者スポーツ協会代表チーム（1934年、プラハ）。左端がジョージ・エルヴィン、右端がハーバート・エルヴィン
（出典：Workers At Play, *Labour. a magazine for all workers,* August, 1934, p.287.〔中央大学図書館所蔵〕）

展が見られたのかについて、三〇年代半ばまでを対象として検討する。

全労スポーツ協会設立後の『年次報告書』第一号によれば、全労スポーツ協会がまず役員・執行委員会体制を固めたことが理解できる。会長にラムゼイ・マクドナルド首相、副会長にフィリップ・ノエル＝ベーカー議員、アーネスト・ベヴィンおよびフレデリック・ロバーツ議員が職責上就任した。執行委員会は、アレク・マクロード（議長）、ハーバート・H・エルヴィン[10]（副議長）、W・ベーカー、M・J・バニヤン、J・ディヴニー、A・フォード、H・オークリー、フレデリック・ロバーツ、H・E・テート、ジョージ・ベネット（会計役）、ジョージ・エルヴィン（書記長）の構成となった。組織構成は、労働党のスポーツ協会が四つ（四十五のスポーツクラブを管轄するロンドン労働党スポーツ協会も含む）、社会主義者と労働者のスポーツ協会が六つ（全国クラリオンCCも含む）、労働党青年同盟のスポーツクラブが四つ、個人会員が三十一人だった[11]。

その後も組織と活動の面に関しては、緩やかながら一定の前進を示している。第一に、それは加盟組織、会員および収支総額の増加に表れている。

一九三〇年度の加盟組織は前述のとおりであり会員数は不明だが、一般会計では収入が十五ポンド四シリング六ペンス、支出が八ポンド一シリング六ペンスで、七ポンド三シリングの残金があった。

一九三一年度は、加盟組織は十八で加盟クラブは百四十五だった。会員は把握できるところで二千六百人強だが、不明な組織が多くて当てにならない。一般会計の収支総額は四十六ポンド一シリング一ペニーだった。また、会計年度内にウィーン労働者オリンピアードがあり、その収支総額は三百七十九ポンド一シリング二・五ペンスだった。この収入の多くは労働党やTUCのような後援団体からの寄付金であり、支出の四分の三弱が旅券購入費だった(12)。

一九三二年度は、加盟組織が十九で加盟クラブが百三十三だった。会員は一挙に二万四千人を超えたが、この増加は二万一千人の会員を抱える全国熟練植字工・助手組合の加盟によるものだった。一般会計の収支総額は五十三ポンド十七シリング五・五ペンスだった(13)。

一九三三年度は、加盟組織が二十三で加盟クラブが百八十を超え、会員も二万八千人を超えた。この年度内に、ロンドン労働党スポーツ協会がロンドン労働者スポーツ協会へと名称変更している。一般会計の収支総額は百二十四ポンド八シリング十一ペンスだった(14)。

その後は、残念ながら一九三四年度、三五年度、三六年度の年次報告がTUCアーカイブに所蔵されておらず、組織と財政の推移を追うことができない。ここではいったん、三三年度の『年次報告書』第四号をもとに、どのような加盟組織があったのかを示しておきたい。以下、アルファベット順に示す。かっこ内は、加盟組織数と会員数である。

バンステッド精神病院スポーツ・社交クラブ（一、五十）、バース労働者スポーツ協会（五、三十九）、バーミンガム労働者スポーツ協会（一、不明）、ブリストル労働者スポーツ協会（十、不明）、ケンブリッジ・ラムゼイ町労働者クラブ（二、五十）、チッペナム労働党フットボール・クラブ（一、三十）、イースト・ウルヴァーハンプトン労働党青年同盟（一、十二）、エクセター労働党青年同盟（一、五十）、ヒッパーホルム都市地区労働党（一、二十五）、ロンドン労働者スポーツ協会（三十六、三千）、ロング・グローブ病院職員スポーツクラブ（一、五十）、全国店員・卸売商人合同組合カーディフ・スポーツ部門（一、五十）、全国クラリオンCC（百五、二千六百九十）、

図10　第1回労働者ウィンブルドン。レディングでのテニス・トーナメント
（出典：Workers At Play, *Labour. a magazine for all workers*, September, 1933, p.20.〔中央大学図書館所蔵〕）

全国巡回販売人組合（一、千）、全国熟練植字工・助手組合（一、二万一千）、レディング労働者スポーツ協会（四、百三十）、ロンフォード労働者スポーツ協会（四、五十）、サウス・バンク労働党フットボール・クラブ（一、二十五）、サウスエンド・オン・シー労働党青年同盟（一、二十）、スインドン労働者スポーツ協会（二、百十）、ウォーキング労働党青年同盟（一、十九）、ヨーヴィル労働党青年同盟（一、二十五）、ヨーク労働者フットボール・クラブ（一、二十五）。以上、二十三の加盟組織[15]があった。

第二に、組織と活動の面での一定の前進は、スポーツ大会の組織化、国際大会への参加などに表れている。全労スポーツ協会設立後の最初の最大の行事が、第二回労働者オリンピアード（ウィーン大会）への参加だった。一九三一年六月二十日にロンドンのクリスタル・パレスで全国スポーツ大会が開催され、そこで選抜された選手がウィーン大会に派遣された。二十八人の競技者チームは参加国中最小のものだったが、「異例にも四位の成績で終えることができて満足だった」[16]と三一年の『労働党年次報告書』に記されたように、かなりの競技水準にある労働者が派遣されたのだった。ちなみに、派遣チームの構成は、陸上競技十一人（うち女性二人）、自転車競技六人、水泳六人、テニス四人（うち女性二人）であり、結果は一位が七つ、二位が八つ、三位が五つだった。

国内のスポーツ大会組織化の状況に目を向けると、伝統的なクラリオンCCのイースター競技会、全国フットボール・チャレンジ・カップをはじめ、陸上競技、水泳などの選手権が開催されていて、一九三二年には「労働者ウィンブルドン」の呼称で親しまれた全国ローンテニス選手権が開催されている。また、国際ランクにある陸上競技、水泳の他にフットボール、テニス、クリケット、ボクシング、ボート競技、自転車競技、ネットボールの部門に加えて、卓球、チェスの部門が開設され、ダーツ、スキットルなどのリーグも始まった。特に興味深いのはゴルフ部門を開設しようとしたことだった。「我々はすべての人気のあるスポーツ部門を有することになるだろう。（略）イングランドではたいていゴルフは金がかかるゲームなのであり、しかも公共のコースは皆無なのである」[17]と全労スポーツ協会書記長のジョージ・エルヴィンは述べている。ゴルフがどれほど労働者の間で人気があったのか不明だが、イギリスの労働者スポーツの特性を理解するうえで重要だろう。

4　一九三五年春の全国労働者スポーツ協会の方針と争点

前述したように、一九三四年度・三五年度・三六年度の『年次報告書』はTUCアーカイブに所蔵されていないのだが、三五年の四月末から五月初旬にかけて全労スポーツ協会の執行委員会とその小委員会が開催され、それらの概要を記載した議事録が残っている。この二つの資料から、三五年春の時点での全労スポーツ協会の方針と争点を追ってみたい。

一九三五年四月二十七日の執行委員会には九人の執行委員の他に、バーミンガム地区組織からJ・ストライド、全国クラリオンCCからE・サグデン、労働党からH・R・アンダーヒルが出席していた。この会議での決定にはいくつか注目すべきことがあった。第一に、労働党を代表してアンダーヒルが書記長代理の職に就くこと、およびそのための規約改正が決定されたことである。これは全労スポーツ協会執行委員会がTUCもしくは労働党に書記職の補佐を求めたことへの回答だった。第二に、全国クラリオンCCが会議で全労スポーツ協会を脱退する決議を可決した旨が報告されたことである。この報告に基づいて議論がおこなわれ、夕食を挟んだ後の全国クラリオンCC書記長E・サグデンの説明を受けての審議の結果、「協会に対する将来的な態度について」クラリオンCCからの回答を待つことを決議した。クラリオンCCの脱退の理由は定かでない。第三に、社会主義スポーツインターと赤色スポーツ・インターナショナル（赤色スポーツインター）との間でなされた書簡交換に関わる問題が議論されたことである。しかし、この問題は本執行委員会で検討されることはなく、執行委員会小委員会で改めて詳細に検討され、執行委員会としての態度を決定することになった。そして、第四に、一九三七年夏に予定されているアントワープ労働者オリンピアードに向けて労働者旅行協会の貯蓄計画が推進されるよう提案され、決定されたことである。[18]

次いで、この執行委員会で選出された小委員会が五月八日に八人の委員の出席のもとに開催された。まずは懸案となっていた社会主義スポーツインターと赤色スポーツインターの書簡交換に関わる問題については、審議の結果、以下の結論に達した。すなわち、「全国労働者スポーツ協会執行委員会は、赤色スポーツ・インターナショナルと社会主義労働者スポーツ・インターナショナルとの通信を注意深く検討した結果、二つの団体の合同、ならびにそれぞれのインターナショナルの加盟団体間の国内的・国際的な協力に反対であるという結論に達した」。[19]全労スポーツ協会は両インターナショナルの協力や合同に関しては社会主義スポーツインター加盟組織のなかで頑なに反対の姿勢を貫いた組織だった。第二に、全国クラリオンCCの脱退問題については本小委員会で「書記長が、協会がそれ自身のサイクリング部門を設立する目的で、予備調査をするよう指示され[20]」、クラリオン

CCとの関係修復の可能性はほとんどなくなった。第三に、一年後にベルリンオリンピックを控えたこの時期に、ヒトラー・オリンピアードの開催に反対する二つの決議案が可決された[21]。この点については別書を準備しているので、ここでは省略する。

5　一九三六年四月十八日の第六回年次総会――名称変更と会員資格の緩和

一九三六年は、全労スポーツ協会が若干の組織改編をおこなった年だった。組織自体は依然としてTUCと労働党の統制下に置かれていた[22]が、三六年四月十八日の第六回年次総会で会員資格が若干緩和されたことで、全労スポーツ協会の組織性格がわずかながら変化したのである。前述のとおり、この時期の全労スポーツ協会関係資料がTUCアーカイブに所蔵されていないので、この点に関する詳しい経緯はつかめないが、TUC第六十八回総会議事録から「執行委員会が当該団体の社会主義的運営と構成に満足することを条件に、TUCもしくは労働党に加盟していない労働者スポーツ団体を許容するまでに視野が拡大された[23]」ことがわかる。この理由は何だったのか。「規約」改正にまでは至らなかったようだが、これはイギリスの労働者スポーツ運動にとっては重要なことである。

会員資格が緩和されたことは、一つには、「イギリスの組織であることを国際運動に対して明確にするため[24]」に「イギリス労働者スポーツ協会」へと名称変更したことと密接に関連していた。つまり、一九三五年末に別組織の英労スポーツ連盟が解散したことによって、全労スポーツ協会がイギリスで唯一の労働者スポーツの統括組織になったこと、またこの点と関連して、TUC総評議会が共産主義者との共同に強く反対していたにもかかわらず[25]、共産党の人民戦線戦術の影響力によって全労スポーツ協会内部で改革の圧力が強まったこと、などがその要因として指摘できる。この点については、本書第3章で詳述しているので参照してほしい。

それとは別に、会員資格が緩和されたもう一つの要因として、設立当初からの使命だった、次代を担う青年労働者を労働組合運動の隊列に獲得するという根強い要請にもかかわらず、「いままでのところこの組織に明確に所属する会員数は、我々がそうあってほしいと望んでいたほどには多くない[26]」という事情が作用したと思われる。全労スポーツ協会加盟の組合である事務員・行政職員組合のB・A・バグナリは、「全体として組合は、スポーツが現在の青年労働者の生活の絶え間なく増大する部分となっているという事実を認識すべきであり、我々は純粋に産業的な立場で彼等に単に呼びかけをおこなう以上のことをしなければならない時期にきている[27]」と述べているのである。

設立以来全労スポーツ協会は労働運動内部のスポーツ運動であり、労働者スポーツを先導するような団体ではなかったが、やはりセクト的な組織性格を変更せざるをえなかったのである。そして、これ以降、国際的なスポーツ運動からの要請で、英労スポーツ協会はバルセロナ人民オリンピアード（一九三六年）とアントワープ労働者オリンピアード（一九三七年）をめぐって様々な交渉に入るとともに、その参加準備に追われていく。ここでもセクト的な組織性格を改め、その時代の国際環境に対応するスポーツ運動が求められていくのだが、これらの問題については別稿[28]にまとめてあり、また別書を準備しているので、ここでは省略する。

6　一九三七年のイギリス労働者スポーツ協会の活動

一九三六年四月十八日の第六回年次総会で名称変更と会員資格の緩和がなされた翌年の三七年は、英労スポーツ協会にとって極めて重要な経験を重ねる年になった。第三回労働者オリンピアード（アントワープ大会）への代表参加という国際活動を経験したことが最も注目されなければならないが、国内でも多様な活動が展開された。まずは国内の活動から見ていきたい。

種目別では、陸上競技、テニス、卓球の全国選手権と二十五マイル・ロード自転車競技選手権が開催され、地方での活動は、バーミンガム、ブラッドフォード、ブリストル、ロンドン、オックスフォード、レディング、ヨーヴィルなどで首尾よく維持されていた。こうした活動を反映して、「わが地区委員会に加盟していた地方組織がいまは直接中央に加盟(29)」することになり、それを保証するための規約改正もなされた。この点は『年次報告書』第八号で次のように説明している。

協会の初期の時代に考案された古い規約は、もはや今日の団体の成長に適当でないと感じられて以来、執行委員会は新しい規約の立案にかなりの時間を費やしてきた。新規約案は一月二十九日の臨時総会で可決された。加盟団体は、新規約が地区ばかりでなく中央へのあらゆる加盟について率直な説明を与えていることに気づくだろう。これは、加盟団体とその地区委員会との関係を損なうことなく、より密接な活動に結び付くだろう(30)。

図11　アントワープ労働者オリンピアードのポスター。社会主義労働者スポーツ・インターナショナルが主催した第3回国際労働者オリンピアードは、1937年7月25日から8月1日までベルギーのアントワープで開催された
（出典：「3de Arbeiders Olympiade」〔https://www.lofty.com/products/3de-arbeiders-olympiade-antwerpe-1937-1-o1elp〕）

こうして、各スポーツ組織は地区委員会を経ずして直接的に執行委員会と関係を結び、協議や交渉が円滑に進むように配慮されたのである。

もう一つ、国内で重要な活動が展開された。それは、一九四〇年に開催が予定されているオリンピック東京大会に反対する運動であった。「中国の無防備な女性や子どもを虐殺している日本の行為を考慮して、またオリンピック大会の精神からも出発して、我々は、大英帝国が一九四〇年大会には参加しないことを要望する、という抗議の決議をアマチュア陸上競技協会に送った」[31]のである。この行動はアマチュア陸上競技協会（アマチュア陸協）執行部内に一定の影響を与え、オリンピック東京大会に反対する役員たちも現れた。[32]

次に英労スポーツ協会の国際活動に目を向ける。前述のとおり、英労スポーツ協会の代表団がアントワープ労働者オリンピアードに参加した。しかし、これには大きな困難が伴っていた。つまり、「我々が派遣するチームは国際アマチュア陸上競技連盟の干渉によって勢力を激減させられ、トラックでの自転車競技者と陸上競技者は競技することを許されなかった。我々の代表はフットボールチーム、ロード自転車競技者のチーム、テニスと卓球の競技者たちだけになった」[33]。それでも英労スポーツ協会は希望を失っていなかった。この時期の英労スポーツ協会の国際活動は、反ファシズム運動の一環という性格を有していたから、極めて重要な位置づけがなされていたのである。

我々は独裁国家と同じような苦しみを経験した。これは、我々が大英帝国の統括団体に加盟しているがゆえに、国際アマチュア陸上競技連盟の「禁止令」の影響を受けた結果なのである。しかし、我々の持続的な成長が、近いうちにこの方針に検討を加えうる地位を我々に与えるだろうと期待している。我々自身の国の危険を避けることに最善を尽くす一方で、我々は、かつてのようにドイツ、オーストリア、イタリーの同志たちと会うことができる日を楽しみにして待っている。[34]

この年の英労スポーツ協会の会員規模は次のとおりである。九十三の加盟地区委員会、スポーツクラブその他の加盟団体が存在する。加えて、十四の合唱・演劇部門の加盟組織、百二十五人の個人会員、十三の加盟もしくは賛同する労働組合が存在する。英労スポーツ協会の支出は五百十七ポンド二シリング四ペンスであり、収入が四百九十六ポンド五シリング十一ペンスだったから、二十ポンド十六シリング五ペンスの赤字だった[35]。

7　「ボトライト事件」とガン辞任問題

本節で問題にするのは、一九三八年に英労スポーツ協会執行委員会内で持ち上がった内部紛争である。これも英労スポーツ協会の組織性格を理解するうえで押さえておかなければならない問題である。

さて、英労スポーツ協会の内部紛争は「ボトライト事件」と称されるものだが、この事件を簡単に説明すれば以下のとおりである。すなわち、一九三八年八月十三日にハーン・ヒルで開催された陸上競技選手権の短距離部門で優勝したS・C・ボトライトが正規の出場申し込みをしたのかどうかをめぐって議論が起こり、陸上競技書記のC・E・J・ガンが、ボトライトの出場申し込みが正式のものだったことを陸上競技委員会で確認し、その旨を執行委員会に報告した。執行委員会議長のハーバート・エルヴィンは執行委員会で審議するために資料である申し込み用紙とガンの陳述書を提出するように求め、これをガンが拒否して執行委員会で停職処分になった事件である。

しかし、この事件が起こる以前から執行委員会内部には議長ハーバート・エルヴィンの横暴な振る舞いへの反感が鬱積していた。二年前の一九三六年十一月三日の執行委員会で、ガンの前任者のH・R・アンダーヒルが書記長を辞任した。三日当日には、彼の私信が執行委員の間に回覧された。その内容の抜粋をガンが作成していて、

TUCアーカイブに残っている。その内容はおおよそ次のとおりである。すなわち、議長エルヴィンの専制のために何人かの役員が英労スポーツ協会の運動から遠ざかっていることを遺憾に思って議長と議論してきたが、彼が聞く耳をもたないので「私はこのようなやり方で論点を提起する」(36)。この書簡に目を通したエルヴィン議長は「アンダーヒルが少しばかり馴染みであったときには、彼は疑いなく良識を知っていただろうに」(37)と述べて、それを軽くあしらった。アンダーヒルの私信はさらに続く。設立時から委員だったH・オークリーは「議長に怒鳴りちらされ(略)十八カ月間何もせずにいて、彼は水泳のトーナメントを開催し、ついに辞表を提出した」(38)。全労スポーツ協会初代議長のアレク・マクロードも同様の扱いを受けて、「(エルヴィン)議長のことを「不正直者」と叫び、抗議して会議場から立ち去った」(39)。全国クラリオンCC代表のJ・ディヴニーは議長の屈辱的言動のために「議長が謝罪するまでは再び出席しない」(40)と述べた、などである。

さて、ボトライト事件についてだが、この事件に関する執行委員会の審議概要は以下のように記している。資料は一九三八年十二月三日の執行委員会会議録である。

書記〔ガン：引用者注〕が十月二十二日の執行委員会の決定を実行することを怠り、それについて陳述書を提出するよう議長から求められたことが報告された。書記は再び陳述書を提出することを拒否し、そして陸上競技委員会がその問題を再検討したことと以前の決定を支持したことを言明した。執行委員会が陳述書を強く要求した結果、陸上競技委員会の委員たちは「まとめて」辞表を提出した。執行委員会の委員たちは、その事件の詳細な状況が彼らに知らされるべきであると感じた。議長は再び陳述書を提出するよう書記に求めた。さらなる拒否の結果、ディーコン氏によって動議が提出されストライド氏が支持した(41)。

ジョージ・ディーコンによる動議とは「書記は年次総会まで停職すること、そしてその間に別の者が職務を続けるべく任命されること(42)」だった。執行委員会でこの動議は可決されたが、委員の間では四対四の同数であり、エルヴィン議長が決定票を与えることによって可決されたのである。この後、ガンはボトライト事件に関する陳述書を議長に手渡して退出した。[43]

この紛争の焦点を別の資料（手紙）から探ってみよう。まずは、ガンがＴＵＣ総評議会書記長のウォルター・シトリーンに宛てた手紙からガンの言い分を示す。

　私はスポーツ大会に責任をもつ委員会に証拠を提出しましたし、我々が有する証拠からは、選手権での審判の決定をひっくり返す理由を見いだすことはできませんでした。要するに、陸上競技書記である私に提出された記録では、ボトライトは規則にかなっていました。（略）私はその事件を私の陸上競技委員会に引き戻し、委員会はその以前の決定を確認した後、出場申し込み用紙を取り扱うことは執行委員会の用件ではなく、陸上競技委員会の用件である、という決議案を可決しました。[44]

ガンの言い分で重要な点は、陸上競技委員会に提出された証拠文書ではボトライトは規則にかなっていること、出場申し込み用紙を取り扱うことは執行委員会の用件ではなく陸上競技委員会の用件であること、にあった。つまり、陸上競技委員会の自主性を強く主張したということである。

これに対するハーバート・エルヴィンの言い分を示す。多くの抗議を受けているとはいえ、彼は英労スポーツ協会の実質的な責任者だったから、誰かにこの件で相談することなどなかった。彼は終始強気であり、ボトライト事件をあくまで英労スポーツ協会執行委員会で裁定する意向だった。以下に示す資料は彼が事件の当事者であるボトライトに宛てた手紙だが、ボトライトに強い圧力をかけていることがわかる。

　ガン氏と陸上競技委員会への貴殿の説明は的をはずれています。私が貴殿にお伝えしたように、貴殿の出場申し込み用紙がその証拠物件です。貴殿が不正の出場申し込みをしたのか（そして、貴殿はこのことの重大さを知っていた）、あるいは、貴殿がスポーツ大会で走った後で――貴殿の同意を得て、もしくは同意を得ずに――申し込み用紙が書き換えられたのか。

執行委員会は、貴殿が自分の置かれた立場をできるかぎり真面目に理解することを希望します。それは率直な説明を要する事件であり、もう一度直接自分で説明する機会を貴殿に与えるために、協会の正式な委員会の会議が、ロンドンWC2、ニュー・オックスフォード通り二十四―二十八の労働組合クラブで、次の土曜日（一九三九年一月二十一日）午後三時に開かれるでしょう。貴殿はその会議に午後四時に出席するよう求められています。[45]

ボトライトは、これ以前に、エルヴィンからの手紙に対して次のように返答していた。

私は、貴殿の手紙に示されたとおりに私の出場申し込みが誠実でなかったのであれば、書記のC・E・J・ガン氏とスポーツ委員会〔陸上競技委員会のこと：引用者注〕はその問題をアマチュア陸上競技協会〔アマチュア陸協は英労スポーツ協会が加盟するイギリス陸上競技の統括組織である：引用者注〕委員会に知らせる権利があった、と申し上げたいと思います。しかし、有能なスポーツ委員会の助力を得る書記でありアマチュア陸上競技協会役員でもあるC・E・J・ガン氏は、私の出場申し込みに対して何の苦情も申し立てませんでした。[46]

それでもエルヴィン議長の権限は強く、結局はエルヴィンの意思が執行委員会で尊重されることになったのである。最終的に、執行委員会がアマチュア陸協に問い合わせた結果、ボトライトの「登録および競技資格に関するあらゆる事情を十分に検討した結果、彼が、登録した日にも大会当日にも、勝利したイベントで競技する資格がなかったことが確認され[47]」、ボトライトはカップを返還するかわりにメダルを授与されることになった。この結果、英労スポーツ協会陸上競技委員会の自主的決定は無効になった。

8　大戦勃発によるイギリス労働者スポーツ協会への影響

本章を締めくくるにあたり、第二次世界大戦が始まった一九三九年の英労スポーツ協会の活動に触れておきたい。『年次報告書』第十号によれば、英労スポーツ協会は大戦勃発後まもなく執行委員会を開いて、満場一致で活動を継続することを決定した。この決定に基づき、政治的独立を保つという労働運動の方針のもとに、英労スポーツ協会も同様に独立した労働者階級スポーツ組織を維持することを確認した。[48] しかし、英労スポーツ協会の組織と活動は縮小を余儀なくされた。それは国際活動に顕著に現れたが、その分国内の活動を活発にしようという方針が提起された。次の執行委員会の声明はそれを端的に表している。

環境は我々の活動の範囲を一定再編することを求めている。フランスのようないくつかの国内センターとの積極的な接触が継続されることは予想されるが、当分の間国際コンテストは延期される。他方で、増加する地区や地方の活動を大いに進めることが目指されるだろうし、最初の一歩として、地区委員会が屋内活動のための彼ら自身のセンターを取得する可能性を調査するよう求められる。その経費のために、執行委員会は少額の補助金を工面するよう考慮する準備はできている。[49]

さらに、大戦の影響は人事にも及んだ。A・R・ノースコット（会計役代理および書記長代理）が、大戦の勃発に伴いロンドンから疎開するために辞任し、代わってジョージ・エルヴィンが書記長代理を、ジョージ・ディーコンが会計役代理を兼務することになった。[50]

大戦勃発直後の英労スポーツ協会には、五十八のスポーツクラブとその他の加盟組織が存在し、七の労働組合が加盟していて、加盟組織のなかには六千人の会員を抱える二百部門からなる全国クラリオンCCも加わっていた。地区委員会はロンドン、レディング、ブリストルとバーミンガムに存在した。しかし、理由は定かでないが、ロンドン労働者スポーツ協会の事実上の崩壊と解散が報告され、それに代わって新しいロンドン地区委員会の設置が提案されている。(51)

この年の活動として注目すべきものは以下のとおりである。まずは、この年八月にベルギーの都市リエージュで開催された国際労働者スポーツ祭典である。この国際祭典には五十三人の英労スポーツ協会代表団が参加して好成績を残した。大戦勃発の一カ月前に国際祭典が開かれたことは驚きだ。また、この国際スポーツ祭典と呼応して英労スポーツ協会の募金運動が展開され成功を収めた。「リエージュ（ベルギー）労働者スポーツ祭典に関する議長の訴えは全費用を賄う以上のものをもたらし、合計三十ポンド(52)」が集められたのである。

国内活動には以下のものが見られた。全国陸上競技・サイクリング選手権が八月十九日にバーミンガムで開催され、およそ百五十人の競技者が参加した。全国フットボール・チャレンジ・カップが一九三九／四〇年シーズンに復活し、戦争の勃発のため初回戦は遅れたが、その年の終わりまでにはすべての競技が実施され、競技会は順調に運営されている。卓球の選手権が組織され、競技会は新年早々に始められることになった。テニスの第八回年次選手権大会が精霊降臨節休日にサウスシーで開催された。(53)

『年次報告書』第十号の結語では大戦による困難を切り抜ける力強い決意が語られているので、最後にその文章を引用しておく。

労働者スポーツ運動は、それが組織的な労働者階級運動で占める役割を果たし続けるために、戦争から積極的に強力に再浮上するのである。同様の決定が大陸の同胞たちによって下された。我々は、ファシズムのくびきのもとに現在押しつぶされているそれら同志たちとともに、スポーツフィールドで再び大陸の同胞たちと出会うその日を楽しみにして待つ。[54]

注

（1）London Trades Council and London Labour Party, Sports Organisation for London, Memorandum by the Secretaries, December 1928.［University of Warwick Library, Modern Records Centre: MRC/MSS.292/807.12/5］

（2）Ibid.

（3）Letter from London Trades Council and London Labour Party to Trade Union and Labour Societies and Sports Organisations, 29th January 1930.［MRC/MSS.292/808.3/1］

（4）*Daily Herald*, February 21, 1930.

（5）Ibid.

（6）ジョージ・ハーバート・エルヴィンは労働組合指導者のハーバート・ヘンリー・エルヴィン（後掲注（10）参照）の次男として一九〇七年に生まれた。兄のライオネルは著名な教育家。ジョージは三〇年に全国労働者スポーツ協会の初代書記になり、三六年四月に名称をイギリス労働者スポーツ協会と変更してからは書記長として活動した。大戦中にはロンドンに活動拠点を置いた社会主義スポーツインター準備委員会の合同書記として重責を担った。三四年から六九年まで映画技師組合（Association of Cinematograph Technicians）の書記長を、六八年から七〇年まで娯楽組合連盟（Federation of Entertainment Unions）の書記長を、六九年から七四年まで映画・テレビ関連技師組合（Association of Cinematograph, Television and Allied Technicians）の会長を務めた。八四年二月三日に亡くなった。"George Herbert（1907-1964）; trade unionist and the National Workers' Sports Association". (https://archiveshub.jisc.ac.uk/search/archives/c1e4300f-bda7-3622-bb73-71859824fe4e)［二〇一九年三月二十日アクセス］

（7）Minutes of Conference, convened by the London Trades Council and the London Labour Party, held at Transport House, February 20th, 1930.［MRC/MSS.292/807.12/5］, The Labour Party, Report of the 30th Annual Conference,

1930, p. 28.『労働党年次会議報告』と『TUC総会議事録』は立命館大学産業社会学部から複写で入手した。
（8）The Labour Party, op.cit., p. 301.
（9）Jones, *Sport, Politics and the Working Class*, p. 120.
（10）ハーバート・ヘンリー・エルヴィンは一八七四年七月十八日にダービーシャーのエキントンで生まれ、十四歳で離学したが、ペーブルズ・ハウス（グラスゴー）、バーベック・カレッジとシティ・オブ・ロンドン・カレッジで学んだ。十五歳で伝道師になって、その後七年間インドで過ごした。九四年に全国事務員組合（National Union of Clerks）に加入し、一九〇六年に名誉書記、〇九年には書記長となり、四一年までその職にあった。また、彼は二五年に労働組合会議総評議会に選出され、三八年には労働組合会議の会長を務めた。四九年十一月十日に亡くなった。“Herbert Henry Elvin, Politician, 1874-1949”.（https://www.biographies.net/biography/herbent_henry_elvin/m/0gfhbt）［二〇一九年三月六日アクセス］
（11）National Workers' Sports Association, First Annual Report covering the Period from 26th July 1930 to 28th February 1931.［MRC/MSS.292/808.3/1］
（12）National Workers' Sports Association, Second Annual Report, for the year ended 29th February 1932［MRC/MSS.292/808.3/1］
（13）National Workers' Sports Association, Third Annual Report, for the year ended 28th February 1933.［MRC/MSS.292/808.3/1］
（14）National Workers' Sports Association, Fourth Annual Report, for the year ended 28th February 1934.［MRC/MSS.292/808.3/1］
（15）Ibid.
（16）Labour Party, Report of the 31st Annual Conference, The Labour Party, 1931, p. 70.
（17）*Daily Herald*, July 3, 1933.
（18）National Workers' Sports Association, Minutes of Executive Committee Meeting, April 27th, 1935.［People's History Museum: CP/ORG/MISC/5/7］

(19) National Workers' Sports Association, Minutes of Sub-Committee Meeting, 8th May 1935. [PHM/CP/ORG/MISC/5/7.]
(20) Ibid. ちなみに、クラリオンCCは一年後の一九三六年四月十二日の年次総会で、「わが国における真の大衆的労働者スポーツ運動の必要性を自覚して、全国労働者スポーツ協会に再加盟することに同意する」ことを決定している。National Clarion Cycling Club, Minutes of Annual General Meeting, April 12th 1936. [Manchester Central Library, Local Study Unit: 061/i/2] このクラリオンCCの決定は、若干の組織改編をおこなった英労スポーツ協会第六回年次総会（四月十八日）の六日前のことだった。
(21) Ibid.
(22) 一九三五年十月の時点で、役員の構成は会長：アーサー・ヘンダーソン、議長：ハーバート・H・エルヴィン（TUC代表）、副議長：ジョージ・ディーコン、会計役：W・R・タウンリー、書記長：ジョージ・エルヴィン、書記長代理：H・R・アンダーヒル、執行委員：フレデリック・ロバーツ（労働党代表）、T・ウィリス（労働党青年同盟代表）であった。The Labour Party, Report of the 35th Annual Conference, The Labour Party, 1935, p. 59. しかし、三六年の役員構成は次のように変更された。会長：R・スタフォード・クリップス、議長：ハーバート・H・エルヴィン（TUC代表）、副議長：W・ティドマーシュ、会計役：ジョージ・ディーコン、合同書記長：ジョージ・エルヴィン／H・R・アンダーヒル、執行委員：フレデリック・ロバーツ（労働党代表）。Labour Party, Report of the 36th Annual Conference, The Labour Party, 1936, p. 86.
(23) Trades Union Congress, Report of Proceedings at the 68th Annual Trades Union Congress, 1936, p. 114.
(24) Ibid.
(25) Jones, *Sport, Politics and the Working Class*, p. 121.
(26) Trades Union Congress, Report of Proceedings at the 68th Annual Trades Union Congress, 1936, p. 274.
(27) Ibid., p. 275.
(28) 拙稿「ウォルター・シトリーンの対外交渉――アントウェルペン労働者オリンピアードに向けて」、大熊廣明／真田久／榊原浩晃／齋藤健司編、阿部生雄監修『体育・スポーツの近現代――歴史からの問いかけ』所収、不昧堂出版、

二〇一一年

（29）British Workers’ Sports Association, Eight Annual Report, for the year ending December 31st 1937.〔MRC/MSS.292/808.3/1〕

（30）Ibid.

（31）Ibid.

（32）拙稿「オリンピック大会を自然死させよ！——戦前二つのオリンピックをめぐるイギリス協調外交」（望田幸男／村岡健次監修『スポーツ』〔「近代ヨーロッパの探求」第八巻〕所収、ミネルヴァ書房、二〇〇二年）を参照。

（33）British Workers’ Sports Association, Eight Annual Report, for the year ending December 31st 1937.〔MRC/MSS.292/808.3/1〕

（34）Ibid.

（35）Ibid.

（36）Extract from a letter marked “Private and Confidential”circulated to members of the E. C., by Mr H. R. Underhill, my predecessor Jt General Secretary of the B. W. S. A., dated the 3rd of November 1936, Re resigned 10th December 1936.〔MRC/MSS.292/808.3/1〕

（37）Ibid.

（38）Ibid.

（39）Ibid.

（40）Ibid.

（41）British Workers’ Sports Association, Minutes of Executive Committee Meeting, December 3rd, 1938.〔MRC/MSS.292/808.3/1〕

（42）Ibid.

（43）Ibid.

（44）Letter from Chas. E. J. Gunn to Walter Citrine, December 11th, 1938.〔MRC/MSS.292/808.3/1〕

(45) Letter from H. H. Elvin to S. C. Botwright, 15th January 1939. [MRC/MSS.292/808.3/1]
(46) Letter from S. C. Botwright to H. H. Elvin, 11th January 1939. [MRC/MSS.292/808.3/1]
(47) British Workers' Sports Association, Tenth Annual Report, for the year ended 31st December 1939. [MRC/MSS.292/808.3/1]
(48) Ibid.
(49) Ibid.
(50) Ibid.
(51) Ibid.
(52) Ibid.
(53) Ibid.
(54) Ibid.

第5章

第二次世界大戦下のイギリス労働者スポーツ協会と亡命社会主義労働者スポーツ・インターナショナル

はじめに

フランツ・ニッチュは、社会主義労働者スポーツ・インターナショナル（社会主義スポーツインター）の再建過程、すなわちチェコスロヴァキア解体による社会主義スポーツインタープラハ本部の解散と、戦時中のロンドンでの亡命社会主義スポーツインターの活動について、次のように記している。

一九三八年九月のミュンヘン協定と三九年三月の残部チェコスロヴァキアの占領の結果、ＳＡＳＩ〔社会主義労働者スポーツ・インターナショナルのドイツ語イニシャル表記：引用者注〕はその会員数最大の組織を失っただけでなく、プラハにあったその本部も解散しなければならなかった。ＳＡＳＩの指導的代表者たちはイギリスに亡命した。――第二次世界大戦の最初の数年間は、ＳＡＳＩの活動は全く停止した。イギリス労働者スポーツ協会のイニシアティブで、四二年三月七日、ロンドンで、イギリスにいる労働者スポーツ出身の亡命者の会議が開かれ、臨時委員会をつくった。それはのちに「亡命ＳＡＳＩ」とも呼ばれた。ハインリヒ・ゾルグがドイツ労働者スポーツを代表したこの委員会は、全体で十六回の会議を開き、その際四三年六月二日、労働者スポーツ運動の未来のための覚書も公表した。（資料：一九四五年十月、パリでの労働者スポーツ国際会議に提出された社会主義労働者スポーツインターナショナル臨時委員会報告）(1)

社会主義スポーツインター史に関する先行研究では、このニッチュの記述が最後となり、社会主義スポーツインターの思想と行動の歴史記述は途絶えてしまっている。したがって先行研究では、第二次世界大戦下の社会主義スポーツインター再建過程についてはいまだに明らかにされていないのである。

そのため、本章の課題は、指導的代表者たちがイギリスに亡命してからの社会主義スポーツインター（亡命社会主義スポーツインター）の活動を追跡することにある。イギリス労働者スポーツ運動史研究を専門とする筆者がなぜ亡命社会主義スポーツインター史の研究に着手したかといえば、実は亡命社会主義スポーツインターの指導的代表者たちを結び付け、社会主義スポーツインターの戦後再建にイニシアティブを発揮したのがイギリス労働者スポーツ協会（英労スポーツ協会）の指導者たちだったのであり、亡命社会主義スポーツインターの歴史は戦中期の英労スポーツ協会の歴史を記すことの一環でもあるからである。

まずは、社会主義スポーツインタープラハ本部の解散と指導的代表者たちのイギリス亡命という事態を理解するために、ナチスによるチェコスロヴァキア侵略と解体の経緯を以下に示しておきたい。

一九三八年九月十三日、チェコスロヴァキア国内のドイツ人が大挙して反乱を試みた。この反乱はチェコスロヴァキア政府によって鎮圧されて国情は回復したが、この事変に乗じてアドルフ・ヒトラーはチェコスロヴァキアに侵入する動きを加速化する。英仏両政府に緊張が走った。九月十五日、イギリス首相ネヴィル・チェンバレンはミュンヘンに飛んでヒトラーと会見し、そこでチェンバレンは、ズデーテンのドイツ人居住地域をチェコスロヴァキアから分離してドイツに割譲するが、これ以上のドイツ軍のチェコスロヴァキア侵入を控えることを提案した。九月十八日、フランス首相エドゥアール・ダラディエがロンドンを訪れ、切り縮められるチェコスロヴアキアの保証を確認した。チェコスロヴァキア大統領のエドヴァルド・ベネシュは、チェコスロヴァキア政府の意向を無視した英仏両政府の強硬な要請に同意せざるをえなかった。九月二十二日、チェンバレンは再びドイツに飛び、ライン河畔のゴーデスベルクでヒトラーと会見した。チェンバレンは英仏両政府の提案をヒトラーに伝え、議論をおこなった。九月二十九日には、イギリス・フランス・ドイツ・イタリアの代表がミュンヘンに集まって会談をもった。ミュンヘン会談では終始ヒトラーが優位な立場にあり、イタリア代表のベニート・ムッソリーニが公平な仲裁者の役を演じて、翌三十日、四カ国代表は、ズデーテン地方をドイツへ割譲するかわりにチェコスロヴァキアの国家主権と領土保全を認めるというミュンヘン協定を結んだ。

ミュンヘン協定によって小さく切り縮められてしまったチェコスロヴァキアは、ナチスのさらなる侵攻によって、一九三九年三月十五日に瓦解した。ミュンヘン協定後にチェコスロヴァキア大統領としてベネシュの後を継いだエミール・ハーハは、この国の運命をヒトラーの掌中に委ねた。スロヴァキアが独立国になり、カルパト・ウクライナはハンガリーに奪取され、ボヘミアとモラヴィアがドイツの保護領になった。(2)

以上のような経緯をたどってチェコスロヴァキアが解体したことで、社会主義スポーツインタープラハ本部は解散し、その指導的代表者たちがイギリスとアメリカに亡命したのだった。

1　社会主義労働者スポーツ・インターナショナル準備委員会の設立

英労スポーツ協会の『年次報告書』第十一号には、早くも次のように英労スポーツ協会の任務が記されていた。

ドイツによるヨーロッパ全域への侵略は、国際労働者スポーツ運動の活動をほとんど全面的に途絶えさせた。イギリスは別として、スイスとフィンランドだけが、我々が知るかぎりで活動し続けており、イギリス労働者スポーツ協会はいまだにこれらの国の組織と連絡を保っている。いくつかの試みにもかかわらず、我々は、社会主義労働者スポーツ・インターナショナルの役員らと連絡をとることはいまのところできていない。（略）我々はヨーロッパの同志たちに深い共感を覚える。そして、我々自身のためにと同様に彼らのために、戦後に我々が国際運動を迅速に復活させる目的で、いまだに続いているそれら他の国々との協力関係にある組織的中核を維持することが、我々の義務だと感じている。(3)

第二次世界大戦が始まってすぐの時期に、英労スポーツ協会は「戦後に我々が国際運動を迅速に復活させる」こと、すなわち社会主義スポーツインターの戦後再建が任務だと自覚していた。

英労スポーツ協会は戦中も組織と活動を小規模ながら何とか維持していて、一九四一年後半に「会報」第一号を発行している。この「会報」には「社会主義労働者スポーツ・インターナショナル」の項目で、以下のような記述がある。

我々の知るかぎりでは、一国を除いてすべてが機能していないし、連盟組織のほとんどがナチズムに踏みにじられつぶされた。スイスとスウェーデンはいまや存続しているかどうかはっきりしないが、それらと連絡をとることはもはやできない。イギリス労働者スポーツ協会はインターナショナルの以前のメンバーの約一パーセントを代表しており、おそらく唯一持続して活動している団体である。我々は存続にあたって二重の目的をもっている。第一は、社会主義労働者スポーツ・インターナショナルを生き残らせることであり、我々は、戦後にその再建を開始する先発隊であることを希望する。(4)

一年弱前の記録と比べて、情報が錯綜し孤立感が深まっているように感じられる。フィンランドの連盟はどうなったのか、スウェーデンの連盟とはこれまで連絡がとれていたのか、定かでない。そういう情報不足のなかで、英労スポーツ協会は自身が唯一存在し続けている連盟組織であると自覚して、社会主義スポーツインターの戦後再建をより強く企図している。

それから二カ月後に出された『年次報告書』第十二号には、前記のような状況にもかかわらず希望に満ちた記述がある。外国から亡命してきた社会主義スポーツインターの指導的代表者との連絡がとれ始めたのである。

（労働組合会議〔TUC〕の協力の下に）以前に母国の労働者スポーツ運動と関係があった亡命者との接触が図られた。執行委員会は、亡命者の同志の一人からの提案にしたがって、（a）戦局が許すかぎり、そのような国際的な接触を維持するために、そして（b）大戦後に社会主義労働者スポーツ・インターナショナルを復活させる主導権をとるために、国際委員会を設立することを決定した。提案を実行する第一歩として、新年早々に会議を招集することが決定された。(5)

この「亡命者の同志の一人」とは誰なのかについてはのちに明らかになる。英労スポーツ協会はTUCと労働党の庇護のもとにある組織だったから、国際的な情報網をもつTUCを通じて亡命者とコンタクトをとることができたのである。それでも、戦争が始まって二年以上たってようやく亡命者たちとの関係が結ばれたのだった。この点は「会報」第二号の記事から補足することができる。

労働組合会議は、祖国でかつて労働者スポーツ運動に関与していた亡命者のリストを我々に提供した。それは、社会主義労働者スポーツ・インターナショナルの以前の役員、すなわち副会長と彼の同僚の一人である技術・教育委員会のメンバーを含んでいる。ドイツ、チェコ、オーストリア、ノルウェーの友人たちがこちらのリストのなかにある。(6)

図12　国際労働組合連盟ブリュッセル総会（1933年）時の執行委員会の写真。左から2人目がウォルター・スケヴネルス、次いでウォルター・シトリーン
（出典：「The International Federation of Trade Unions, 1936-1939: Its history and organisation」〔https://warwick.ac.uk/services/library/mrc/explorefurther/digital/scw/more/iftu〕）

ここで、亡命社会主義スポーツインターの各国代表者たちを含む多くの亡命者たちがどのようにしてイギリスに渡ってきたのか、ウォルター・スケヴネルス『国際労働運動の45年』を手がかりとして説明しておきたい。ナチスによるベルギーとフランスへの侵略の後、国際労働組合連盟本部をパリからロンドンに移すことが決まり、一九四〇年五月十日と六月十七日に本部移転の処置が講じられた。そして、書記長スケヴネルスはドイツ、オーストリア、チェコスロヴァキア、ポーランド、スペインおよびベルギーからの政治的亡命者と労働組合亡命者について、六月の末までに、これら亡命者を再結集させて、イギリスに渡って闘争を続ける者、アメリカに安全に移民することを望む者、フランスにとどまる者、自分の祖国に帰る者に分けて、当面の計画を策定して行動に移した。[7]

　こうした亡命者のなかに社会主義スポーツインターの指導的代表者が含まれていたことはほぼ疑いがない。社会主義スポーツインター準備委員会で尽力したスケヴネルスもイギリスに渡り、国際労働組合連盟イギリス書記局を構成したのである。

　その後、一九四〇年末までには二万人の組合員を擁するノルウェー労働者のグループ、ベルギーとフランスの労働者グループがロンドンで中央組織を構成するに至る。さらに、ＴＵＣのイニシアティブによって、当時イギリスに住んでいたすべての著名な外国人労働組合役員の会議が十二月十七日にロンドンで開かれた。こうして翌年の四一年の間に、あらゆる国の労働組合役員の再結集が実現したのである。[8]

次いで、亡命労働組合役員の組織化の先にある国際組織再建の問題についても触れておきたい。社会主義スポーツインター準備委員会の結成と社会主義スポーツインターの戦後再建の問題に密接に関わるからである。

一九四一年五月八日、五人の国際労働組合連盟代表と五人の国際産業別書記局代表からなる合同委員会が、議長ウォルター・シトリーンのもとで最初の会議を開き、臨時執行局を設けること、さらに国際労働組合連盟の規約にある総評議会のかわりに緊急国際労働組合評議会を設立することを決めた。これを受けて、国際労働組合連盟戦時会議が九月三十日にロンドンで開かれ、新しい労働組合インターナショナルを再建するために徹底した研究がなされなければならないとする合同委員会の提案のもと、臨時執行局(議長:ウォルター・シトリーン、副議長:ヨセフ・ボンダス〔ベルギー〕、ウィリアム・グリーン〔アメリカ〕、コンラッド・ノルダール〔ノルウェー〕、書記長:ウォルター・スケヴネルス)の設置、ならびに臨時執行局メンバーに七人の全国中央組織代表と七人の国際産業別書記局代表を加えて構成される緊急国際労働組合評議会の設立を決定した。[9]

このように、社会主義スポーツインター準備委員会の設立とその戦後再建の議論に先立って、上部組織である国際労働組合連盟のイギリスでの再組織化が進められていたのだった。

前述の英労スポーツ協会『年次報告書』第十二号に記されていた会議は、一九四二年三月七日に開催された。『年次報告書』第十二号には以下の記述がある。長いが、重要な記録なので引用する。

最も成功した会議が三月七日土曜日に開かれた。そこで、イギリス労働者スポーツ協会の役員は外国からの仲間、いまではわが国への亡命者と出会った。彼らは、社会主義労働者スポーツ・インターナショナルの活動が戦時期にいかに継続されうるのか、そして戦争が終結したときにインターナショナルの全活動が迅速に再開されることを保証するためにどのような準備計画を作成するのか、について議論した。社会主義労働者スポーツ・インターナショナルの役員、そしてオーストリア、チェコスロヴァキアおよびドイツの労働者スポーツ運動のかつての役員とメンバーが出席した。数人の関係者から欠席の謝罪と支持の約束があった。（略）会議は、各国からの二人の代表を含む委員会を創設することを決定した。オーストリア、チェコおよびドイツの代表が会議で任命され、イギリス労働者スポーツ協会は次回の執行委員会の会議で候補者を任命するだろう。こちらですでにメンバーを把握している以外の国々にとって、すぐにも望まれる好機が訪れたときには、その国々の席も満たされるだろう。

ユリウス・ドイチュ将軍（目下アメリカに常住）を、会長としての職務を果たしてもらうために招待することが合意された。一人のチェコ人とイギリス労働者スポーツ協会国際書記ジョージ・エルヴィンが共同書記に任命された。その他の役職は後日満たされるだろう。現在の役員と委員会は臨時のものであり、大戦後すぐにも完全な国際会議が招集されうるときには、職務を果たすことをやめる。

委員会はさしあたり以下のことに集中するだろう。

（一）広報の発行

（二）いまだに機能しているかもしれない労働者スポーツ組織（例えばスイス、スウェーデンおよびパレスチナ）との連絡の確保

（三）新聞、無線および気づきうるかぎり他の手段によって、大戦中に可能なかぎりの宣伝

（四）現在イギリスにいる他国からの男女の労働者スポーツマンがイギリス労働者スポーツ協会の活動に参加できるようにするための準備

（五）これまで関係のあった国々だけでなく、ソ連をはじめ国際的な労働者スポーツの活動にこれまで参加していなかったような他の国々を含むことによって、なおいっそう包括的なものとするためにも、大戦後に社会主義労働者スポーツ・インターナショナルを迅速に完全なかたちで復活させるための計画準備(10)

この会議の内容については、TUC代表の英労スポーツ協会執行委員T・オブライエンによるTUC総評議会への報告から補足することができる。

社会主義労働者スポーツ・インターナショナルの第一回国際会議が、一九四二年三月七日土曜日にロンドンのボニントン・ホテルで開催された。ハーバート・H・エルヴィン氏が議長を務めた。（略）出席者には以下の人々がいる。ハインリヒ・ミュラー（チェコ）：社会主義労働者スポーツ・インターナショナル副会長／ルドルフ・シュトルフ（チェコ）：社会主義労働者スポーツ・インターナショナル教育委員会議長および様々な委員会の委員／ハインリヒ・ゾルグ（ドイツ）：ドイツ労働者スポーツ協会のかつての指導的役員／ラヒャエル・ハンツリヒ（オーストリア）：オーストリア労働者スポーツ協会のかつての会員。欠席の詫び状を送り支持の約束をした人々は以下のとおり。エル・ホマ（ズデーテン・チェコ）／E・アロンF・ミクラ（チェコ）：社会主義労働者スポーツ・インターナショナル冬季スポーツ部門のかつての議長／F・クニヒ（チェコ）：北および北西ボヘミアのかつての労働者スポーツ組織者／マックス・グリュンバルト（オーストリア）：オーストリア労働者スポーツ協会のかつての役員(11)

会議出席者のなかに、いずれもチェコ人の、かつての社会主義スポーツインター副会長ハインリヒ・ミュラーと教育委員会議長ルドルフ・シュトルフが含まれていたことは重要だった。シュトルフがかつての社会主義スポーツインターの指導的代表者の一人であり、社会主義労働者スポーツ・インターナショナル準備委員会の共同書記の一人になったことを念頭に置けば、彼がこの会議を提案した前述の「亡命者の同志の一人」だったことは十分に推察できる。会長のユリウス・ドイチュは亡命地のアメリカに居住していたため、シュトルフとジョージ・エルヴィン、特に英労スポーツ協会書記長でもあったジョージ・エルヴィンが社会主義スポーツインター準備委員会の実務全般に責任をもつ組織運営の要にあった。

2　国際チェスマッチと社会主義労働者スポーツ・インターナショナル準備委員会第二回会議

社会主義スポーツインター準備委員会が設置されて以後は、亡命者たちを組織的に結び付けること、そしてスポーツを通じてその課題を果たすことが活動の大切な課題になっていく。最初の試みとして、社会主義スポーツインター亡命者たちと英労スポーツ協会との親睦交流チェスマッチが十一月に入って、社会主義スポーツインター準備委員会と英労スポーツ協会執行委員会によって準備されていく。ジョージ・エルヴィンはTUCと労働党、そして国際労働組合連盟に公式の代表を送るように求めている。(12)

この国際チェスマッチは十二月十三日の日曜日に全国労働組合クラブ（ロンドン）で開催された。競技はイギリス代表と各国代表が競い合う方式で進められた。この催しには多くの亡命者たちが参加しているので、彼らの氏名と国籍をもれなく記すことは意味があるだろう。

代表選手――シュテフェン・ファツェカス（チェコスロヴァキア）、ハインリヒ・フランケル（ドイツ）、ハインリヒ・シュトルスフラー（オーストリア）、ファルカス（チェコスロヴァキア）、フェリックス・フィッシャー（オーストリア）、ゲルハルト・クライスベルク（ドイツ）、パウル・リントナー（ドイツ）、レイフ・E・A・ミケルソン（ノルウェー）、レオ・ヴェッラー（チェコスロヴァキア）、ウォルター・スケヴネルス（ベルギー）、フリードル・ヒルシュ（オーストリア）、クルト・ベケル（ドイツ）、ヘルベルト・リースケ（ドイツ）、エメリヒ・フォルバト（チェコスロヴァキア）、マックス・メリオン（オーストリア）、フリードマン（チェコスロヴァキア）、クラウス・レーマン（ドイツ）、ルドルフ・ビール（チェコスロヴァキア）、オットー・ドイチュ（オーストリア）、ツェノ・デッサー（オーストリア）／控え選手：クルト・ハイトラー、エルヴィン・ポラック、ヴァンツル、ハインツ・シュミット、ヘルマン・シュレイヤー。[13]

国際チェスマッチが終了した後の十二月十八日に、社会主義スポーツインター準備委員会共同書記のルドルフ・シュトルフがもう一人の共同書記ジョージ・エルヴィンに宛てて感謝の手紙を送っている。その内容から四点の重要な事柄を知ることができる。

第一は、シュトルフが諸外国からの労働者チェス・プレイヤーの代表者の住所一覧を同封したこと、第二に、すべての出費が英労スポーツ協会によって賄われたこと、第三に、この催しが国際労働者スポーツ運動を復活させるという高貴な目的の支援に寄与すべきこと、第四に、来年一月初旬に開かれる社会主義スポーツインター準備委員会の次回会議で、シュトルフが大陸諸国からの寄付金として約十ポンドを手渡すこと、だった。[14]

シュトルフが送付したヨーロッパ各国からのイギリス亡命者の住所一覧は、これもやはりＴＵＣから提供されたものだったと思われる。これ以降も、英労スポーツ協会が主催する土曜チェストーナメント、労働者ウィンブルドン（テニス選手権）などへの亡命者の参加が求められていく。

シュトルフが一九四三年一月と予告していた社会主義スポーツインター準備委員会の会議についてだが、国際労働組合連盟書記長のスケヴネルスがジョージ・エルヴィンに宛てた手紙から、関連する情報を知ることができる。そこには以下の記述があった。

私は臨時の国際委員会の結成についての貴兄の通信を予定どおり受け取りました。私は時間の許すかぎり、この委員会のベルギー人メンバーとして奉仕するつもりでいると、貴兄にお伝えできることをうれしく思います。[15]

つまり、一九四二年末の時点では、この年の三月七日に社会主義スポーツインター準備委員会の結成会議を開いて以降、会議は開かれておらず、構成員の確保に時間を費やしていたということだろう。前述のとおり、社会主義スポーツインター準備委員会の第二回会議は翌年一月に予定されていたが、この会議は翌年一月には開かれなかった。ジョージ・エルヴィンからウォルター・スケヴネルスに宛てた手紙からその事実がわかる。

我々の国際委員会への奉仕に同意してくださる貴下の手紙に大変感謝申し上げます。次回会議は未だ確定しておりません。[16]

社会主義スポーツインター準備委員会の第二回会議は、その後三月初旬までには開催された。詳しい日付と会場はわからない。ジョージ・エルヴィンがスケヴネルスに宛てた三月七日付の手紙には以下の記述がある。

イギリス労働者スポーツ協会はあらゆる初期経費を負担するとともに、最初の数カ月を切り抜けられるように委員会に補助金を提供しています。私たちは通常の方法では加盟費を得ることができませんので、準備委員会の最近の会議で、国際労働組合連盟が補助金を提供して、イギリス労働者スポーツ協会に降りかかる財政負担のすべてを回避する準備をしていただけるのかどうか、私が手紙で問い合わせることが提案されました。[17]

「準備委員会の最近の会議」とは社会主義スポーツインター準備委員会第二回会議のことである。この会議では、英労スポーツ協会が当座負担せざるをえない経費を国際労働組合連盟に肩代わりしてもらえないかという援助依頼の提案を確認している。

ジョージ・エルヴィンの依頼に対してスケヴネルスは次のように返答した。極めて友好的な回答だった。

私は、社会主義労働者スポーツ・インターナショナルを存続させ、状況が許すかぎりすべて可能なインターナショナルの活動を継続するという決定に対して、社会主義労働者スポーツ・インターナショナルに祝辞を述べることに何のためらいもありません。これは、多年にわたって国際協力とスポーツを含むすべての分野での労働者連帯の精神を維持することに賛同してきた我々自身の政策と完全に一致します。初めての機会として、私は私どもの国際執行局に対して、貴準備委員会が望む方向で活動を展開することができるように、貴準備委員会に補助金を提供する問題を提起するでしょう。[18]

つまり、社会主義スポーツインター準備委員会での亡命者たちの活動の資金援助については、英労スポーツ協会執行委員会がTUC総評議会ではなく国際労働組合連盟臨時執行局に直接依頼したということであり、以後も社会主義スポーツインター準備委員会の全般的な活動では、英労スポーツ協会執行委員会が国際労働組合連盟臨時執行局に援助を求めるという関係が常に成り立っていく。

ジョージ・エルヴィンらの援助の依頼は国際労働組合連盟臨時執行局で了承された。そのことを伝えるスケヴネルスの手紙が四月九日付でジョージ・エルヴィン宛てに送られている。「国際労働組合連盟の執行委員会〔臨時執行局：引用者注〕は、社会主義労働者スポーツ・インターナショナル準備委員会に対して、一九四三年に五十ポンドの補助金を助成することを今日決定いたしました[19]」

3　オーストリア代表選出をめぐる問題

戦中期のイギリスでも、オーストリアからの亡命者たちの間では、社会主義スポーツインター準備委員会の活動から共産主義者を排除しようという行動が起こっていた。シェラ・ハンツリクからシュトルフ宛ての手紙にその事情が記されている。

労働者スポーツ・インターナショナル準備委員会の会議で、私は、イギリスにあるオーストリア社会主義者のロンドン・ビューローとオーストリア労働組合員のグループを代表して次のように述べました。すなわち、労働者スポーツ・インターナショナルの規則によれば、それぞれの国の社会主義政党と関係がある社会主義者の組織だけが加盟することができます。（略）現在、オーストリア・センター、青年オーストリア、自由オーストリア運動などの組織のメンバーもしくは役員であると思われるかつてのメンバーを、承認もしくは容認することはできないということです。これらは非政治的組織であるか、またそのように見せかけていますが、とにかく、それらは間違いなく労働者組織でも社会主義組織でもないのです。（略）わが党とわが労働組合グループはまさにいま、オーストリア共産主義者との真剣で困難な政治的交渉に取りかかっています。政治的組織との合意を取り付けるそうした試みは、いわゆる非政治的な基準での別の試みによって干渉されてはなりません。そのため、我々は、オーストリア・センターからのいわゆる労働者スポーツの人々の代表を交えた会議が、有益な目的に奉仕しないばかりか設定されるべきでない、という見解をもっています。[20]

以上の引用文からわかるように、ハンツリクは、オーストリア・センター、青年オーストリア、自由オーストリア運動などの組織は、非政治的組織を隠れみのとする共産主義者が集まる組織だと見ていたのであり、社会主義政党と関係がある社会主義者の組織だけが加盟することができるという社会主義スポーツインター規則に、それらの組織は反していると主張していたのである。また、「オーストリア共産主義者との真剣で困難な政治的交渉」をしているときに、労働者スポーツに関わる共産主義者との会合をもつことは慎まなければならないと主張している。

しかし、この件でシュトルフは、ハンツリクの意向とは異なる行動をとったようである。苦情めいた手紙がハンツリクからスケヴネルス宛てに送られている。

同志シュトルフ（社会主義スポーツインター準備委員会委員）はたいそう活発でして、またわがグループの意見表明を待たずに、オーストリア・センターの人々との共同討議に私たちを招待したことに、貴下は疑いなく興味をおもちでしょう。(21)

ハンツリクは、この手紙の写しをジョージ・エルヴィンにも同封して事情を説明している。その後、事態はハンツリクの主張のとおりには展開しなかった。スケヴネルスは、ハンツリク以外のオーストリア人亡命者からの情報も得て、ずっと寛容で連帯を重視する対策を講じようとした。スケヴネルスがシュトルフに宛てた手紙には次のように記されていた。

オーストリア・スポーツ支部について、私は同志スヴィタニクスとノヴィと相談し、原則的に合意に達しました。次にするべきは、一方でノヴィ、スヴィタニクス、ドイチュおよびハンツリクとの会議を、他方で目下自由オーストリア運動に携わるオーストリア・スポーツマンたちとの会議を、オーストリア労働組合グループのスポーツ部門への彼らの加盟条件について議論するために召集することです。貴兄がオーストリア・スポーツマンたちと接触し、彼らをこの合同会議に招待するだろうと了解しています。私たちは、明日六月二日水曜日の臨時インターナショナル・スポーツ臨時委員会の会議で、貴兄と私との間で共通の合意として日程を決めることができます。(22)

シュトルフの行動はワンマンプレーではなかったのである。シュトルフの行動の裏ではスケヴネルスが積極的な役割を担っていたのであり、彼はハンツリクの主張とは逆に、自由オーストリア運動に携わるオーストリア・スポーツマンたちを社会主義スポーツインター準備委員会の会議に招待しようと考えていて、スヴィタニクスやノヴィとその点で合意に達していたのである。

この点について、シュトルフは、アメリカに亡命している社会主義スポーツインター会長ユリウス・ドイチュの意向も確認したいと考えていて、スケヴネルスの渡米の機会にドイチュに接見することを求めている。

もし貴兄が社会主義労働者スポーツ・インターナショナル会長ユリウス・ドイチュに偶然会うことがあれば、また、もし貴兄が我々の準備委員会の設立と我々の将来の計画について彼と議論することができるのであれば、非常に有益です。確かにそれは、社会主義労働者スポーツ・インターナショナルに関するかぎりで、わがオーストリアの同志の立場に対する彼の考え方を知るのと同様に、大変興味あることでしょう。私は、同志ユリウス・ドイチュと情勢について数回議論しました。ハムステッドで過ごす私の休暇（八月一日―十四日）中に、提案された合同委員会が成功する期待がもてるように、関係するすべての人々と再度議論できることを希望いたします。[23]

シュトルフが、この件でかなりの慎重さをもって対応しようとしていることがわかる。

スケヴネルスからの返信では、アメリカでドイチュと会う機会はもてないことを伝えるとともに、「より多くのオーストリアのスポーツマンを我々の運動に迎え入れようという我々の試みについては、貴兄がお望みであれば、我々は八月十一日の社会主義労働者スポーツ・インターナショナル準備委員会の次回会議で話し合うことができます[24]」と記している。

ただし残念ながら、オーストリア・スポーツマンとの合同会議がいつ、どのような形で開かれたのかは、イギリスの英労スポーツ協会文書にもオランダの国際労働組合連盟文書にも関連する資料が所蔵されておらず、定かでない。

4　青年問題に関する声明

英労スポーツ協会会長のハーバート・H・エルヴィンと国際労働組合連盟書記長のスケヴネルスは共同して、青年問題に関する声明草案を準備していた。この声明草案は、将来的に世界の労働・社会主義運動の側に青年を組織するために、各国の労働組合と社会主義政党が協力して青年の身体的・精神的および社会的な発達を目指す機関を設立して、教育的でレクリエーション的な活動を重視すべきことを呼びかける内容だった。以下に、彼らの共同作業の経過を追っていきたい。筆者が収集した資料では、この件についての最初の記述は一九四三年七月十七日付のハーバート・エルヴィンからスケヴネルス宛ての手紙に見られる。

貴兄と私が社会主義労働者スポーツ・インターナショナル準備委員会の次回会議の前に、提出する手はずである声明草案を同封します。[25]

ハーバート・エルヴィンが同封した声明草案の骨子は以下のとおりである。

すなわち、「社会主義労働者スポーツ・インターナショナル準備委員会は、（イギリスの労働組合会議と全国労働党の庇護のもとに）イギリス労働者スポーツ協会と協力して、世界労働・社会主義運動に関わる将来の青年組織を重要視して[26]」きた。よく知られているように、「ヒトラーがドイツで権力をもつ前は、大陸の労働・社会主義運動は強力な労働者スポーツ協会を抱えていた」し、「国際労働組合連盟はそれ自身の青年委員会をもっており、それを通じて連盟に加盟する様々な国の青年組織に少なからぬ注意を払って[27]」きたが、ナチスの侵略と大戦の勃発によって、ほとんどの労働者スポーツ組織や労働組合、労働者政党は破壊され、青年とのつながりも消失してしまった。また、イギリスでの経験が示すように、「非政治的スポーツクラブの環境（従業員の福祉とスポーツの施設を含む）は青年を労働組合から引き離す影響力をもっていた[28]」。そのため、「労働・社会主義運動が自ら労働者スポーツ運動と青年団体の間に親密な関係をつく」らないかぎり、そのことは大戦後も「労働組合や労働党の政治的補充に不利にはたらかざるをえない[29]」。

　したがって、我々は「以下の提案に従って行動してくれるよう希望する。一、諸兄が将来のために作成する計画では、その目的として青年の身体的・精神的および社会的な発達を目指す機関の設立のための準備を確実にすること、二、そのような計画の明確な表現と実施では、巨大な労働組合および政治的運動の教育的でレクリエーション的な側面が考慮され、実行可能な活動の一部を構成すること、三、二で言及された活動は労働組合および政治的運動の統合部分になること。それらの目的は、教育的で身体的な文化の表現のために運動内部に回路を提供することによって、巨大な団体の将来のメンバーのための補充基地として作用すべきこと[30]」。

　この声明草案が同封されたハーバート・エルヴィンの手紙に答えて、スケヴネルスは以下のように伝えている。つまり、「週末までにあなたの草案に対して必要な注意を払うでしょうし、次週の初めには必要があれば私の所見を送ります[31]」と。

　ちょうど一週間後に、スケヴネルスはハーバート・エルヴィン宛てに返信を送り、そのなかで以下の点を強調していて、スケヴネルスがほぼ全面的にハーバート・エルヴィンの声明草案に合意したことがわかる。

> 我々の社会主義労働者スポーツ・インターナショナル準備委員会の次回会議に提出される我々の共同声明に向けた貴兄の草案を一読して、大変興味をそそられました。（略）それをいっそう注意深く検討し、どう書き直すかと考えたとき、私は現状では、貴兄は最善のかたちで実際に問題提起をしたのだと気づきました。私が示唆したいと思うただ一つのことは、表題の追加です。表題は以下のように記されるべきです。青年運

動――国際的な労働組合および政治的労働運動への訴え――[32]

スケヴネルスは、ハーバート・エルヴィンが起草した声明草案をジョージ・エルヴィンにも送り、近いうちに他の委員宛てにこの声明草案を送る手はずを整えるように依頼している。

九月一日水曜日まで社会主義労働者スポーツ・インターナショナル準備委員会を延期することを伝える七月三十日付のあなたの通信を受け取りました。私はこの会議に出席することを固くお約束します。その間に、貴兄は国際的な労働組合および政治的労働運動への我々の訴えに関する声明を受け取るでしょうが、それは、この文書を近いうちに他の委員に回覧するためです[33]。

しかし、この声明草案はその後書き直されることになる。これは社会主義スポーツインター準備委員会の会議で議論したことを文面に反映させるためだった。ハーバート・エルヴィンはスケヴネルスに宛てて、書き直した声明草案を同封している。

書き直した新しい文書とシュトルフの短信を同封いたします。都合がつき次第、その草案について貴兄の意見が付された返信がなされることを私は心待ちにしています[34]。

書き直した声明草案を読んだスケヴネルスは、その文章に非常に不満を感じて、改めて訂正した声明草案をハーバート・エルヴィンに返送している。

率直に申し上げて、この書き直した草案には最初の草案よりは満足していません。これは疑いなく、前回の委員会が、そこで議論した内容を声明の一部として書き入れることを決定したという事実のためです。暴力まがいにこれらの部分を我々の最初の草案に書き入れることによって、声明のバランスがいくぶん崩れてしまったことは何ら不思議ではありません。少なくともそれが私が受けた印象です。そのため、私は、ここに言及した急遽書き入れた草案の悪影響を改善するための誠実な努力をもって、声明を勝手に書き直しました。貴兄が我々の声明の表現を改善する私の試みを迷惑に思わないと確信しています。もちろん、もし貴兄が新しい表現を受け入れてくださるのであれば、私が使った英語が必要なところで訂正されるような配慮をしてくださることを期待いたします。(35)

続いてスケヴネルスが書き直した声明草案にわずかに手を入れて完成された声明文書が、ハーバート・エルヴィンからスケヴネルスに送られた。(36) 修正された声明文書を受け取ったスケヴネルスは、十月二十六日付の手紙(37)で感謝を伝えるとともに、それを各組織に送付してもらうために、ジョージ・エルヴィン宛てに声明文書の写し二十部を同封した手紙を送っている。(38)

これに対してジョージ・エルヴィンは、スケヴネルス宛てに以下の手紙を返した。

本委員会の最近の会議で承認され、適切な労働組合、労働党および生活協同組合の国際組織に送るように求められた「青年運動」に関する覚書の写しを同封してあります。貴殿の組織が早い時期にそれについてご検討いただけるものと私は信じていますが、三ページに列挙されている四つの特別な提案について、近いうちに貴殿のご意見をいただけるとうれしく思いますし、ご賛同いただけることを希望いたします。(39)

以上が青年運動に関する声明文書の作成準備の過程だった。最初にハーバート・エルヴィンが起草した声明草案にスケヴネルスが書き足して詳述したものが、最終の声明文書になったものと了解できる。文書末尾で提案された四点の最後の事項はハーバート・エルヴィンの草案にはなく、新たに書き加えられた。この事項は、イギリス国内での対政府交渉についての誓約内容になっている。四点目の事項は以下のとおり。

四、（国際労働組合連盟を通じても各々の国内センターを通じても）わが国で亡命政府との迅速な接触がなされるだろうし、イギリスの労働組合会議を通じて、身体的および文化的発達にも関わる青年運動の承認に向けて、つまりは、これらの目的を満たそうとする国内団体に補助金を提供するようイギリス政府と交渉するだろう。(40)

5　特別講座と社会主義労働者スポーツ・インターナショナル再建計画

一九四二年十一月七日にフランス領北アフリカに上陸した英米連合軍は、徐々にイタリア本土に迫り、翌年七月九日にはシシリー島に上陸した。イタリア国内では、軍部やファシスト党内部からもムッソリーニ退陣要求が現れ、ついに七月二十五日にムッソリーニ政権は倒れた。そして九月三日、バドリオ政府は無条件で降伏した。

一方、一九四二年十一月から四三年一月にかけてのスターリングラード（現ヴォルゴグラード）攻防戦でドイツ軍はソ連軍によって残滅させられ、同年夏にドイツ軍は総攻撃を仕掛けたが失敗し、以後退勢を挽回することはできなかった。四三年後半の北大西洋上の戦いでも英米連合軍によってドイツの洋上艦船は戦闘能力を奪われていく。そして同年十一月二十八日から十二月一日までテヘランでフランクリン・ローズベルトとウィンストン・チャーチルがヨシフ・スターリンと会談した際、連合軍の北フランス上陸作戦（オーバーロード作戦）が決定されるに至る。

図13　労働組合会議総評議会役員の集合写真（1936年）。前列左から4人目がウォルター・シトリーン、後列左から6人目がハーバート・H・エルヴィン
（出　典：「Officers of the Trades Union Congress General Council between 1936-1939」〔https://warwick.ac.uk/services/library/mrc/explorefurther/digital/scw/more/tuc/#Officers〕）

以上のような経過をたどってナチスは勢力を失っていったのだが、後述の特別講座（Day School）の開催はそうした事態を見極めてのものだったと思われる。

さて、一九四四年三月の時点で、社会主義スポーツインター準備委員会の活動にパレスチナ・スポーツ組織ハポエルを引き入れようとする動きが見られた。共同書記のジョージ・エルヴィンがスケヴネルスに宛てて、「貴殿がわが委員会でロッカー氏とお会いするときには、ハポエル・パレスチナ代表の名前と住所を聞く約束を思い出してください[41]」という確認の手紙を書いている。社会主義スポーツインター準備委員会の会議ではパール・ロッカーに会うことができなかったために、スケヴネルスはバール・ロッカー宛てに以下のような手紙を送った。

社会主義労働者スポーツ・インターナショナルの前回会議では、我々の国際準備委員会でのパレスチナ・スポーツ組織の代表についての問題が持ち出されました。少し前にパレスチナは、招待を受諾するとともに一人二人の代表を任命するとわが委員会に通知していたと私は理解しています。それ以来、何の情報交換もなされていません。パレスチナからの推薦を得るにあたり、

多少なりとも援助をいただけないでしょうか。(42)

このときに連絡がとれたのかはわからないが、ハポエルと連絡をとることは、一九四四年五月二十一日開催予定の社会主義スポーツインター準備委員会代表者会議に向けた準備活動の一環だった。ロッカーがどんな経歴をもった人物かはわからない。

社会主義スポーツインター準備委員会は前述の代表者会議に向けて準備を進める。社会主義スポーツインター準備委員会共同書記のジョージ・エルヴィンはTUC書記長のウォルター・シトリーンに宛てて、「私たちは、運動のすべての部門が代表を派遣してくださるのかどうか大変心配していますので、TUC総評議会がその会議に出席できる一人以上の代表を指名してくださることを希望いたします(43)」という文面の手紙を送り、以下のような要項を同封している。

私たちは、大戦後に労働者スポーツ運動を再建するうえで価値がある意見を全般的に交換する好機が到来したと感じています。したがって、私たちは、本委員会の後援で開催される特別講座に貴組織が代表を派遣してくださるようご招待申し上げます。この委員会は、ナチズムによって抑圧されるまでは社会主義労働者スポーツ・インターナショナルに加盟していた、主要諸国からのかつての役員の支持を得て運営しています。

詳細は以下のとおりです。

日程　一九四四年五月二十一日、日曜日

場所　サリー、ギルドフォード、ヘイドン・プレイス、生活協同組合会館

議長　ハーバート・H・エルヴィン（準備委員会の議長、ならびに労働組合会議の前会長）

プログラム

10:45 a.m.—11:00 a.m.　映写「一九三七年アントワープ労働者オリンピアード」

11:00 a.m.― 5:00 p.m.　「大戦前の様々な国々の労働者スポーツ運動の構成」／準備委員会によって国際的な労働組合、労働党および生活協同組合の運動に最近提示された覚書に基づく議論／W・スケヴネルスによって始められる議論（国際労働組合連盟の書記長で、準備委員会の委員）(44)

ＴＵＣ総評議会からは四月十二日付の返信が送られている。「貴兄の通信は総評議会の次回会議で、それにふさわしい委員会に提出されるでしょう。この後に、私は貴兄に再度手紙をお送りするでしょう」(45)そして、ＴＵＣ総評議会では社会主義スポーツインター準備委員会からの依頼について以下のような決定を下した。

社会主義労働者スポーツ・インターナショナルからの四月八日付の手紙が朗読された。この手紙は、彼らが五月二十一日に召集する会議に運動のすべての部門が代表を派遣するのかどうか心配であることを記している。そのために、彼らは、一名以上の代表が出席するよう総評議会が指名することを求めている。これに対して、イギリス労働者スポーツ協会で総評議会を代表するＴ・オブライエン氏が会議に出席し、総評議会に報告を提出するよう求められる、と勧告することが同意された。(46)

ＴＵＣ総評議会書記補佐はオブライエンに宛てて正式な親書(47)を送るとともに、ジョージ・エルヴィンに宛てて、「オブライエン氏が五月二十日にレスターで開催される労働組合協議会の年次会議に出席しなければならないこと、そして、彼が二十一日にギルドフォードに到着できないかもしれないことをお知らせしなければなりませんが、彼は出席するためにあらゆる努力を尽くすことと私は承知しています」(48)と伝えている。

この特別講座でどのような内容が議論されたのかは、資料が欠落していてわからない。なお、要項にある「最近提示された覚書」とは、ハーバート・エルヴィンとスケヴネルスが共同で起草した「青年運動」に関する覚書だった。

その後も、いろいろな機会をとらえて、準備委員会はいまだに連絡がとれていない労働者スポーツ組織の各国代表と接触しようとしている。

その一つがソ連代表団との接見だった。この件もジョージ・エルヴィンとスケヴネルスとの手紙のやりとりのなかから明らかになる。ジョージ・エルヴィンは、来年二月の世界労働組合会議に向けての話し合いのためにロンドンに滞在している全ソ労働組合中央評議会代表と意見交換をしてもらいたい、とスケヴネルスにもちかけている。(49)ジョージ・エルヴィンの依頼に対してスケヴネルスは、「私は翌週にソ連代表団と会うことを希望していますが、もし好機が訪れるなら、私はソ連スポーツ組織とわが社会主義スポーツインターとの関係の問題に必ず言及するでしょう(50)」と告げている。

全ソ労働組合中央評議会代表団が帰国した後、ジョージ・エルヴィンとスケヴネルスは、来年二月の世界労働組合会議に向けてさらなる情報のやりとりをおこなう。このなかでやっとパレスチナ代表の名前が浮上してくる。ジョージ・エルヴィンの手紙には以下の記述がある。


我々が想定しているように、会議の間に同志シネクと貴下自らが他国の代表、とりわけ大戦前に活発な労働者スポーツ運動を展開していた国々からの代表と懇談されるでしょうが、もしそこでの反応がよければ、我々は会議が夕刻に終了した後に、一杯のお茶と雑談のためにわが委員会を開くべく、彼らを招待する手はずを整えるでしょう。(51)

文中の会議とは世界労働組合会議のことである。ジョージ・エルヴィンの依頼に対してスケヴネルスは次のような返答をしている。

私は、世界会議の最初の数日のうちに、国際労働者スポーツ運動の問題に関心を抱くような代表を見いだすべくあたりを見回そうとするでしょう。もし反応がよければ、貴殿がおっしゃるように、私たちは社会主義労働者スポーツ・インターナショナルの委員会のために、彼ら代表との会議を考慮して提案された準備をおこなうでしょう。私が現在わかるかぎりでは、自国のスポーツ運動に関係していたと予想される代表を見いだせそうにありません。いずれにせよ、何かあれば、提案されたような会議の可能性について議論するために、直ちに私は貴殿と同志シネクに連絡をとるでしょう。[52]

同志シネクとは国際労働組合連盟のパレスチナ代表だと思われる。ジョージ・エルヴィンとスケヴネルスは世界労働組合会議を労働者スポーツの各国代表との意見交換の場にしようと考えていたが、どうもスケヴネルスがつかんでいる情報では、世界労働組合会議に労働者スポーツ関係者は出席しなかったようである。

一九四四年度の社会主義スポーツインター準備委員会の活動を、英労スポーツ協会の四四年度の『年次報告書』によって補足しておく。

国際報告：社会主義労働者スポーツ・インターナショナル準備委員会が機能し続けている。今年のその最も成功した活動は、可能な将来の発展と大戦前の各国の労働者スポーツ運動の構成について議論するために、ギルドフォードで会議を開催したことだった。スイスとパレスチナとの連絡が維持されていて、両国は活発に活動し続けている。フランスの解放運動が労働者スポーツ・体操連盟との連絡の再開につながった。労働者スポーツ・体操連盟に対して我々は組織の迅速な復活を祝う。来年中には、かつて社会主義労働者スポーツ・インターナショナルに加盟していたすべての国々との連絡を再開できることが、そしてすべての国の労働者階級の完全な代表を得た新しい労働者スポーツ・インターナショナルを確立する第一歩が踏み出せることが期待される。

ハーバート・エルヴィン氏とジョージ・エルヴィン氏が、いまも社会主義労働者スポーツ・インターナショナル準備委員会の議長と共同書記にとどまっている。この準備委員会でA・E・カスデン氏とジョージ・ディーコン氏がイギリス労働者スポーツ協会代表である。加えて、イギリス労働者スポーツ協会の書記長が準備委員会の将来の会議に出席するよう招待された。(53)

この『年次報告書』からは、社会主義スポーツインターの再建が近いという期待がうかがえる。社会主義スポーツインター再建準備の活動が大詰めにきているということだろう。文中のギルドフォードの会議とは、一九四四年五月二十一日に開催された社会主義スポーツインター代表者会議の性格を有する特別講座であった。この期の英労スポーツ協会書記長はA・E・リチャーズである。

6 一九四五年十月十日の社会主義労働者スポーツ・インターナショナルパリ会議

社会主義スポーツインター代表者会議の性格を有する特別講座が終了したのち、一九四四年六月六日にドワイト・アイゼンハワー率いる連合軍がノルマンディー上陸作戦を開始し、八月二十五日にはパリを解放した。ロンドンから帰国したシャルル・ド゠ゴールは臨時政府を樹立した。四五年二月四日から十一日にかけてクリミア半島のヤルタでアメリカ・イギリス・ソ連の三国首脳会談がもたれ、ドイツの戦後処理の大綱、秘密条項としてソ連の対日参戦などが決定された。連合軍によるドイツ諸都市への空襲によってドイツは戦力を失い、同年四月三十日にヒトラーが自殺してベルリンは占領され、五月七日にドイツは無条件降伏をした。

一九四五年十月十日、社会主義スポーツインター準備委員会はパリ会議を開催した。パリ会議では、四二年三月七日の社会主義スポーツインター準備委員会結成以来の活動を総括するとともに、今後の社会主義スポーツインター再建計画について具体的な議論がなされた。社会主義スポーツインターパリ会議は、国際労働組合連盟の第二回世界労働組合会議に引き続いて開催されたものである。

社会主義スポーツインターパリ会議の八カ月前に、ＴＵＣの呼びかけによる前述の第一回世界労働組合会議が二月六日から十七日までロンドンのカウンティ・ホールで開催されていた。この世界会議の目的は、大戦後の世界組織となる世界労働組合連盟を設立する準備を進めることであり、世界労働組合連盟結成大会に向けて手はずを整えるための臨時大会委員会を組織することが決定された。臨時大会委員会は各国代表と国際労働組合連盟、国際産業別書記局の代表四十一人で構成するものだったが、世界労働組合連盟結成大会を準備するためのより効率的な専門の委員会として、イギリス、アメリカ、フランス、ソ連、ラテン・アメリカ各二人と中国、国際労働組合連盟ならびに国際産業別書記局の代表各一人の合計十三人をもって構成する管理委員会、そして規約を起草するための七人の小委員会を設置することも決定された。管理委員会は世界労働組合連盟の規約草案を準備することになる。

前述の諸委員会による大会準備を経て、一九四五年九月二十五日から十月九日にかけて、世界労働組合連盟規約を採択したのち直ちに世界労働組合連盟結成大会へと切り替えられることになる第二回世界労働組合会議が、パリのシャイヨー宮殿で開催された。この世界会議には、五十九カ国からの七十団体を代表する百六十二人の代表と五十三人のオブザーバーが出席した。(54)

こうした世界労働組合連盟結成大会の余韻を持ち込んで社会主義スポーツインターパリ会議は開催されたのである。

それでは、社会主義スポーツインターパリ会議の内容について詳細を示そう。残念ながら英労スポーツ協会文書にも国際労働組合連盟文書にも社会主義スポーツインターパリ会議録は含まれていないのでパリ会議での議論、決定などについてはわからない。しかし一九四五年九月五日に作成されたパリ会議に向けての報告(55)があるので、これに基づいて以下に詳細を示す。

パリ会議報告の内容は、一言で言えば社会主義スポーツインター準備委員会の大戦中の活動報告であった。大戦の拡大とともに社会主義スポーツインターは活動を停止し、大多数の加盟国での活動も途絶えたが、英労スポーツ協会が主導して、イギリス在住のかつての社会主義スポーツインターの数人の役員とも共同して、一九四二年三月七日にロンドンに会議を招集し、準備委員会を結成した。準備委員会は、「大戦が終結して社会主義労働者スポーツ・インターナショナルの復活について議論する会議を招集することが実現可能になったとき、直ちに役割を終える」[56]と確認された。準備委員会の会長には社会主義スポーツインター会長のユリウス・ドイチュ（アメリカ在住で不在）、議長にハーバート・H・エルヴィン（英労スポーツ協会議長）、共同書記にジョージ・エルヴィンとルドルフ・シュトルフ（チェコスロヴァキア〔労働者体育・スポーツ連盟：ATUS〕）をそれぞれ選出し、さらに各国代表二人を加えることで合意した。

準備委員会結成会議以降に、かつて社会主義スポーツインターに関係したイギリス在住の各国役員との接触が進められた結果、準備委員会は以下の構成になった。

会長：ユリウス・ドイチュ（会議出席は不可）、議長：ハーバート・エルヴィン、共同書記：ジョージ・エルヴィン／ルドルフ・シュトルフ、オーストリア：S・ドイチュ／シェラ・ハンツリク夫人（補佐：M・フロイドマン／W・ニッセルス）、ベルギー：W・スケヴネルス、チェコスロヴァキア（労働者体育協会連合〔DTJ〕）：P・ヴィボフ、チェコスロヴァキア（ATUS）：ハインリヒ・ミュラー（一九四三年八月十八日死去）／F・ミクラ、フランス：R・ルース、ドイツ：ハインリヒ・ゾルグ、イギリス（英労スポーツ協会）：A・E・カスデン／ジョージ・ディーコン（補佐：A・E・リチャーズ）、ノルウェー：A・ルンド（来客として会議へ出席）、パレスチナ（ハポエル）：オットー・シネク、スイス（SATUS）：G・A・マイアー。

準備委員会はすべてロンドンで開催され、合計で十六回の会議をおこなった。

一九四二年七月十五日の会議で、準備委員会がすべての社会主義労働者スポーツマンとの接触をとりながら、存続すべきことを確認した。

一九四三年六月二日の会議で、ナチスが敗北した後の国際社会を念頭に置いた「国際労働者スポーツ運動の未来」に関する覚書を承認した。この覚書では以下のことを明記している。第一に、大戦終結後の国際的なスポーツ状況の変化を考慮して、国際労働者スポーツ組織を再建し、その構成も変更すること（ソ連とアメリカ合衆国の代表の参加を模索すること）、第二に、善意の労働者階級組織であることを執行委員会が納得したすべての国内センターに会員資格を開くこと、第三に、ただ一つのスポーツ統括組織しかない国では、労働組合や労働者スポーツマンが会員となる部門を設けて、そのような組織への加盟を進めること、第四に、再建会議に以下の点を報告するために準備委員会を結成すること（以下の点とは、①インターナショナルの名称、②状況の変化に応じたインターナショナルの構成、③専門委員会の設置と活動範囲、④事務局の場所、⑤会費の比率、⑥国際労働者オリンピアードの早期の組織化）、第五に、準備委員会は五人で構成し、同一の国から二人を出さないことに加えて、会長代理と書記代理を置くこと。

一九四三年十一月三日の会議に「青年運動」に関するアピールが提案された。内容は、青年たちへの励ましとインターナショナルへの協力の要請である。

一九四四年五月二十一日に特別講座がサリーのギルドフォードで開催された。

一九四四年十月四日の会議で、ナチスの圧制からフランスとベルギーが解放されたことを祝って、労働組合、生活協同組合および労働者スポーツ運動に関わる同志たちに歓迎のあいさつを贈る決議案が満場一致で可決された。さらに、ナチスの圧制からの早期解放に対してノルウェーの同志たちにあいさつと祝いの言葉を贈る決議案も可決された。

一九四五年一月三十一日の会議で、「青年へのアピール」が承認された。

第一回世界労働組合会議の際に、準備委員会の議長と共同書記、および同志スケヴネルスも同席して、ソ連とアメリカの代表団とイギリス、ノルウェー、パレスチナの労働者スポーツ組織の代表との間で会談をもったことが、一九四五年三月二十八日の会議で報告された。この会談は調査的なもので、一般的な意見交換がなされた。

同志M・I・クズネツォフは、すべてではないが大部分は労働組合を通じて組織されたソ連のスポーツの強さと組織に関する詳細を述べた。彼は、スポーツ水準が十分に高ければ、ソ連のスポーツ組織は他国の労働者よりはブルジョア組織と競い合うことを好んだ、と述べた。同志カイン（アメリカ産業別組合会議）は、アメリカには労働者スポーツ運動は存在せず、その設立には困難があるが、会談で聞いたことには関心があると説明した。

一九四五年五月三十日の会議では、同年九月に始まる第二回世界労働組合会議に引き続いて社会主義スポーツインターパリ会議を開催すること、その会議の組織化をフランス労働者スポーツ・体操連盟に依頼すること、ソ連とアメリカ合衆国の代表も招待することが合意された。

以上の会議報告に続いて、戦争中にも活動を継続していた労働者スポーツ組織の活動（イギリス、パレスチナ、スイス、フィンランド）と財政についても報告された。

報告の結論としては以下のことが強調された。「委員会の活動は、この暗い六年間国際労働者スポーツの精神をただ生かしておいただけであったにしても、十分に価値あるものだったと思う。委員会は、委員会の設立にイニシアティブをとってくれたことに対してイギリス労働者スポーツ協会に、そして大変気前がいい財政的その他の援助、ならびに多くの我々の同志との接触を保つことができる資金を、同志スケヴネルスを通じて提供してくれたことに対して国際労働組合連盟に感謝を表明する(57)」

7　一九四六年の社会主義労働者スポーツ・インターナショナルワルシャワ総会へ向けて

社会主義スポーツインターパリ会議の終了後もジョージ・エルヴィンは社会主義スポーツインター再建に向けて献身的に活動を続け、アメリカ代表とソ連代表を社会主義スポーツインターの再建活動にコミットさせようとしている。ジョージ・エルヴィンは、ＴＵＣ総評議会書記長であり、世界労働組合連盟議長にも選出されたウォルター・シトリーンに宛てて、アメリカの誰に連絡をとるべきかを尋ねている。それに対するシトリーンの返答は以下のとおりである。

貴兄がアメリカの労働組合についてお気づきのように、アメリカ労働総同盟と産業別組合会議との間に存在する差異によって事情は複雑です。これらの団体のどちらかの反感を買うような行動を避けることが常に我々の方針でしたが、そのような状況下で、労働者スポーツ・インターナショナルにアメリカの協力を獲得する目的で貴兄が進める交渉は、アメリカ労働総同盟と産業別組合会議の両者とおこなわれるべきである、と私は提案します。二つの組織の住所は以下のとおりです。W・M・グリーン氏：アメリカ労働総同盟会長、アメリカ労働総同盟ビルディング、ワシントンDC。フィリップ・マーレイ氏：産業別組合会議会長、ジャクソン・プレイス七一八、ワシントンDC(58)

パリ会議での産業別組合会議代表のカインの発言にもあるように、アメリカには労働者スポーツ組織がなかったから、社会主義スポーツインター準備委員会はTUCを通じてアメリカの労働組合統括団体の代表と連絡をとる以外になかったのである。

ジョージ・エルヴィンはさらにシトリーンに手紙を書いて、以下のような社会主義スポーツインター準備委員会の方針を伝えている。

私たちは、この組織の活動にアメリカの協力を得ることを非常に切望しています。現在までのところ、彼らは労働者スポーツ委員会と関係をもっていません。私は特に彼らとの議論を開始するよう求めてきたので、もし貴殿が交渉するのに誰が最良の人物であるかをご提案いただけるのであればありがたく思います。私は、世界労働組合連盟の代表の一人だろうと想像します。私たちは開かれた準備委員会に二つの席を用意しました。一つはソ連代表の席であり、もう一つはアメリカ代表の席です。ロシア人は来月中くらいには我々との討議を始めることに同意するでしょうが、できるならば、同時にアメリカ人にも加わってもらいたいのです。(59)」

ここには、連合国のなかでも労働者国家であるソ連と巨大な労働組合を有するアメリカの二国の代表に、戦後の社会主義スポーツインター再建に関与してほしいという願いが込められている。ジョージ・エルヴィンはシトリーンの勧めにしたがって、アメリカ労働総同盟会長のグリーンと産業別組合会議会長のマーレイに手紙を書いた。以下の文面はシトリーンへの感謝を表したものである。「本団体へのアメリカの協力の問題に関する貴殿の手紙に大変感謝申し上げます。私はグリーン氏とマーレイ氏に手紙を書いています(60)」

ここで社会主義スポーツインター準備委員会関連の資料は途絶えている。

大戦中の亡命社会主義スポーツインターの活動は、英労スポーツ協会のリーダーシップのもとに、ロンドンに亡命していたヨーロッパの労働者スポーツ組織の指導的役員と共同して結成された社会主義スポーツインター準備委員会が担った。その活動の中心は、第二次世界大戦終結後に改めて社会主義スポーツインターを再建するための人的結合を維持することにあった。合計十六回の会議を開催して、社会主義スポーツインターの再建時および事後に必要になる報告やアピールを発表するほか、国際チェスマッチなどの競技会を開いて亡命者たちの親睦も図った。

社会主義スポーツインター準備委員会の結成とその後の活動は労働組合運動に支えられたものだった。準備委員会の結成と活動に助力したのは社会主義スポーツインターの上部組織、国際労働組合連盟書記長のスケヴネルスであり、準備委員会の活動資金のほとんどが国際労働組合連盟からの援助だった。また、ロンドンに亡命した労働者スポーツ組織の指導者たちのリストを提供したのは、イギリス労働組合の統括組織である労働組合会議（TUC）だった。さらには、社会主義スポーツインター準備委員会の結成自体がイギリスでの国際労働組合連盟の再組織化に連動してなされ、大戦後の社会主義スポーツインター再建準備のためには世界労働組合会議が利用され、一九四五年十月の社会主義スポーツインターーパリ会議は第二回世界労働組合会議に接続して開催された。

このように、大戦前には社会主義スポーツインターは国際労働組合連盟の下部組織としての性格を有するものであって、そのこと自体を疑問視することはなかった。いまだ、労働者スポーツ組織の社会主義政党や労働組合からの自立の組織原則は問題にはなっていなかった。しかし、社会主義スポーツインターの再建準備の過程で、準備委員会は戦後の状況を考慮してソ連とアメリカ合衆国の代表を参加させる努力をするなど、組織構成を変更する意向を示していた。国際労働組合連盟の戦後再建とも密接に関連した社会主義スポーツインターの戦後再建は、戦前とは違う戦略をもって進められることになる。

戦後世界の新しい情勢のもとで国際労働者スポーツ運動を組織化していく過程の究明は、次章でおこなう。

注

（1）Franz Nitsch, "Die Internationalen Arbeitersportbewegungen," in Krüger und Riordan (hrsg.), *a.a.O.*, S. 204.（フランツ・ニッチュ「国際労働者スポーツ運動」上野卓郎訳、前掲『論集国際労働者スポーツ』所収、二七三ページ）。上野は Provisional Committee を「臨時委員会」と訳しているが、筆者は組織再建のための「準備委員会」と訳出した。プラハ本部が解散するまでの社会主義スポーツインター史を扱った主な研究には以下のものがある。David Alexander Steinberg, *Sport under Red Flags: The Relations between the Red Sport International and the Socialist Workers' Sport International, 1920-1939*, University of Wisconsin-Madison, 1979、上野卓郎「一九三〇年代二つのスポーツインターナショナル関係史」Ⅰ・Ⅱ・Ⅲ、一橋大学研究年報編集委員会編「社会学研究」第三十七・三十九・四十号、一橋大学大学院社会学研究科、一九九九・二〇〇一・二〇〇二年

（2）A・J・P・テイラー『イギリス現代史――1914―1945』（都築忠七訳、みすず書房、一九八七年）九六―一〇八ページを参照。

（3）Eleventh Annual Report of the Association for the Year Ended 31st December 1940. [University of Warwick

Library, The Modern Records Centre: MSS.292/808.3/2b]

（4）Bulletin (Second Series) No.1 (August-October, 1941.) [MRC/MSS.292/808.3/2b]

（5）Twelfth Annual Report of the Association for the Year Ended 31st December 1941. [MRC/MSS.292/808.3/2b]

（6）Bulletin (Second Series) No.2 (November 1941-January, 1942.) [MRC/MSS.292/808.3/2b]

（7）ウォルター・スケヴネルス『国際労働運動の45年――国際労働組合連盟の歩み』小山泰蔵訳、論争社、一九六一年、二九三―二九四ページ

（8）同書二九七―二九八ページ

（9）同書二九九―三〇一ページ

（10）Bulletin (Second Series) No.3 (March-May, 1942.) [MRC/MSS.292/808.3/2b]

（11）Report of T. O'Brien, General Council Representative on the Executive Committee of the British Workers' Sports Association, n.d. [MRC/MSS.292/808.3/2b]

（12）Letter from George H. Elvin to W. Schevenels, 30th November, 1942. [International Institute of Social History: IFTU Archives 1919-1953/202] アムステルダムにある国際社会史研究所に所蔵されている「国際労働組合連盟文書」（一九一九―五三年）のなかに「社会主義労働者スポーツ・インターナショナルおよび加盟諸組織の通信」（分類番号二〇二―二〇五）が所収されている。本書で利用した国際労働組合連盟文書は、国際社会史研究所のウェブサイト（http://www.iisg.nl/index.php）［二〇一六年十一月二十一日アクセス］から情報を得て入手した複写資料である。国際社会史研究所が所蔵しているこの国際労働組合連盟文書のうち一九三〇年から四五年の諸資料は、当時国際労働組合連盟書記長だったウォルター・スケヴネルスが収集していたもの。国際労働組合連盟関係の膨大な記録文書は他にもあったようだが、国際労働組合連盟文書の「はしがき」によれば、パリ近郊の小村に隠されたそれら資料はゲシュタポが発見してパリ経由でベルリンに移送してしまい、第二次世界大戦末のベルリンへの空爆によってそれらの資料を保管していた建物が破壊され、残念ながら記録文書は灰になってしまった。ところで、国際社会史研究所所蔵の国際労働組合連盟関連の文書を、これまで国際労働者スポーツ運動史研究が利用してこなかったことはどのような理由によるのか、このことの解明も一つの研究課題である。なお、亡命社会主義スポーツインターのチェコスロヴァキ

ア関係者の人名表記については、チェコスロヴァキア・スポーツ史研究者の功刀俊雄氏にご教示いただいた。本章に限らず、各国の人名表記について誤りがあれば、ご指摘いただきたい。

(13) International Chess Match Sunday, December 13th. Circular from George H. Elvin to All Members of the British Workers' Sports Association, December 3rd, 1942. [IFTU Archives 1919-1953/202]

(14) Letter from R. Storch to George H. Elvin, 18th December, 1942. [IFTU Archives 1919-1953/202]

(15) Letter from W. Schevenels to George H. Elvin, 23rd December, 1942. [IFTU Archives 1919-1953/202]

(16) Letter from George H. Elvin to W. Schevenels, 8th January, 1943. [IFTU Archives 1919-1953/203]

(17) Letter from George H. Elvin to W. Schevenels, 7th March, 1943. [IFTU Archives 1919-1953/203]

(18) Letter from George H. Elvin to W. Schevenels, 15th March, 1943. [IFTU Archives 1919-1953/203]

(19) Letter from W. Schevenels to G. H. Elvin, 9th April, 1943. [IFTU Archives 1919-1953/203]

(20) Letter from Sh. Hanzlik to R. Storch, 4th March, 1943. [IFTU Archives 1919-1953/203]

(21) Brief von Shella Hanzlik an Walter Schevenels, 5 März 1943. [IFTU Archives 1919-1953/203]

(22) Letter from W. Schevenels to R. Storch, 1st June, 1943. [IFTU Archives 1919-1953/203]

(23) Letter from R. Storch to W. Schevenels, 27th July, 1943. [IFTU Archives 1919-1953/203]

(24) Letter from W. Schevenels to R. Storch, 28th July, 1943. [IFTU Archives 1919-1953/203]

(25) Letter from Herbert H. Elvin to Walter Schevenels, 17th July, 1943. [IFTU Archives 1919-1953/203]

(26) Ibid.

(27) Ibid.

(28) Ibid.

(29) Ibid.

(30) Draft of the Statement of the Provisional Committee of SASI, The Youth Movement: Appeal to the International Trade Union and Political Labour Movement. [IFTU Archives 1919-1953/203]

(31) Letter from W. Schevenels to Herbert H. Elvin, 20th July, 1943. [IFTU Archives 1919-1953/203]

(32) Letter from W. Schevenels to Herbert H. Elvin, 27th July, 1943. [IFTU Archives 1919-1953/203]

(33) Letter from W. Schevenels to George H. Elvin, 4th August, 1943. [IFTU Archives 1919-1953/203]

(34) Letter from Herbert H. Elvin to W. Schevenels, 6th October, 1943. [IFTU Archives 1919-1953/203]

(35) Letter from W. Schevenels to George H. Elvin, 18th October, 1943. [IFTU Archives 1919-1953/203]

(36) Letter from Herbert H. Elvin to Walter Schevenels, 23rd October, 1943. [IFTU Archives 1919-1953/203]

(37) Letter from W. Schevenels to Herbert H. Elvin, 26th October, 1943. [IFTU Archives 1919-1953/203]

(38) Letter from W. Schevenels to George H. Elvin, 27th October, 1943. [IFTU Archives 1919-1953/203] スケヴネルスからジョージ・エルヴィンに送られた声明文書は、一九四三年十月二十七日と日付を入れて送付された。Socialist Workers' Sports International Provisional Committee, The Youth Movement. Appeal to the International Trade Union and Political Labour Movements. Report by Comrades H. H. Elvin and W. Schevenels, 27th October 1943. [IFTU Archives 1919-1953/203]

(39) Letter from George H. Elvin to W. Schevenels, 20th November, 1943. [IFTU Archives 1919-1953/203]

(40) Socialist Workers' Sports International Provisional Committee, The Youth Movement. Appeal to the International Trade Union and Political Labour Movements. Report by Comrades H. H. Elvin and W. Schevenels, 27th October 1943. [IFTU Archives 1919-1953/203]

(41) Letter from George H. Elvin to W. Schevenels, March, 1944. [IFTU Archives 1919-1953/204]

(42) Letter from W. Schevenels to Berl Locker, 15th March, 1944. [IFTU Archives 1919-1953/204]

(43) Letter from George H. Elvin to Walter Citrine, 8th April 1944. [MRC/MSS.292/808.3/2b]

(44) A Letter from George H. Elvin and R. Storch to the Trades Union Congress General Council, 4th April 1944. [MRC/MSS.292/808.3/2b]

(45) Letter from Assistant Secretary of the Trades Union Congress General Council to George H. Elvin, 12th April 1944. [MRC/MSS.292/808.3/2b]

(46) Minutes of Meeting of the Finance and General Purposes Committee of the Trades Union Congress General

Council, 24th April 1944.［MRC/MSS.292/808.3/2b］

（47）Letter from Assistant Secretary of the Trades Union Congress General Council to T. O'Brien, 27th April 1944.［MRC/MSS.292/808.3/2b］

（48）Letter from Assistant Secretary of the Trades Union Congress General Council to G. H. Elvin, 27th April 1944.［MRC/MSS.292/808.3/2b］

（49）Letter from George H. Elvin to W. Schevenels, 20th October, 1944.［IFTU Archives 1919-1953/204］

（50）Letter from W. Schevenels to George H. Elvin, 27th October, 1944.［IFTU Archives 1919-1953/204］

（51）Letter from George H. Elvin to W. Schevenels, 28th December, 1944.［IFTU Archives 1919-1953/204］

（52）Letter from W. Schevenels to George H. Elvin, 2nd January, 1945.［IFTU Archives 1919-1953/205］

（53）Bulletin（Second Series）No.9.（January - March 1945.）Fifteenth Annual Report for the Year Ended 31st December 1944.［MRC/MSS.292/808.3/2b］

（54）前掲『国際労働運動の45年』三四〇―三五五ページ、法政大学大原社会問題研究所編『太平洋戦争下の労働運動――日本労働年鑑・特集版』労働旬報社、一九六五年、二五六―二六七ページ

（55）Socialist workers' Sports International Provisional Committee. Report to Conference: Paris, October 10th, 1945.［People's History Museum/372.7］

（56）Ibid.

（57）Ibid.

（58）Letter from General Secretary of the Trades Union Congress General Council to George H. Elvin, 6th November, 1945.［MRC/MSS.292/807.12/5］

（59）Letter from George H. Elvin to Walter Citrine, 4th December, 1945.［MRC/MSS.292/807.12/5］

（60）Letter from George H. Elvin to Walter Citrine, 14th December, 1945.［MRC/MSS.292/807.12/5］

第6章

イギリス労働者スポーツ協会の戦後再建、運動の前進から不本意な解散へ

はじめに

大陸でファシズムが猛威を振るうなか、イギリス労働者スポーツ協会（英労スポーツ協会）の全国執行委員会は、難を逃れてイギリスにきた社会主義労働者スポーツ・インターナショナル（社会主義スポーツインター）の役員たちの要請に応えて、労働運動の世界で巨大な力を発揮していたイギリスの労働組合会議（ＴＵＣ）の組織力に支えられながら、大戦後の国際労働者スポーツ運動の再建に向けて活動を続けていた。第二次世界大戦後の一九四五年十月十日、英労スポーツ協会全国執行委員も加わった社会主義スポーツインター準備委員会は、国際労働組合連盟の第二回世界労働組合会議に接続させてパリ会議を開催し、これまでの活動を総括するとともに、今後の社会主義スポーツインター再建計画について具体的な議論をおこなった。また、翌四六年の社会主義スポーツインター再建総会に向けて準備を進めていった。戦中のイギリスのスポーツ運動は極めて小規模のものだったが、大戦後に向けて大志を抱いていたのである。

本章では、英労スポーツ協会が大戦後の運動の再開に向けてどのような再建計画を準備していたのか、そして

残念ながら組織を維持できなくなり解散へと追い込まれていく一九五七年までにどのような運動を展開したのかを、①組織建設と財政、②国内活動と国際活動から見ていく。国際活動では社会主義スポーツインターの戦後再建と「社会主義スポーツ・文化組織憲章」草案作成の観点から検討し、最終的に、国内外で活発な運動を展開していた英労スポーツ協会がどうして解散に追い込まれたのかを明らかにする。同時に、英労スポーツ協会の戦後史をたどるなかで、イギリスの労働者スポーツ運動が労働者階級のスポーツ要求の実現に向けて、労働組合運動から自立した理論と実践をどこまで展開できたのかを検討する。

1　イギリス労働者スポーツ協会の戦後再建計画

ヒトラーの後継指導者になったカール・デーニッツ海軍元帥が樹立したフレンスブルク政府の命によって一九四五年五月七日にドイツ国防軍が連合国に無条件降伏し、ドイツの敗北で第二次世界大戦は終結するが、その二カ月前に発行された英労スポーツ協会の『年次報告書』には「大戦後の準備」が記されている。それは以下の内容だった。

> イギリス労働者スポーツ協会にとって今年は準備の年でなければならない——すべての者が期待している大戦後のスポーツ復活の準備をすること。労働者スポーツマンは、帰郷する兵士スポーツマンのために準備すべきである。イギリス労働者スポーツ協会執行委員会は、あなた方がまもなく耳にするだろう再建計画を考えている。我々の諸部門はその計画をまもなく準備するだろう。我々の地区部門も彼らの計画を準備しなければならない。我々の現在のすべての部門、すなわち陸上競技、ボウルズ、チェス、サイクリング、ダーツ、フットボール、ローンテニス、卓球および水泳を包摂するために、委員会を設置して拡大するべきであ

る――全国でも地域でも。可能なところで新しい部門を創設するべきである。青年部門を創設して、分離せずにむしろ全般的運動に統合するべきである。[1]

文中に示された英労スポーツ協会執行委員会が準備する再建計画は、同年五月十二日の年次総会に提案されて議論された。[2]以下では、この再建計画の検討を通して、第一に、英労スポーツ協会が戦後再建するにあたってどのような現状認識をしていたのか、第二に、今後の運動にどのような展望をもっていたのか、第三に、具体的にどのような活動を企画したのかを明らかにしたい。

英労スポーツ協会が戦後再建にあたって示した現状認識は、一言で言えば、これまでの活動が消極的だったということである。「イギリス労働者スポーツ協会会員は労働階級組織のかなり広い範囲に及ぶべきであるのに、全国的な労働組合と労働党組織からイギリス労働者スポーツ協会に加盟している会員が、それほど積極的な反応を示していない。大戦前には国際的および国内的活動への支援がかなり満足のいくように展開していた一方で、地区や地域の活動の幅の狭さは最も期待はずれのものだった。(略)世界中で最高にスポーツを愛すると思われている人民の国のスポーツマンの大多数は労働者階級の一員である一方で、ほとんどの他国よりも数的に小規模な労働者スポーツ運動を有していたとは悲しむべきことである」[3]と評された。

このような現状を改善するために、今後の運動の展望として以下の点が強調された。第一に、雇用者が提供するスポーツやレクリエーションの施設であっても、その会社の大多数の従業員は労働組合員であり、彼らが利用できるような施設は他の英労スポーツ協会会員にも利用できるように取り計らっていくこと、第二に、英労スポーツ協会の活動に個人的に関心をもつように労働運動のなかで労働者を促すこと、第三に、国際的および全国的活動ばかりでなく、「我々の発展の隅石は地方における日々の活動でなければならない」[4]と認識することだった。

以上の諸点を受けて具体的に提示された活動は以下の四つの領域に整理されている。

第一は、「スポーツ活動」を活発にすることである。そのために以下の三点が重視された。①地区および地域：少なくとも一つのスポーツ活動（大きな居住地では一つのリーグ、小さな居住地では一つのクラブ）を組織する努力をすること、②全国：毎年の全国スポーツ選手権イベントを、大戦前と同様の方針に従って開催すべきこと、③国際：チームを外国に派遣し、またわが国に外国チームを招待するための国際基金を増額する運動を進め、英労スポーツ協会は次の労働者オリンピアードがわが国で開催できるよう出願すべきこと。

第二は、多数の個人会員を獲得することである。個人会員は二種類あって会費も異なる。一方に労働組合その他の組織に加盟する会員（少額の会費）がいて、他方に個人加盟の会員（高額の会費）がいる。そうした会員を獲得するために以下の点が考慮された。①できるかぎり早く季刊もしくは月刊の印刷雑誌を発行し、会員が定期的に受け取れるようにすること、②全国クラリオンＣＣと類似した保険計画を導入するか、スポーツ損傷に苦しむ会員の特別な治療のためにマナーハウス病院と提携する努力をすること、③個人会員が英労スポーツ協会スポーツチームに同行する外国旅行のために、労働者旅行協会と連係した特別休日貯蓄計画への入会金を補助すること、④スポーツ用品供給者の一覧を作成し、それを通じて個人会員が引き下げられた値段で用品を購入できるようにすること、⑤全国ないし地区のスポーツ選手権への登録料金を補助すること。

第三は、英労スポーツ協会の組織拡大のための加盟組織への要求である。①労働組合会議（ＴＵＣ）には、英労スポーツ協会への加盟のための運動もしくは労働組合が供出する相当額の年次補助金を得るための運動を後援するよう求めることができること、加えて、労働組合自身が組合員のために組織するスポーツ活動に賛同し、また、より大きな組合の場合にはグラウンド、会館およびすべて必要な施設を提供すべきこと、②労働党には、英労スポーツ協会への加盟のための運動もしくは年次補助金のための運動を後援するよう求めることができること、③生活協同組合との緊密な関係を構築し、またとりわけ、生活協同組合従業員スポーツ協会への加盟を求める努力をすること。

第四は、英労スポーツ協会の運営機構を確立することである。つまり、英労スポーツ協会は常に組織要員の欠如によって不利益を被ってきたために、できるかぎり早い機会に小さな事務所を用意して有給の書記―組織者および事務援助者を雇うべきであること。
以上が、戦後の再出発にあたって英労スポーツ協会が構想した再建計画だった。これらの諸点が英労スポーツ協会の戦後の歩みのなかでどれだけ達成されたのかを次節以降で見ていく。

2　イギリス労働者スポーツ協会の組織建設と財政の推移

組織機構の整備と拡大

本節では、英労スポーツ協会全国執行委員会の『年次報告書』を参照して、『年次報告書』が出された一九四五年度から五五年度までの年次ごとの推移を見ていく。まずは、どのように組織機構が整備され広げられていったのかを検討する。

大戦後の出発点である一九四五年度の全国執行委員会の構成は以下のとおりだった。議長にハーバート・H・エルヴィン、副議長にジョージ・ディーコン、会計役にジョージ・エルヴィン、書記長にA・E・リチャーズが選出された。全国執行委員会の委員は、A・E・カスデン（レディング）、A・E・リード（ロンドン）、W・ティドマーシュ（ロンドン）、T・オブライエン（TUC）、エディス・サマースキル医師（労働党議員）、J・T・ジェンキンス（ブリストル）、S・モットラン（レスター）、J・E・T・モリソン（ロンドン）、R・T・アクステル（ワトフォード）、W・ジェンナー（ロンドン）、C・J・モリス（ロンドン）、T・モリス市会議員（ロンドン）、W・カヴァナフ（ロンドン）、G・H・ネルソン（ロンドン）、E・T・ウィリアムズ（バーミンガム）、S・D・ルイス（カーディフ）。

全国執行委員会は、「できるだけ短期間に定期の印刷された広報を発行する手はずを整えること」、ならびに「ロンドン地区に小さな事務所を開設[5]」し、常勤の役員を置くことを確認した。

全国執行委員会による活動を補助するために、多目的委員会（General Purposes Committee）が設置され、活動を開始した。多目的委員会は、全国執行委員会の役員とロンドン地区役員によって構成され、全国執行委員会の会議と会議の間に開催された。それは英労スポーツ協会に関係するあらゆる問題について全国執行委員会への勧告と提案をおこなう権限を有するものだった。

大戦前に存在した地区委員会（大戦前はグループと呼称していた）は、ブリストル（イギリス西部の港湾都市）、バーミンガム（ウエスト・ミッドランズに属する工業都市）、カーディフ（ウェールズの最大都市）、レディング（ロンドンの西六十キロに位置する都市）、ロンドンだったが、レディング地区委員会だけは一九四五年度に復活できなかった。

一九四五年十二月一日に英労スポーツ協会全国執行委員会はロンドンのコンウェイ・ホールに臨時全国総会を招集した。この臨時全国総会の模様を『年次報告書』は以下のように伝えている。

> 労働組合、生活協同組合、地方の労働党および加入するスポーツクラブを代表して、百七十五人の代議員が出席した。代議員はイングランド、スコットランドおよびウェールズから参集した。総会の議事は三つの部門に分けられた。つまり、イギリス労働者スポーツ協会のスポーツ活動（議長のハーバート・エルヴィン氏が司会を務める）、財政（副議長のジョージ・ディーコン氏が司会を務める）、国際活動（国際労働者スポーツ協会〔社会主義スポーツインターのこと：引用者注〕の臨時書記ジョージ・エルヴィン氏が司会を務める）。その他の発言者には国会議員のJ・プラットミルズ氏とパーシー・ホルマン氏を含む。議長は首相のクレメント・アトリー氏からの盛会を祈るメッセージを読み上げた。討議が続き、多くの有益な発言が多数の代議員によってなされ、より広い運動の内部に活発なスポーツ組織への急を要する要求があること、そして労働組合、労働党および生活協同組合がたくましく力強い労働者スポーツ組織を創造するうえで、その十分な支援を誓約すべきこと、という提案への合意が得られた。[6]

この臨時全国総会で、英労スポーツ協会の戦後再建の道筋が確認されたのである。

一九四六年度に会計役がレイ・ディーコンに交代した。四六年十二月一日に常勤の書記長が任命され、仕事を開始した。この職にはW・F・バトラーが就くことになった。さらに、同年度に定期の広報を発行することになった。カーディフ地区委員会によって四五年に開催された工場間ボクシング・トーナメントは、ウェールズ・アマチュア・ボクシング協会が許可しなかったために、四六年には開催できなかった。また、レディング地区委員会が同年に復活した。(7)

一九四七年度は『年次報告書』が欠落しているために詳細は不明である。

一九四八年度の役員体制として副会長制度が導入された。三人の副会長にハーバート・エルヴィン、ジョージ・ディーコン、A・E・カスデン、議長にA・J・タウンゼント、副議長にA・E・リチャーズ、会計役にレイ・ディーコン、書記長にW・F・バトラーが選出された。

この年の六月二十一日に、「ハーバート・エルヴィン（副会長）、A・J・タウンゼント（議長）、ジョージ・エルヴィン（映画撮影技師組合〔ACT〕）、L・カノン（電機労働組合〔ETU〕）およびW・F・バトラー（書記長）の各氏からなる協会からの代表団がTUCによって受け入れられた。議論の主題は協会の将来、またTUCはどのようにしてその問題で最良の支援ができるのか、についてであった。覚書を作成し、結果として最新の日付で協会を考慮し熟知することを約束した、その覚書がTUCに提出された(8)」。

一九四九年度は『年次報告書』が欠落しているために詳細は不明である。

一九五〇年度の役員体制に関しては、副会長の一人がハーバート・エルヴィンからJ・P・W・マラリューに交代し、議長にA・E・リチャーズ、副議長にA・J・タウンゼント、会計役にA・R・ノースコットが選出された。五〇年三月に広報活動小委員会を設置し、英労スポーツ協会が成人を迎えるにあたって『スポーツの二十一年』と題するブックレットを発行した。(9)

一九五一年度の役員に関しては、副会長の一人マラリューが職を退いた[10]。

一九五二年度の組織機構に変更はなかった。

一九五三年度の役員体制に関しては、会計役の役職がなくなり会計代理としてR・ディーコンが選出された。また、五三年四月にバトラーが書記長職を辞し、当面は書記代理としてS・ディーコンが書記の仕事をすることになった[11]。

一九五四年度の役員体制には変更があった。副会長が再び三人になり、ジョージ・ディーコンの他にR・F・ビショップ、ジョージ・エルヴィンがその職に就いた。議長と副議長は引き続きA・E・リチャーズとA・J・タウンゼントであり、会計役には新しくアルバート・スカットが選出され、書記長には九月十八日の候補者面接を経てデイブ・カーチスが任命された[12]。

一九五五年度の役員体制は変更なし。全国執行委員会は、活動の拡大に伴って常勤の事務助手の雇用を検討するに至った。全国執行委員会の構成は以下のとおりだった。R・F・ビショップ（副会長）、ジョージ・ディーコン（副会長）、ジョージ・エルヴィン（副会長）、A・E・リチャーズ（議長）、A・J・タウンゼント（副議長）、A・スカット（会計役）、デイブ・カーチス（書記長）、A・キャンベル（ロンドン首都地区委員会）、S・パーフィット（同委員会）、S・ハイアム（同委員会）、J・ルーク（同委員会）、R・T・アクステル（同委員会）、G・モイネット（同委員会）、R・ディーコン（同委員会）、L・ピアス夫人（同委員会）、R・ウィリアムズ（同委員会）、W・C・バクスター（合同機械工組合〔AEU〕）、A・E・カーチス（機械工・造船工・製図工組合〔AESD〕）、G・デイヴィソン（全国一般・自治体労働者組合〔NUGMW〕）、S・W・G・フォード（全国坑夫組合〔NUM〕）、G・S・ファーザーズ（郵便局員組合〔UPW〕）、J・N・フレイザー（鉄道員組合〔RTU〕）、C・N・グリーンフィールド（消防隊員組合〔FBU〕）、ゴフ（全国船員組合〔NUS〕）、G・B・ハンター（小売店・配達関連労働者組合〔USDAW〕）、J・ハーリー（全国熟練印刷工・助手組合〔NATSOPA〕）、E・J・ヒル（合同ボイラー製造工・鉄・鉄鋼製造工組合〔UBISSS〕）、F・リース（事務員・管理職員組合〔CAWU〕）、J・レナード

（合同建設労働者組合〔AUBTW〕）、E・ニュートン（全国仕立工・衣服労働者組合〔NTGWU〕）、J・スタンリー（建築技師組合〔CEU〕）、E・S・テイラー（合同木工職人組合〔ASW〕）、E・G・ホワイト（全国車製造工組合〔NUVB〕）、H・ホィーラー（クラリオンCC）、ジョン・クラーク（労働党）、T・オブライエン議員（TUC）。

一九五六年早々に、ロンドン地区委員会に替えてロンドン首都地区委員会を設立することになった。「この委員会は大ロンドン区域におけるスポーツ、戸外その他のレクリエーション活動を組織し助言することに責任を有する。（略）委員会は労働党、労働組合、生活協同組合および種々の組織の代表者であり、見通しの明るい未来をもっている。この委員会が国中に設立される多くの委員会の最初のものとなることが期待される」。また、全国陸上競技委員会が設置され、「国内外の陸上競技に影響を及ぼす問題に関して全国執行委員会に助言を与え(13)」ることが期待された。

加盟組織の推移

次に、加盟組織の推移について検討する。英労スポーツ協会は個人加盟ではなく組織加盟の全国組織であり、個人会員は名誉会員の扱いである。

一九四五年度の加盟組織は、五十六のスポーツクラブその他の組織、全国クラリオンCCと七つの全国労働組合で、個人会員は五十二人だった。「昨年以降に二十九組織増えた」。七つの全国労働組合は、全国熟練印刷工・助手組合、郵便局員組合、保健事業従業員組合、映画撮影技師組合、鉄道員組合、運輸・一般労働者組合および全国坑夫組合の南部ウェールズ地区協議会だった。英労スポーツ協会はアマチュア陸上競技協会（アマチュア陸協）、イングランド卓球協会、全国サイクリスト連合、フットボール協会、女子アマチュア陸上競技協会、南部カウンティーズ・アマチュア水泳協会および社会主義スポーツインターに加盟している。

一九四六年一月一日から導入される年間加盟費制度では、会員二万人未満では千人ごとに一ポンド、会員五万

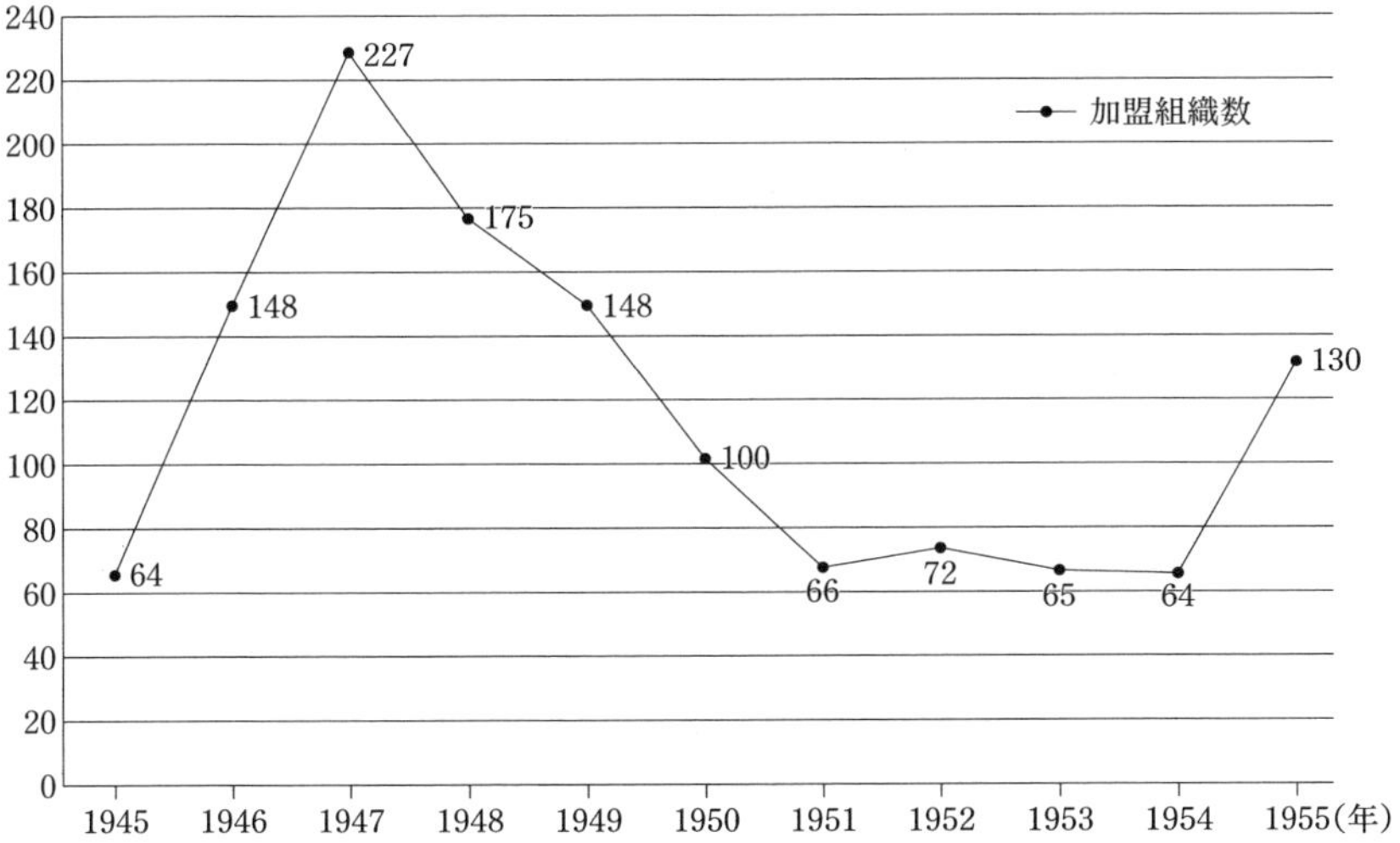

図14　イギリス労働者スポーツ協会の加盟組織数の推移
（出典：1945年度から55年度の Executive Committee's Annual Report をもとに筆者が作成）

人未満では二十ポンドに加えて、二万人を超えると千人ごとに十シリング、会員十万人未満では三十五ポンドに加えて、五万人を超えると千人ごとに五シリング、会員三十万人未満では四十七ポンド十シリングに加えて、十万人を超えると十万人ごとに十ポンド、会員九十万人未満では六十七ポンド十シリングに加えて、三十万人を超えると十万人ごとに五ポンド、九十万人以上では百ポンドとされた[14]。

一九四六年度の加盟組織は、百三十七のスポーツクラブその他の組織、全国クラリオンCCと十の全国労働組合（前年度加盟組織に加えて、消防隊員組合〔南部地区〕、全国劇場・映画館従業者組合）で、個人会員は二百十三人だった。加盟組織は「昨年度よりも八十二の増加」であった。英労スポーツ協会は前年度のものに加えて、四六年の終わりからローンテニス協会に加盟している[15]。

一九四七年度の『年次報告書』は欠落している。

一九四八年度の加盟組織は、百五十九のスポーツクラブその他の組織、全国クラリオンCCと十五の全国労働組合（一昨年度加盟組織から消防隊員組合〔南部地区〕が抜けて、合同機械工組合、電気労働組合、機械工・造船工・製図工組合、建築技師組合、全国仕立工・服飾労働者組合、全国印刷工・製本工・紙製造工組合、小売店・配達関連労働者組合が加わった）で、個人会員は二百十七人だった。映画撮影技師組合は映画撮影関連技師組合と改称した。加盟組織は「昨年度よりも五十二の減少」だった。英労スポーツ協会は社会主義スポーツインターに加えて、アマチュア陸協、ロード・ウォーキング協会、ロンドン・フットボール協会、ローンテニス協会、イングランド卓球協会、全国サイクリスト連合、ロード・タイムトライアル協議会、南部カウンティ・クロスカントリー協会に加盟している。(16)

一九四九年度の『年次報告書』は欠落している。

一九五〇年度の加盟組織は、八十二のスポーツクラブその他の組織、全国クラリオンCCと十七の全国労働組合（一昨年度加盟組織から鉄道員組合が抜けて、新聞校正工組合、全国一般・自治体労働者組合、合同ボイラー製造工・製鉄・造船工組合が加わった）で、加えて個人会員が六十人と終身会員が二十人だった。加盟組織の総数は「昨年度よりも四十八の減少」だった。スポーツ統括団体への英労スポーツ協会の加盟については、社会主義スポーツインターから脱退したが、国内のものは昨年と同じだった。(17)

一九五一年度の加盟組織は、五十のスポーツクラブその他の組織、全国クラリオンCCと十五の全国労働組合（前年度加盟組織から保健事業従業員組合と全国印刷工・製本工・紙製造工組合が抜けた）で、個人会員が四十二人と終身会員が二十五人だった。スポーツ統括団体への英労スポーツ協会の加盟は昨年と同じである。(18)

一九五二年度の加盟組織は、五十七のスポーツクラブその他の組織、全国クラリオンCCと十四の全国労働組合（前年度加盟組織から新聞校正工組合が抜けた）で、個人会員が五十六人と終身会員が二十五人だった。スポーツ統括団体への英労スポーツ協会の加盟は昨年と同じだった。(19)

一九五三年度の加盟組織は、五十のスポーツクラブその他の組織、全国クラリオンCCと十四の全国労働組合で、個人会員が七十四人と終身会員が二十五人だった。スポーツ統括団体への英労スポーツ協会の加盟は昨年と同じである。(20)

一九五四年度の加盟組織は、四十六のスポーツクラブその他の組織、全国クラリオンCCと十七の全国労働組合（前年度加盟組織に合同木工職人組合、消防隊員組合、全国船員組合が加わった）。個人会員の記載はない。英労スポーツ協会はアマチュア陸協、競歩協会、ロンドン・フットボール協会、ローンテニス協会、イングランド卓球協会、南部カウンティ・クロスカントリー協会、ロード・タイムトライアル協議会、ビリアード協会・管理協議会に加盟している。[21]

一九五五年度の加盟組織は、百三のスポーツクラブその他の組織、全国クラリオンCCと二十六の全国労働組合（前年度加盟組織に合同建設労働者組合、アソシエーション・フットボール・プレイヤーズ・ユニオン、郵便局管理職員組合、事務員・管理職員組合、モノタイプキャスター・タイプファウンダー組合、全国自動車製造工組合、ノッティンガム・地区靴下仕上工組合、サドルワース・地区織工・毛織物労働者組合、タバコ労働者組合が加わった）だった。個人会員の記載はなし。英労スポーツ協会はアマチュア陸協、アマチュア水泳協会、ビリアード協会・管理協議会、身体レクリエーション中央評議会、イングランド卓球協会、ローンテニス協会、ロンドン・フットボール協会、競歩協会、ロード・タイムトライアル協議会、南部カウンティ・クロスカントリー協会に加盟している。英労スポーツ協会はこの年度に改めて国際労働者スポーツ委員会に加盟した。[22]

以上に記した数値を図15にまとめた。わかることは、英労スポーツ協会の加盟組織数は一九四七年度に二百二十七まで増えてピークに達した後は減少し続け、五四年度には十一年前の数値に戻るが、五五年度だけ急に百三十まで上昇したことである。五五年度に急増したことについてはのちに検討する。しかも、前記のスポーツクラブその他の組織というのは、五四年度の『年次報告書』を見ると、十のスポーツクラブはすべてが職場のスポーツクラブであり、それ以外は一つの文化組織、七つの労働組合支部、二十八の地区労働党もしくは選挙区労働党であった。[23]英労スポーツ協会が労働組合会議（ＴＵＣ）と労働党に頼って組織を拡大してきたことが理解できる。

財政の推移

第三に、財政の推移を検討する。

一九四五年度の収支報告の概要は以下のとおりである。収入総額は百三十二ポンド十六シリング四ペンス（うち、会費は七十九ポンド二シリング一ペンス）、支出総額は百七十一ポンド十九シリング二ペンス、収支差額は三十九ポンド二シリング八ペンスの赤字だった。四五年度の『年次報告書』では、「今年の最初の十一カ月間は、財政は伝統的なやり方で、つまり限られた一般収入で限られた支出をまさに均衡させようとするやり方で続いている。しかし、パリ会議のような臨時支出は今年の実質的な損失となった[24]」と記されているように、戦時中と同様の均衡財政を維持しているが、社会主義スポーツインター再建のためのパリ会議に代表を派遣する費用（二十三ポンド十シリング二ペンス）と臨時代表者会議費用（十七ポンド）が予定外の出費になったということである。そのため、英労スポーツ協会の訴えに応じて労働組合などから六十ポンドの寄付があった[25]。

一九四六年度は、収入総額が四百四十ポンド十二シリング十六ペンス（うち、会費が三百三十ポンド十二シリング一ペンス）、支出総額が四百七十四ポンド四シリング一ペンスで、収支差額が三十三ポンド十一シリング五ペンスの赤字だった。四六年度財政の特徴を以下のように説明している。

> 加盟団体と個人会員からの収入は一九四五年合計の三倍以上になった。（略）収支は三十三ポンドの赤字だった。この主な理由は協会の増加した活動にあった。運営経費は一九四五年の六十七ポンドから今年の百四十七ポンドへと増加した。印刷と文具だけで三ポンドから三十二ポンドへと跳ね上がった[26]。

一九四七年度は、この年度の『年次報告書』が欠落しているので詳細は不明だが、収入総額が六百二十八ポンド（うち、会費が四百九十ポンド）、支出総額が八百三十四ポンドであり、収支差額が二百六ポンドの赤字だった[27]。

一九四八年度は、収入総額が九百六十七ポンド十二シリング（うち、会費が六百九十ポンド六シリング九ペンス）、支出総額が九百六十一ポンド十六シリング十四ペンス、収支差額が五ポンド十五シリング六ペンスの黒字だった。四八年度財政の黒字への転化については以下のように説明している。

今年度の会費収入は千ポンドという目標額には約二百五十ポンド届かず、全支出は約百三十ポンド増えた。しかし、我々は少額の収支差額の黒字で会計年度を終えるよう運営できた。これは主として、ＴＵＣとＡＥＵ（合同機械工組合）による二百ポンドと五十ポンドの気前のいい寄付金のおかげだと感謝を申し上げる。[28]

つまり、黒字の要因は労働組合からの補助金だった。

もう一つ注意すべき問題がある。それは、「百六ポンドの陸上競技部門の赤字に関して一言述べるべきである。危険はおそらくなかっただろうが、荒れ模様の天候がブライトン陸上競技選手権での乏しい「入場者数」の原因になったのである」[29]としていることである。予算案を立てるときに入場料収入を当てにしていて、入場者数が予想に満たないときの措置が講じられていなかったのである。予算の見通しに甘さがあった。

一九四九年度は収入総額が八百九十三ポンド（うち、会費が七百二十四ポンド）、支出総額が七百九十七ポンドで、収支差額が九十六ポンドの黒字だった。[30]

一九五〇年度は収入総額が八百六十ポンド九シリング十一ペンス（うち、会費が七百四十三ポンド六シリング十九ペンス）、支出総額が七百六十五ポンド十七シリング一ペンスで、収支差額が九十四ポンド十二シリング十ペンスの黒字だった。五〇年度財政の特徴を以下のように説明している。

財政報告に見られるように、協会の状況は昨年とまったく同様だった。（略）再び合同機械工組合に対して、ハーネ・ヒルで陸上競技・サイクリング大会を開催するにあたり、我々の援助の返礼に百ポンドの気前のいい寄付をしてくれたことに感謝する。この援助なしには、我々の活動が資金不足のためにさらに切り詰められなければならなかったこと、そして小さなイベントを開催する追加料金でさえ検討しなければならないことが見て取れるだろう。[31]

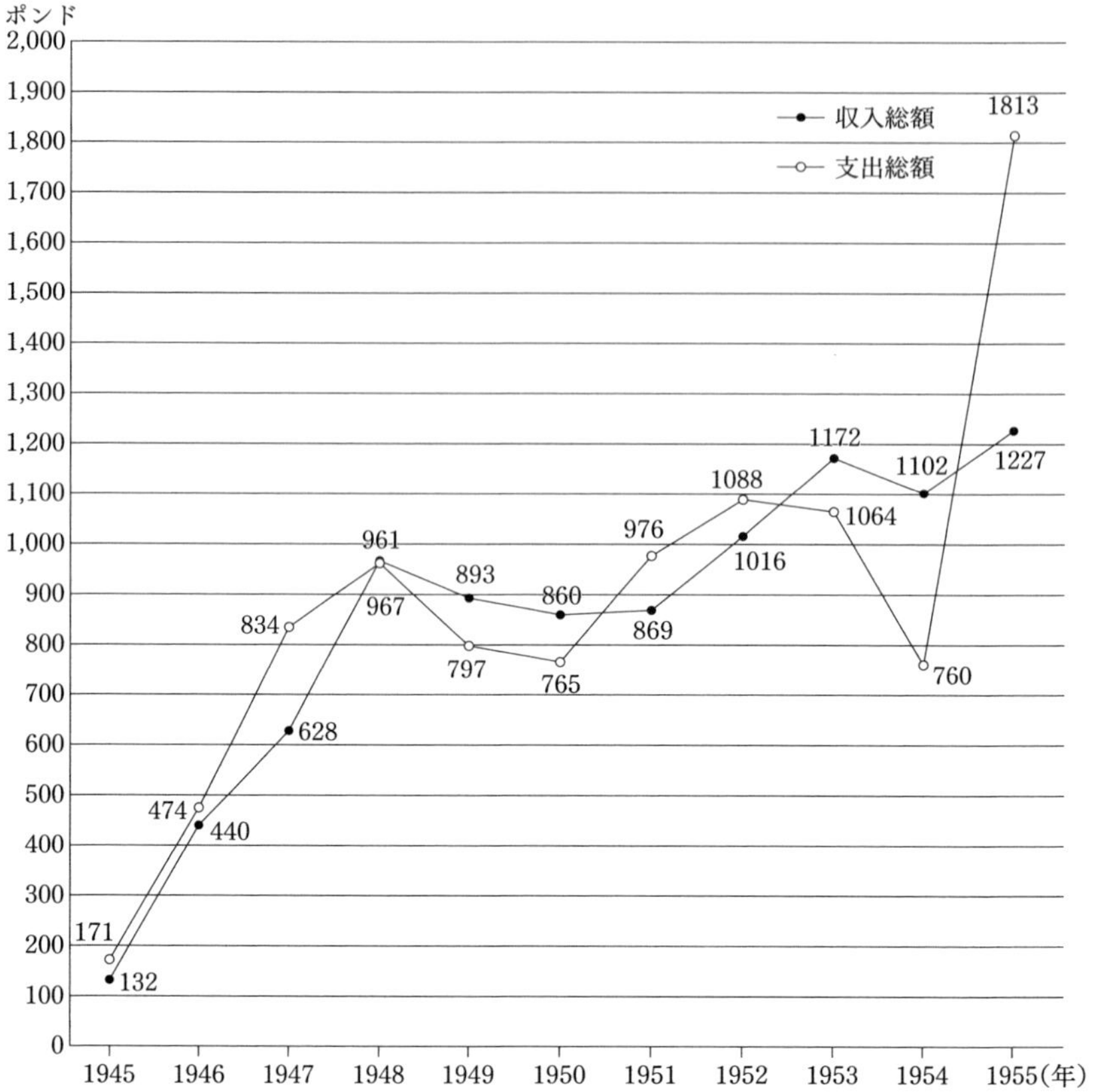

図15　イギリス労働者スポーツ協会の財政の推移
（出典：1945年度から55年度の Executive Committee's Annual Report をもとに筆者が作成）

この年度収支もまた組合からの寄付金によって黒字になったのだが、予算案作成の段階でこうした補助金を前提にしていることは、組織の依存体質を強めることになる。

一九五一年度は収入総額が八百六十九ポンド十九シリング一二ペンス（うち、会費が七百四十七ポンド九シリング九ペンス）、支出総額が九百七十六ポンド七シリング一ペンスで、収支差額が百六ポンド七シリング九ペンスの赤字だった。今年度『年次報告書』には収支報告があるが財政報告がないので赤字の原因について詳細はわからないが、陸上競技の活動報告のところに「不幸にも、全国陸上競技・サイクリング選手権がブラックプールで開催されるにはまったく悪天候だった(32)」とあることと、様々な種目活動経費がかさんでいる状況から次のように説明できるだろう。つまり、財政赤字の原因は、収入に見合わない種目活動経費の増大と悪天候による陸上競技やサイクリング・イベントの支出超過にあったことである。

一九五二年度は収入総額が千十六ポンド十五シリング一ペンス（うち、会費が八百七十五ポンド六シリング六ペンス）、支出総額が千八十八ポンド十三シリング一ペンスで、収支差額が七十一ポンド十八シリングの赤字だった。この年度も財政報告はないが、陸上競技の活動報告に、五二年八月十六日にサリーのウォルトン・オン・テムズで開催された全国陸上競技選手権について「悪天候にもかかわらず多くのすばらしい成果があった(33)」とある。これまでと変わらない入場料収入を当て込んだ財政計画が続いているようである。

一九五三年度は収入総額が千百七十二ポンド十八シリング五ペンス（うち、会費が八百九十九ポンド九シリング六ペンス）、支出総額が千六十四ポンド十七シリング十七ペンスで、収支差額が百八ポンド八ペンスの黒字だった。この年度の財政報告に「全国加盟の組合が速やかに会費を完納してくれた。我々が厳しい資金上の困難に直面しなかったのはこのためである。労働組合会議と労働党が我々のホワイト・シティ陸上競技選手権を保証してくれたことにも感謝しなければならない(34)」とあるように、昨年度よりも二十ポンド以上多い会費収入があったことと陸上競技部門への二百ポンドの寄付があったことが、財政黒字の理由だった。

一九五四年度は収入総額が千百二ポンド九シリング（うち、会費が千三十六ポンド五シリング六ペンス）、支出総額が七百六十ポンド六シリング九ペンスで、収支差額が三百四十二ポンド二シリング十一ペンスの黒字だった。五四年度にこれほどまでの黒字に転化した理由は、全国陸上競技選手権を開催せず、広報活動もおこなわなかったことにあるようだ。したがって、この年度はTUCなどからの寄付金もなかった。[35]

一九五五年度は収入総額が千二百二十七ポンド二シリング三ペンス（うち、会費が千百七ポンド六シリング六ペンス）、支出総額が千八百十三ポンド八シリングで、収支差額が五百八十六ポンド五シリング九ペンスの赤字だった。今年度の巨額の赤字の原因は、会費収入が昨年度に比べて七十一ポンド増加する一方で、陸上競技部門を筆頭にフットボール、テニスなどの活動経費が増加したのに、TUCなどからの寄付金がなかったこと、さらに国際基金を増やして活動の自主財源にしようとした企画が失敗したこと、すなわち「「メーデーをたたえる」コンサートが、協会の国際活動のための募金を目的としてアデルフィー劇場で組織された。メーデーの夕方に、労働階級運動のために必要とされる多くの楽しみを我々が提供した点ではコンサートは成功だったが、財政的には失敗だった。これは複合した二つの要因──我々の広報活動に厳しい影響を及ぼした長引いた全国紙のストライキ、そして記録に残るひどい雨降りのメーデー日曜日──が原因だった」[36] ことにある。

では、どうしてTUCなどの寄付金がないのに英労スポーツ協会は活動経費を増大させたのか。これは英労スポーツ協会全国執行委員会が自主財源を増額確保する方針に転換したからである。今年度の『年次報告書』には次のような説明がある。

我々は、もし協会が存続できるのであれば、以下の条件が次の二年間を超えて不可欠である、と信じている。我々は、以下のことが可能になる程度にまで、収入を増やさなければならない。

地方を基盤として、運動のなかのあまり熟達していない会員のためにスポーツ・文化・レクリエーション活動について助言し、紹介する目的で、国中のより多くの地区委員会を発展させること

競技を志向する会員のために、より広範囲にわたって全国選手権を発展させること[37]

英労スポーツ協会の財政的自立にとって重要な決断だった。しかし、それに見合った収入の増加、特に会費収入の増加がかなわなかったのである。逆にいえば、そうした収入増加の見通しが立たないままに、活動経費を増大させたということだった。前項で疑問としておいた一九五五年度の加盟組織の急増は、こうした英労スポーツ協会の財政的自立に向けての運動の一定の成果だったのだが、自立にはほど遠かったといえるだろう。

3　イギリス労働者スポーツ協会の活動の発展

イギリス労働者スポーツ協会の国内活動

以上のような組織機構と財政の推移のもとで、英労スポーツ協会はイギリス国内でどのような活動を展開したのだろうか。その点を本項では見ていく。

一九四五年度は、様々なスポーツ・イベントが開催された。陸上競技部門では、全国戦時五マイル・クロスカントリー選手権が三月十七日にロンドンで開催された。定期十マイル全国戦時ロード・ウォーキング選手権がロンドンで三月三十一日におこなわれ、サイクリング部門では、全国二十五マイル・タイムトライアル選手権が南ウェールズ・クラリオン・サイクリング・陸上競技クラブと合同して南ウェールズで開催された。ボウルズ部門はこの年迅速に変身を遂げ、全国選手権に加えてパリ競技会に参加し、ブライトン労働者ボウルズクラブとの友好試合もおこなった。またローンテニス、チェス、ダーツの各部門は諸事情によってイベントは開催されなかった。四六年度には、フットボール、卓球、水泳の各部門の復活も見込まれている。

ブリストルでは、「公休日に開催された年次スポーツ大会が大成功だった」[38]。バーミンガムでは、スポーツ大会とクリケット・トーナメントがおこなわれ、「工場間ボクシング・トーナメントがカーディフで組織され（大ブリテンではその種のものは初めて)」[39]、大成功を収めた。

一九四六年度に英労スポーツ協会は卓球チームをフランスに、ローンテニスチームをスイスに派遣するよう招待を受けたことで、国際基金を創設する訴えをおこなった。陸上競技部門は前年同様に十マイル・ロード・ウォーキング選手権を、サイクリング部門はマンチェスター・サイクリング・陸上競技クラブと共同して全国二十五マイル・サイクリングイベントを開催した。ローンテニス部門では、労働者ウィンブルドンが八月のバンクホリデイに組織されて非常に多くの登録受け付けがあり、休日中の数日間にサリーのニューモルデンでテニス選手権が実施された。また、スイス労働者スポーツ協会から、七月にバーゼルとチューリッヒにチームを派遣し、スイス・スポーツ・フェスティバルに参加するようにという招待を受けた。ボウルズ部門では、シングルス、ペアおよびトリプルの選手権がおこなわれた。卓球部門では、いまだ国内大会を組織できていない。フットボール、水泳、チェスおよびダーツの各部門については、ロンドンでの一連の臨時会議を通じて復活を模索中である。ブリストルでは、「八月のバンクホリデイに開催された年次スポーツ大会が再び成功を収めた[40]」。バーミンガムでは、スポーツ大会、クリケットとテニスのトーナメントを開催した[41]。

一九四七年度は『年次報告書』が欠落しているため詳細がわからない。

一九四八年度は、陸上競技部門では、「全国十マイル・ロード・ウォーキング選手権が三月十三日にハムステッド、パーラメント・ヒル・フィールズで開催された。今年それは非公開のイベント[42]」だった。「全国陸上競技・サイクリング選手権が八月二十一日にサセックス、ホーブのサセックス・カウンティ陸上競技スタジアムで開催され、登録受け付けは前年から改善されたが、不幸にも天候が非常に悪く、約千人の人々[43]」がイベントを目撃しただけだった。全国五マイル・チーム&個人クロスカントリー選手権が十二月十一日にサリー、キングストンで開催された。「トゥーティング・ベック病院スポーツクラブ選出で四七年クロスカントリー優勝者のトム・リチャーズが、第十四回オリンピックのマラソン・レースで大ブリテンのために二位[44]」になる優秀な成績を収めた。また、全国陸上競技・サイクリング選手権を五月二十八日にロンドン、ハーン・ヒルで開催した。

ボウルズ部門では、全国選手権イベントが開催され、決勝戦は九月十二日にパーラメント・ヒル・フィールズでおこなわれた。サイクリング部門では、シニア&ジュニア二十五マイル・タイムトライアルが前年中に開催され、シニアは六十一人の登録を受け付けて七月に、ジュニアは四十一人の登録を受け付けて八月に、それぞれおこなわれた。ローンテニス部門は、「今年、労働者ウィンブルドンを開催することを可能にする適当な開催予定地を確保することができなかった」[45]ために中止になった。卓球部門では、「A・E・リチャーズ氏（プレイヤー―マネージャーで国際書記）を伴う四人の卓球チームがパリへ派遣され、選抜されたフランスの競技者たちとの試合をおこなった」[46]。アソシエーション・フットボール部門は「最初は一九三八年に開催されたが、再び復活した。八チームだけが全国トーナメントに登録しただけだったが、良好な出発」[47]だった。

一九四九年度も『年次報告書』が欠落しているため詳細がわからない。

一九五〇年度は、陸上競技部門では、全国十マイル・ロード・ウォーク選手権が二月十八日にエセックスのウッドフォードで、全国十マイル・ロードレースが五月二十七日にサリーのウォルトン・オン・テムズで開かれた。また全国五マイル・クロスカントリー選手権が十一月十八日にサリーのリッチモンド・パークで開催された。ボウルズ部門では、「全国選手権が年九月三日の日曜日にパーラメント・ヒルのリンクで開かれ、いつもどおりの熱戦が出場者の間で繰り広げられた」[48]。サイクリング部門では、「シニア二十五マイル・ロード・タイムトライアルが八月二十日に開かれ、四十八人の出場登録があり、このイベントでは空前の数だった」[49]。フットボール部門では、「再び全国勝ち抜き競技会に八チームの出場登録を得た」[50]。ローンテニス部門では、「労働者ウィンブルドンを開催するのにふさわしい会場を見いだせなかったので、五〇年にこのイベントを開催することはできなかった」[51]。

一九五一年度の陸上競技部門では、全国十マイル・ロードウォークが三月十日にパーラメント・ヒル・フィールドで、全国十マイル・ロードレースが三月二十六日にサセックスのボグナー・レジスで開かれた。また、全国陸上競技・サイクリング選手権を七月七日にブラックプールで開いた。他部門の活動記録については記載がない[52]。

一九五二年度は、陸上競技部門では、主要イベントである全国陸上競技選手権が八月十六日にサリー、ウォルトン・オン・テムズで、全国十マイル・ウォークが三月八日にエンフィールドで開催された。また、五マイル・クロスカントリー選手権を十一月二十二日にパットニーで開催した。ボウルズ部門では、通常のトーナメントがおこなわれ、その決勝戦が九月十四日にフィンズベリー・パーク・リンクで催された。フットボール部門では、「全国フットボール勝ち抜き競技会がシーズン中におこなわれ、高水準の対戦が展開された」[53]。ローンテニス部門では、全国ローンテニス・トーナメント（労働者ウィンブルドン）が七月十九・二十日にチェシントンで開催された。卓球部門は「適した日程と会場を見いだすことができず、トーナメントが開かれなかった」[54]。

一九五三年度は、陸上競技部門では、全国陸上競技選手権が八月十五日にホワイト・シティ・スタジアムで、五マイル・クロスカントリー選手権が十一月二十一日にパーラメント・ヒル・フィールドで開催された。フットボール部門では、「八チームだけが競い合ったのだが、いくつか卓越したゲームが目撃された」[55]。

一九五四年度も様々なスポーツ・イベントが開催されたが、多くの部門で活動は低調だった。初めて全国クラブチーム・スヌーカー選手権が「デイリー・ヘラルド」と共同して組織された。「国中の広い地域に分散している四十チームが競技会に登録したが、これは競技会を続けるにはあまりに少ない数だと後援者には感じられた」ために、実態調査がおこなわれることになった。

全国陸上競技選手権と労働者ウィンブルドンはロンドンで開催する準備段階にとどまった。フットボール勝ち抜きカップ選手権が少ない登録数ではあるが開催された。アマチュア・ボクシングの分野で「活動を展開する試みがなされており、ロンドン・アマチュア・ボクシング協会との交渉が続けられている」[57]。そのシーズンにクロスカントリー選手権を組織するには遅すぎたため、「来シーズンに早い着手をすることを決定した」[58]。サイクリング部門に関しては、「全国クラリオン・サイクリング・クラブが協会に誠実な支持を与え続けている。その全国執行委員会の会議で、彼らはこの部門の組織的な側面を引き継ごうと申し出た」[59]。ロード・ウォーク選手権（チグウェル）が貸付金を得て開催された。

スポーツ・イベントではないが、英労スポーツ協会の運動の一環として、スポーツ用品購入に税金がかかる物品購入税の導入に反対する運動を展開し、ビアトリス・ウェッブ館にグラウンドとパビリオンを建設する訴えをおこなった[60]。

一九五五年度は、前年度に全国陸上競技選手権が開催されなかったこともあって、前述のとおりこの年度に、全国陸上競技委員会を設置し、この部門の組織体制を強化した。「陸上競技選手権はシーズンの終了後にロンドンで開催された。参加者の数は適度だったが、観衆の参加は非常に乏しかった[61]」。そのために、この部門の支出がかなり増えたが、それに見合う収入が得られず、この年度の財政赤字の大きな要因になった。

十マイル・ロードレース選手権が「エセックスのバーキングで組織され、バーキング町内カーニバルと同時開催された[62]」。労働者ウィンブルドンが「一九五五年は、より適当な開催地のないままにロンドンのバターシー・パークで開催された。（略）参加者も水準も以前に楽しまれたようには高くなかったが、これは前回の選手権から時間が経過したためと理解できる[63]」。全国フットボール競技会が開催された。「全国フットボール部門は強化に次ぐ強化をおこなっている。一九五五―五六年シーズンに、競技会に参加するチーム数は二倍になった[64]」

スポーツ・イベントではないが、この年度も物品購入税と娯楽税の導入に反対する運動を展開した。また、クリスタル・パレス全国青年スポーツセンターの建設に向けてのロンドン・カウンティ議会の計画に対して、ロンドン首都地区委員会は自らの「計画と財政的な必要条件を公表することによって[65]」支持を表明した。

以上のように、英労スポーツ協会の国内活動はＴＵＣなどからの補助金を得て、どの部門でもある程度活発な活動を展開していたが、一九五四年度に低調になった。翌年の五五年度には二年前の活動状況に戻そうと努力してロンドン首都地区委員会を設立し、また全国陸上競技委員会を設置して活動を展開したが、財政状況は赤字へと転落してしまった。

イギリス労働者スポーツ協会の国際交流

この時期、英労スポーツ協会と各国との国際交流も前進した。

一九四六年度に英労スポーツ協会は、フランスの同志と国際試合をおこなうために卓球チームをパリに派遣し、またローンテニスチームをスイスに派遣した。このため全国執行委員会の議長は国際基金を創設する訴えをおこなった(66)。

一九四八年度には、英労スポーツ協会は、「フランス労働者スポーツ・体操連盟（FSGT）から、五月九日から十七日にかけてフランスの連盟の四十周年記念事業に参加するためにスポーツチームを派遣するようにという招待状を受け取った。費用の問題で我々は主要なスポーツ部門から多くの代表を派遣することができなかったが、A・E・リチャーズ氏（プレイヤー―マネージャーで国際書記）を伴う四人の卓球チームがパリに派遣され、選抜されたフランスの競技者たちとの試合をおこなった(67)」。

一九五二年にヘルシンキ（フィンランド）で開催された第十五回夏季オリンピック大会に、英労スポーツ協会からイギリスを代表して四人の選手が参加した。G・W・コールマンとD・A・タンブリッジが競歩に、F・エヴァンスが八百メートル走に、G・アイデンがマラソンに参加した(68)。

一九五五年度に英労スポーツ協会は、オランダのドルトレヒトで開催された聖霊降臨祭国際スポーツ・フェスティバルに参加した。「参加した他の国々は、フィンランド、ドイツ、フランス、ベルギー、スイス、イスラエル、イタリア、オーストリアおよびオランダであった。我々はフットボーラーと陸上競技選手からなるチームを派遣した(69)」。さらに、英労スポーツ協会全国執行委員会は、五六年にイスラエルで開催される国際労働者スポーツ・フェスティバルの招待状を受け取った。五五年度の『年次報告書』には以下のような記述がある。

一九五六年にイスラエルにチームを派遣するための基金を増額する可能性を検討するために、委員会を設置した。委員会は幾人かの全国執行委員会委員、会長のＪ・Ｐ・Ｗ・マラリュー氏（議員）および二人の他の議会メンバーからなっている。委員会は、公的な訴えによって資金を増加させることは可能であると決定した。[70]

しかし、この国際イベントには資金不足のために参加できなかった。

4　イギリス労働者スポーツ協会の不本意な解散

ロンドン首都地区委員会の設立と活動の開始

一九五六年一月十七日にロンドン首都地区委員会設立会議が開かれ、活動を開始した。ロンドン首都地区委員会はかなり精力的に活動を展開しようとしていたが、とりわけ注目に値するのは、書記長のデイブ・カーチスが述べている次の事柄である。

競技スポーツはロンドンで十分に要求を満たしていたが、非競技的な性格をもったスポーツはそうではなかった。新しい委員会の主な役割は以下のように分類されうる。

一、必要とされるところで、あらゆる形態の競技スポーツとゲームのための施設を提供すること、ならびにこの方向で関心を喚起すること。

二、必要とされるところで、あらゆる形態の非競技的なスポーツとゲームのための施設を提供すること、ならびにこの方向で関心を喚起すること。

三、必要とされるところで、文化的活動のための施設を提供すること、ならびにこの方向で関心を喚起すること。

四、これらの活動を展開している組織を援助すること

要するに、首都地域に存在する労働階級組織に貢献すべくイギリス労働者スポーツ協会の十分に油が効いた機械を活用すること。（略）我々の活動には別の側面もあった。レジャー施設に関係する問題で「見張り役」として行動すること、すなわち、スポーツ用品に関する物品購入税の廃止、実演興行に対する税の廃止、より多くの競技場その他の施設の設置、また、時の政府が、スポーツから直接間接に取り出された金銭を、すべての人々の都合がいいように再投資するよう見定めること、である。(71)

つまり、ロンドン首都地区委員会は、競技スポーツばかりでなく非競技的スポーツや文化活動のための施設を提供し、また労働者の間にそうした活動を普及する運動を重視した。そのためには、政府に対して、そうした活動の阻害要因となる税金の減額ないし廃止もしくは労働者のための再投資と公共施設の整備を要求しようとしたのである。

この点に関してカーチスは次のようにも主張している。「キャンベル氏は暫定的に新しい委員会の議長に任命された。政治がスポーツに持ち込まれるべきでないと感じている人々に対して、彼は、我々の目的が常に「スポーツを政治に持ち込むこと」であると主張した(72)」。卓見である。特に、物品税の廃止や公共施設の整備などの課題は、政府の政策をスポーツ愛好者の要求を満たす方向に転換させる政治運動と結び付かなければ実現できないものであり、このスポーツ条件整備のための運動を「スポーツを政治に持ち込むこと」だと表現したのである。

同年二月十四日に開かれたロンドン首都地区委員会の会議では、ロンドン・カウンティ議会が計画しているクリスタル・パレス国立スポーツ青年センターのために、「労働組合、生活協同組合および労働党の組織から五千ポンドの保証金を集める可能性を調査すること」「首都地区におけるスポーツ、レクリエーションおよび文化活動のための施設の調査を開始すること」を決定した。さらに「大幅な収入超過の見通しとなるように、イギリス

労働者スポーツ協会は財務大臣に対して、次年度予算では、アマチュアおよびプロフェッショナル・スポーツと実演興行に関する興行税を廃止すること、およびスポーツ用具や衣服に関する物品購入税を廃止することを要請する」[73]決議案が可決された。

また、「(a)一九五六年のイギリス労働者スポーツ協会フットボール・カップ競技会は現在、準決勝の段階にあった。(b)全国陸上競技・サイクリング選手権は七月もしくは八月に開催される。(c)労働者ウィンブルドン。開催地と日程は確定されている」[74]と報告しているように、英労スポーツ協会の国内イベントも計画していた。

一九五六年度の国際活動

英労スポーツ協会は一九五六年度も継続的に国際活動を展開した。英労スポーツ協会全国執行委員会は、三月二十四日から二十六日に国際労働者スポーツ委員会執行委員会をロンドンで開催するための支援をおこない[75]、五月十日から十七日までイスラエルで開催される国際労働者スポーツ祭典に六人の代表を派遣するとともにトロフィーを寄贈することを決定した[76]。この祭典に関する報告は以下のように記されていて、好成績ではあったが財政負担が大きかったようである。「財政面からは、我々がおおよそ七十ポンドの支出超過となったが、イギリス労働者スポーツ協会チームの立派な成果の結果としてこのようになったのだと確信している」[77]と。

また、全国執行委員会は当初の決定を変更して、フランス労働者スポーツ・体操連盟が主催する国際スポーツ祭典（パリ）に四人のテニスチームを参加者の自費で派遣することを容認した。当初、テニス部門の低迷のために派遣しないという決定だったが、「質」より「交流」を求めた結果だった[78]。とはいえ、自費での参加というところに英労スポーツ協会の苦しい台所事情が見て取れる。

一九五六年度年次総会で決定した積極的な運動方針

全国執行委員会は一九五六年度の年次総会を九月八日にロンドンで開催することを決定した。加盟団体への書記長デイブ・カーチスの通知を見るかぎり、提案された議題に取り立てて変わった点はないが、議題の最初に「前年度末までの預金残高を吟味すること」を位置づけており、また、同封された「年会費」の納入依頼書に、「昨年の我々の出費は非常に多かった。これは全国組織として我々自身を再建する試みによって生じたものであり、あなた方の支援は価値がある。さらに、あなた方の支援がなされなければならないほどに、再び我々の経費は増加しており、我々はいまや積立金が実質的にはなきに等しい状態にある。年会費が支払われなければならないあらゆる場合に、あなた方が都合つき次第、年会費を送ってくださるのであれば幸いである[79]」と記されていることを見れば、今回の年次総会では、銀行預金と財政の問題が焦眉の課題になっていることが理解できるだろう。

しかし、六月七日の全国執行委員会から一カ月たった七月十七日の全国執行委員会で、年次総会を十一月四日に延期することを決定した。この延期の理由については、書記長カーチスからの通知で以下のように説明している。

我々は、当初予告されていた九月八日ではなく、目下十一月四日に開くことになっている年次総会の日程の変更に注意を喚起いたします。変更の理由は、全国執行委員会に年次総会のための報告を準備する時間を与えることにあります。会議はイギリス労働者スポーツ協会史上最も重要であることを十分に立証するでしょう[80]。

つまり、総会報告文書の作成が遅れていることが原因だった。しかも、英労スポーツ協会史上最重要の総会という言い方は注目に値する。その理由を以下に説明する。

年次総会決議案自体は六月二日の全国執行委員会にすでに提出されていた。この決議案には、保守党政府のスポーツ政策に対する批判と提言がいくつも含まれている。

例えば、全国クラリオンCCの決議案は以下のとおりである。

イギリス労働者スポーツ協会は、競技の最高水準に達するまでスポーツに参加する平等な機会を得るという労働者の権利を主張し、そして最大限の男女の活動的なスポーツマンを育成することがイギリスの利益になると信じている。これらの目的は以下のようなアマチュア・スポーツへの政府援助をもってだけ成し遂げられるのであり、また成し遂げられるべきだと信じる。

（a）すべての地域と学校における競技場、トラックおよび補助的な設備などの準備
（b）必要とするかぎりで、クリスタル・パレスの国立青年スポーツセンターのような計画への助成金
（c）上記から得られる十分な利益のために適切な数のコーチを供給すること
（d）イギリス人競技者および正式な競技チームが競い合うことができ、かつ、最も重要な国際イベントを適切に準備することのできる財政的支援[81]

また、この点に関する全国執行委員会の決議案は以下のとおりである。

他の国々がこの方向でより多く資金を費やしているときに、イギリス政府はあまり費やしていない。これは不幸にも、興行税とスポーツ用品への物品購入税を通じて、また間接的にフットボール賭博を通じて、毎年政府がスポーツと文化から何百万ポンドも引き出している状況と同時に起こっている。我々は労働党に、次の総選挙マニフェストに含む政策を練り上げるよう要請する。そのマニフェストはこの方向で巨額の財政支援を与え、人々が満ち足りた幸せな生活を送ることのできる機会を与えるだろう。[82]

つまり、デイブ・カーチスが「イギリス労働者スポーツ協会史上最重要の総会」と強調したように、これまでの総会決議案とは違って、労働者のスポーツ要求を国家のスポーツ政策に反映させるという運動方針を決議案に

盛り込んでいて、この点にこそ次期年次総会の重要性があったのである。同時に、政府によるスポーツ施設などへの財政支援を通じてスポーツ環境を改善させ、それによって英労スポーツ協会の活動を活発にして自身の財政状況を好転させようとしたとも考えられる。

この総会では「規約」の全面改定をおこなう提案もしていて、これは実現させている。

さて、十月十日付の書記長カーチスの年次総会の通知には年次総会の議題が同封されていた[83]が、その後、年次総会は再度日程が変更になった。カーチスから全国執行委員会委員宛てに送られた十一月二十七日付の手紙には、年次総会の日程が十二月九日に変更になったことが記されているが、「国際的な危機は協会の業務を背景に追いやりがちでした[84]」とあるように、原因はイギリスも参戦した第二次中東戦争＝スエズ戦争にあった。

年次総会は改められた日程どおり、十二月九日にロンドンの運輸会館で開催された。総会で可決されたロンドン首都地区委員会の決議案をみると、英労スポーツ協会はその活動の重要性、とりわけ労働運動に青年を引き付けるうえでの英労スポーツ協会の役割を強調する一方で、「協会は深刻な資金の欠乏によって障害を抱えており、緊急に事務職員と組織者を必要としている。全国執行委員会は、さらなる道徳的、管理上かつ財政的な支援のために、労働党、労働組合会議および生活協同組合への迅速な面会を計画するよう指示する[85]」と決議している。つまり、積極的な運動方針を示しながらも、財政は依然として労働党、労働組合会議（ＴＵＣ）および生活協同組合に頼ろうとしていたのである。

イギリス労働者スポーツ協会の不本意な解散

英労スポーツ協会書記長カーチスは年次総会を準備する傍ら、ＴＵＣ総評議会書記長ヴィンセント・チューソンに宛てた九月十七日付の手紙で英労スポーツ協会の苦しい財政事情を伝え、状況を打開するための面会を打診している。カーチスの手紙は以下の内容だった。

同封の貸借対照表から貴殿は、昨年我々が収入以上に五百八十六ポンドを費やしたことをご理解いただけるでしょう。それは、昨年（一九五五年）から持ち越した預金によって支払われました。今年、我々はもう少し注意深く支出を管理してきましたが、それにもかかわらず年末には赤字に直面することになるでしょう。土曜日にカノックで開催された全国（陸上競技）選手権で被った財政的損失の結果として、状況はさらにひどく悪化しました。そのときは悪天候が、群衆を最良の催しへと向かわせるのを妨げたのです。（略）私は貴殿にお話ししたい一、二の提案がありますので、この問題を聞いていただけるとありがたいです。[86]

チューソン宛てに届いたカーチスの手紙にはＴＵＣ総評議会書記補佐のヴィクター・フェザーも当然ながら目を通し、翌日フェザーはチューソン宛てに大変辛辣な内容の手紙を書いている。それは以下のとおりである。

これは信じられないくらい完全に無責任だと思います。この貸借対照表に示された年度の活動について、支出はほとんどぴったり収入の二倍にあたると思われます。一九五四年の支出を超える三百四十二ポンド分の収入は、五五年度の活動では五百八十六ポンドの損失によって置き換えられました。私が考えますに、この組織は解散すべきです。[87]

フェザーは英労スポーツ協会の収支が赤字に転化していく状況を確認して、筆者が確認できるかぎりでは初めて英労スポーツ協会の解散について言及している。

ＴＵＣ総評議会から何の返事もなかったカーチスは、二十日後に改めてチューソン宛てに手紙を送った。[88]その後、英労スポーツ協会年次総会を目前に控えた十二月五日になって、カーチスはようやくチューソンから厳しい内容の返信を受け取った。

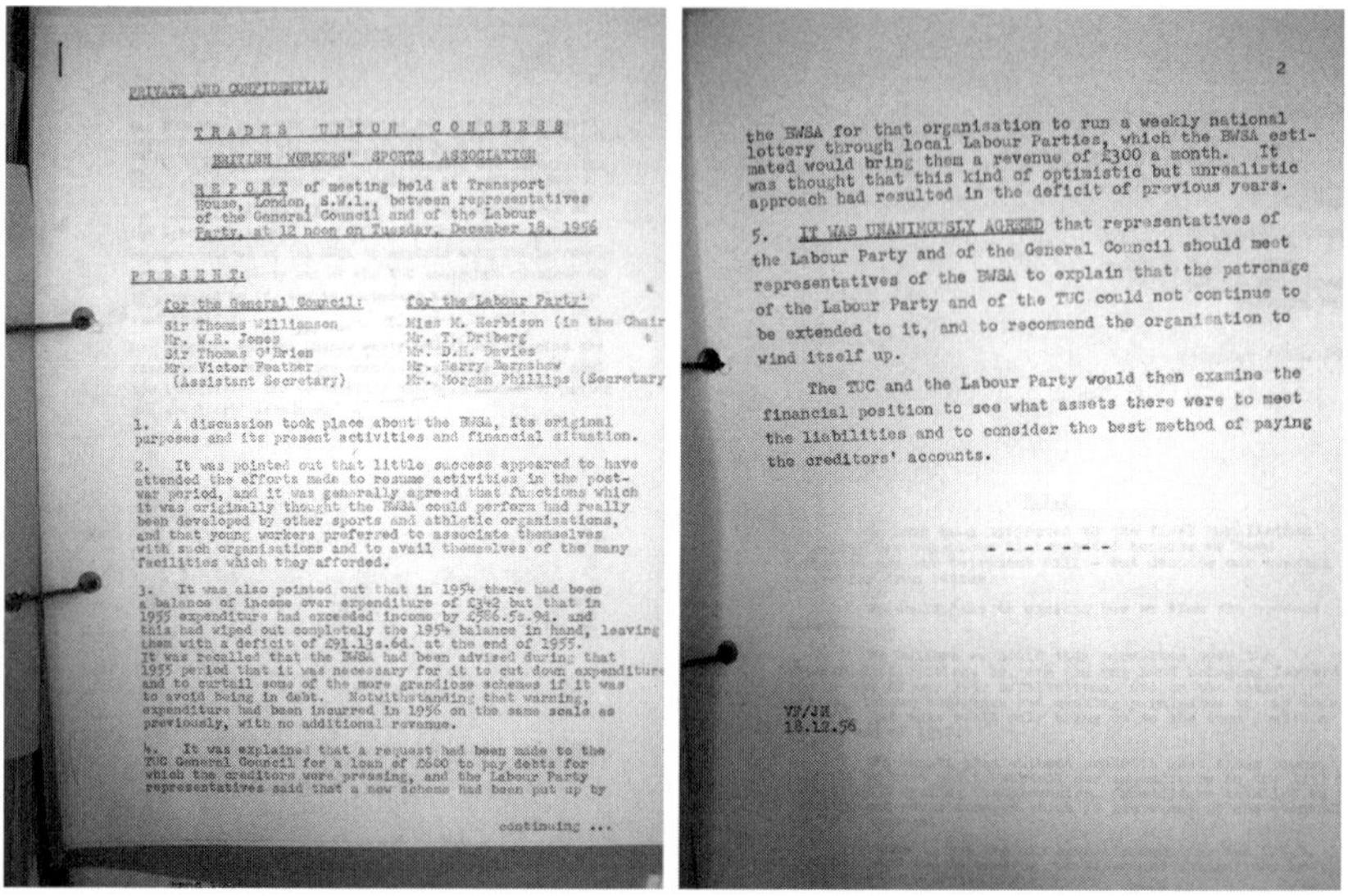
PRIVATE AND CONFIDENTIAL

TRADES UNION CONGRESS

BRITISH WORKERS' SPORTS ASSOCIATION

REPORT of meeting held at Transport House, London, S.W.1., between representatives of the General Council and of the Labour Party, at 12 noon on Tuesday, December 18, 1956

PRESENT:

for the General Council:	for the Labour Party:
Sir Thomas Williamson	Miss M. Herbison (in the Chair
Mr. W.E. Jones	Mr. T. Driberg
Sir Thomas O'Brien	Mr. D.H. Davies
Mr. Victor Feather (Assistant Secretary)	Mr. Harry Earnshaw
	Mr. Morgan Phillips (Secretary

1. A discussion took place about the BWSA, its original purposes and its present activities and financial situation.

2. It was pointed out that little success appeared to have attended the efforts made to resume activities in the post-war period, and it was generally agreed that functions which it was originally thought the BWSA could perform had really been developed by other sports and athletic organisations, and that young workers preferred to associate themselves with such organisations and to avail themselves of the many facilities which they afforded.

3. It was also pointed out that in 1954 there had been a balance of income over expenditure of £342 but that in 1955 expenditure had exceeded income by £586.5s.9d. and this had wiped out completely the 1954 balance in hand, leaving them with a deficit of £91.13s.6d. at the end of 1955. It was recalled that the BWSA had been advised during that 1955 period that it was necessary for it to cut down expenditure and to curtail some of the more grandiose schemes if it was to avoid being in debt. Notwithstanding that warning, expenditure had been incurred in 1956 on the same scale as previously, with no additional revenue.

4. It was explained that a request had been made to the TUC General Council for a loan of £600 to pay debts for which the creditors were pressing, and the Labour Party representatives said that a new scheme had been put up by

continuing ...

2

the BWSA for that organisation to run a weekly national lottery through local Labour Parties, which the BWSA estimated would bring them a revenue of £300 a month. It was thought that this kind of optimistic but unrealistic approach had resulted in the deficit of previous years.

5. IT WAS UNANIMOUSLY AGREED that representatives of the Labour Party and of the General Council should meet representatives of the BWSA to explain that the patronage of the Labour Party and of the TUC could not continue to be extended to it, and to recommend the organisation to wind itself up.

The TUC and the Labour Party would then examine the financial position to see what assets there were to meet the liabilities and to consider the best method of paying the creditors' accounts.

VF/JK
18.12.56

図16　イギリス労働者スポーツ協会の解散勧告を決定したTUC総評議会と労働党の代表者会議（1956年12月18日）の報告書
（出典：British Workers' Sports Association, 1956-1957. MRC/MSS.292/808.3/4a）

現在の財政状況に関する九月十七日、十月八日および十一月十二日付の貴兄の手紙は、いままで総評議会によって検討されてきました。（略）この赤字を補うために六百ポンドのローンを求める貴兄の要請について検討いたしましたが、残念ながら総評議会は、この種のローンには応じられないことを決定しました。(89)

このチューソンの返信は結論だけを記した数行の素っ気ないものだった。この時点でＴＵＣ総評議会は英労スポーツ協会への六百ポンドの補助金を正式に拒否したのである。

チューソンの返信にカーチスは「深い衝撃を受け」た。しかし、カーチスはこの決定を甘受できるはずもなく、ひたすらチューソンに懇願を繰り返す手紙を送っている。「私は労働党に対して、もし同意していただけるのであれば、新年度には我々の困難を解消することになるような提案をしましたが、これは十二月十八日までに取り扱われることはないでしょう――これが失敗したら私は辞表を出すつもりです――私のできることは他にありません」(90)。この手紙でカーチスが言及している十二月十八日という日付は、ＴＵＣ総評議会の代表と労働党全国執行委員会の代表が英労スポーツ協会からの要請について検討する合同会議を開く日だった。この合同会議はＴＵＣ総評議会書記代理のヴィクター・フェザーの手配で実現したものだったが、そこで出た結論は以下のとおりである。その結論の要点は二つに絞ることができる。

戦後に活動を再開すべくなされた試みにほとんど成功が伴っていなかったようだと指摘を受け、さらに、イギリス労働者スポーツ協会が果たすことができると本来考えられていた役割が、実際には他のスポーツや競技の組織によって展開されてきたこと、ならびに、青年労働者がそのような組織と関係し、またそれらの組織が与える多くの施設を利用することをむしろ好んだことが、全般的に同意された。

一九五四年には三百四十二ポンドの収支差額が認められたが、五五年には支出が収入を五百八十六ポンド五シリング九ペンス超過したこと、そして、この超過額が手元にある五四年の残高を完全に帳消しにし、五五年末に九十一ポンド十三シリング六ペンスの赤字を残したこともまた指摘を受けた。借金をすることを避けようとするならば、イギリス労働者スポーツ協会が支出を削減し、大げさな計画のいくつかを切り詰める必要がある、と五五年に助言されていたことが確認できた。忠告にもかかわらず、追加の収入がないのに五六年度の支出は前年と同額に達した。

労働党の代表と総評議会の代表がイギリス労働者スポーツ協会の代表と面会し、イギリス労働者スポーツ協会への労働党とＴＵＣの後援を延長および継続することができないと説明すること、そして、組織を解散するよう勧告することに満場一致で合意した。[91]

つまり、英労スポーツ協会に解散を勧告するという合同会議の結論の核心は、英労スポーツ協会の楽観的で非現実的な財政運営上の大きな弱点を認識するとともに、あるいはそれ以上に、大戦後の英労スポーツ協会の運動の成果をＴＵＣ総評議会も労働党全国執行委員会も評価していないことにあった。

この代表者会議の結論は、十二月二十日付のチューソンからカーチス宛ての手紙で英労スポーツ協会に伝えられた。その手紙のなかでチューソンは、英労スポーツ協会がこの勧告を受け入れるときには、「全国執行委員会と総評議会は、イギリス労働者スポーツ協会に負債を埋め合わせるどのような資産があるのかを確認し、さらに、債権者の勘定を精算する最善の方法を検討するために、協会の代表とともに財政状態を吟味する[92]」と提案している。しかし、カーチスは納得していない。「我々の決議に関する前もっての通知で要求した事前協議なしに、そのような決定が下されてしまったことが私には衝撃であった、とお伝えする以外は、貴殿の手紙の内容についての不適当な意見は差し控えます。（略）我々は、貴殿の決定が変更できなくはないと期待しています[93]」。さらに、英労スポーツ協会全国執行委員会でも、「ＴＵＣから受け取った通信と協会を「解散する」よう促す勧告について議論[94]」するための会議をもち、「声明書」も作成し、再度ＴＵＣと労働党の代表との会議を準備してくれるよう求めた。ＴＵＣ総評議会と労働党全国執行委員会に送られたこの「声明書」は、「イギリスでのより強力な労働運動とスポーツ・文化交流を通じての国際理解のために、我々はこの声明書が注意深く検討されることを貴殿に求める[95]」というものだった。

英労スポーツ協会全国執行委員会の「声明書」に注目したイギリス共産党機関紙「デイリー・ワーカー」は一九五七年一月十二日付の記事で、「イギリス労働者スポーツ協会への労働組合会議と労働党の指導者たちの勧告は自殺行為」だとして英労スポーツ協会の活動を擁護し、「イギリス労働者スポーツ協会が既存のスポーツ支配団体の競争相手となることなど、誰も提案していない。しかし、もし陸軍、海軍、空軍、兵役前訓練団体、学校、工場および青年クラブが景気のいいスポーツチームを運営できるならば、なぜ労働組合はそうしないのか[96]」と問うている。英労スポーツ協会が財政的に自立していない組織だから解散する、別のスポーツ団体に青年は参加しているから英労スポーツ協会は存在価値がない、という理由で、これまで労働運動が関与してきた全国スポーツ組織を解散するというのは早計にすぎるという主張は、もっともなものだった。

「デイリー・ワーカー」のスポーツ編集者以外にも、ＴＵＣ総評議会と労働党全国執行委員会の合同会議の決定に遺憾の意を表し、ＴＵＣ総評議会書記長チューソン宛てに手紙を送ってくる労働組織があった。ウィレスデン労働組合協議会とウッドグリーン選挙区労働党である。しかし、ＴＵＣ総評議会の意思は変わらず、懸案となっていた英労スポーツ協会全国執行委員会、ＴＵＣ総評議会および労働党全国執行委員会の代表による三者会議を、翌年二月四日に開催した。この会議では、ＴＵＣ総評議会が英労スポーツ協会への後援を取り下げ、この勧告を受け入れなければ英労スポーツ協会の負債を引き受けないというＴＵＣ総評議会の意思を確認するとともに、英労スポーツ協会を解散するという決定は英労スポーツ協会臨時総会を開いて審議する必要があることが了承された(97)。

なお、ＴＵＣ組織局書記モーガン・フィリップスがウッドグリーン選挙区労働党のセシル・バロウズに宛てた手紙では、「現今では、スポーツと若者の活動のために我々が尽力している運動は、主に地方当局からよりいい設備を、つまり青年クラブなどのためのよりいい施設を獲得することに、そして国有化された産業内での活動に充てられます(98)」と記されていて、明らかにＴＵＣ総評議会はもはや英労スポーツ協会を頼りにせず、労働運動の圧力をもって直接イギリスの各地方当局に公共スポーツ施設・設備を準備させるという方針に転換していたのである。

ＴＵＣ総評議会と労働党全国執行委員会の第二回合同会議は四月一日にロンドンの運輸会館で開かれた。この会議で、英労スポーツ協会全国執行委員会が英労スポーツ協会の解散を了承することが確認された。その会議録には、「英労スポーツ協会代表が臨時総会を招集すべく迅速な措置を講じ、総会で執行委員会が協会の業務を終了することを勧告する、という通告をもって会議は終了した(99)」と記されていた。

カーチスは合同委員会で確認された手続きに従って、五月五日に英労スポーツ協会の臨時総会をおこなう通知を出した。提起された議題は、「協会の活動を「終了する」という決議案を検討すること(100)」だった。この通知に添付された「決議案」には、「①英労スポーツ協会の業務を終了するための特別委員会に以下の者を任命すること――J・P・W・マラリュー議員、ジョージ・ディーコン氏、A・E・リチャーズ氏、A・キャンベル氏、C・H・ベケット氏、R・ウイリアムス氏および職権上、書記長、②時期を見計らって特別委員会を招集するため、この日の議事を最後にこの臨時総会は無期限に休会とすること[101]」が示されていた。

この五月五日の英労スポーツ協会臨時総会で「TUC総評議会の勧告を受け入れることが、非常に残念ではありますが、満場一致で決定されました。この目的に向けて解散委員会(winding-up committee)が合意[102]」されたことを、この委員会議長のA・E・リチャーズがTUC総評議会書記長のヴィンセント・チューソンと労働党全国委員会書記のモーガン・フィリップス宛てに手紙で知らせている。

英労スポーツ協会臨時総会で決定された解散委員会の第一回会議は五月十四日に開かれ、この委員会の書記には英労スポーツ協会書記長のデイブ・カーチスが、その任期が終わる一九五七年五月三十一日まで就くことが同意された[103]。解散委員会第二回会議は五月二十八日に開かれ、解散に向けての議論を重ねた。しかし、実質的な解散に向けての実務はTUC総評議会と労働党全国執行委員会が合同で設置した部局によって担われた。この合同部局の報告を見ると、帳簿の監査がなされていない、英労スポーツ協会の実務の不満足な状態について議事録に記載がない、英労スポーツ協会全国執行委員会が年度初めに予算案を準備せず、また完全な収支報告書を強く要求しないという怠慢を犯した、などの記述を認めることができる[104]。英労スポーツ協会全国執行委員会の組織運営がずさんで、未確立だったことがわかる。このような状態では、英労スポーツ協会解散委員会が自らの力で解散実務を担えなかったのは理解できる。その後もTUCと労働党の合同部局の先導のもとに、英労スポーツ協会の負債の完済とトロフィーなどの資産の処理が進められていく。

最終的に解散委員会議長のリチャーズとTUC組織局との連絡、交渉のもとに事務処理が完了し、一九五八年十月三十一日にリチャーズと会計役のモイネットがTUC組織局を訪れて、解散委員会の最終会議をおこなった。同日付でTUC組織局書記のR・ボーイフィールドからリチャーズ宛ての手紙が発送され、以下のような確認がなされた。

私がお伝えすることはただ一つであります。目下なすべきことは、貴兄がイギリス労働者スポーツ協会を構成しているすべての団体に短信を送り、その業務が最終的に終了したこと、ならびに、すべての債権者に残額支払いがすんだことを知らせることであります。これは、ＴＵＣの好意ある斡旋によって返済された数百ポンドの赤字を含んでいました。

加えて、もし貴兄がこの問題でＴＵＣ総評議会によって協会に与えられた援助に対して簡単な感謝を伝えたいのであれば、一言お詫びがあったほうがいいでしょう。(105)

英労スポーツ協会は戦後再建以降、組織機構を整備・拡大し、組織加盟を増やそうと努力し、国内活動と国際活動を規模は小さいながらも積極的に展開した。とりわけ国際活動では国際労働者スポーツ委員会の創設と社会主義スポーツ・文化組織憲章草案作成に尽力した（次章で詳述）のだが、財政運営が未熟で失敗し、解散の事後処理までもＴＵＣ総評議会の指導のもとにおこなうことになったのである。英労スポーツ協会の、結成のときからＴＵＣと労働党の後援を受けることを前提として進められてきた組織・財政運営のあり方は、戦後になっても改められることがなく、イギリスの労働者スポーツ運動は労働運動からの自立を達成できないままに終わった。

注

（１）Bulletin (Second Series) No.9, Executive Committee's Fifteenth Annual Report for the Year ended December 31st, 1944.［University of Warwick Library, The Modern Records Centre: MSS.292/808.3/2b］

（２）Memorandum of Post War Development by the Executive Committee for Presentation to the Annual General Meeting on the 12th May, 1945.［MRC/MSS.292/808.3/2b］

(3) Ibid.

(4) Ibid.

(5) Executive Committee's Sixteenth Annual Report for the Year ended December 31st, 1945. [MRC/MSS.292/808.3/2b]

(6) Ibid.

(7) Executive Committee's Seventeenth Annual Report for the Year ended December 31st, 1946. [MRC/MSS.292/808.3/2b]

(8) Executive Committee's Nineteenth Annual Report for the Year ended December 31st, 1948. [People's History Museum/372.7]

(9) Executive Committee's Twenty-first Annual Report for the Year ended December 31st, 1950. [PHM/LP/GS/BWSA/1/1]

(10) Executive Committee's Twenty-second Annual Report for the Year ended December 31st, 1951. [PHM/LP/GS/BWSA/1/1]

(11) Executive Committee's Twenty-fourth Annual Report for the Year ended December 31st, 1953. [PHM/LP/GS/BWSA/2/3]

(12) Executive Committee's Twenty-fifth Annual Report for the Year ended December 31st, 1954. [MRC/MSS.292/808.3/3]

(13) Executive Committee's Twenty-sixth Annual Report for the Year ended December 31st, 1955. [MRC/MSS.292/808.3/3]

(14) Executive Committee's Sixteenth Annual Report for the Year ended December 31st, 1945. [MRC/MSS.292/808.3/2b]

(15) Executive Committee's Seventeenth Annual Report for the Year ended December 31st, 1946. [MRC/MSS.292/808.3/2b]

（16）Executive Committee's Nineteenth Annual Report for the Year ended December 31st, 1948.［PHM/372.7］
（17）Executive Committee's Twenty-first Annual Report for the Year ended December 31st, 1950.［People's History Museum: LP/GS/BWSA/1/1］
（18）Executive Committee's Twenty-second Annual Report for the Year ended December 31st, 1951.［PHM/LP/GS/BWSA/1/1］
（19）Executive Committee's Twenty-third Annual Report for the Year ended December 31st, 1952.［PHM/LP/GS/BWSA/2/3］
（20）Executive Committee's Twenty-fourth Annual Report for the Year ended December 31st, 1953.［PHM/LP/GS/BWSA/2/3］
（21）Executive Committee's Twenty-fifth Annual Report for the Year ended December 31st, 1954.［MRC/MSS.292/808.3/3］
（22）Executive Committee's Twenty-sixth Annual Report for the Year ended December 31st, 1955.［MRC/MSS.292/808.3/3］
（23）Executive Committee's Twenty-fifth Annual Report for the Year ended December 31st, 1954.［MRC/MSS.292/808.3/3］
（24）Executive Committee's Sixteenth Annual Report for the Year ended December 31st, 1945.［MRC/MSS.292/808.3/2b］
（25）Ibid.
（26）Executive Committee's Seventeenth Annual Report for the Year ended December 31st, 1946.［MRC/MSS.292/808.3/2b］
（27）Executive Committee's Nineteenth Annual Report for the Year ended December 31st, 1948.［PHM/372.7］この年度の収支報告に前年度の収支報告も記されている。
（28）Ibid.

(29) Ibid.

(30) Executive Committee's Twenty-first Annual Report for the Year ended December 31st, 1950. [PHM/LP/GS/BWSA/1/1] この年度の収支報告に前年度の収支報告も記されている。

(31) Ibid.

(32) Executive Committee's Twenty-first Annual Report for the Year ended December 31st, 1951. [PHM/LP/GS/BWSA/1/1]

(33) Executive Committee's Twenty-third Annual Report for the Year ended December 31st, 1952. [PHM/LP/GS/BWSA/2/3]

(34) Executive Committee's Twenty-fourth Annual Report for the Year ended December 31st, 1953. [PHM/LP/GS/BWSA/2/3]

(35) Executive Committee's Twenty-fifth Annual Report for the Year ended December 31st, 1954. [MRC/MSS.292/808.3/3]

(36) Executive Committee's Twenty-sixth Annual Report for the Year ended December 31st, 1955. [MRC/MSS.292/808.3/3]

(37) Ibid.

(38) Bulletin (Second Series) No.10, Executive Committee's Sixteenth Annual Report for the Year ended December 31st, 1945. [MRC/MSS.292/808.3/2b]

(39) Ibid.

(40) Bulletin (Second Series) No.11, Executive Committee's Seventeenth Annual Report for the Year ended December 31st, 1946. [MRC/MSS.292/808.3/2b]

(41) Ibid.

(42) Executive Committee's Nineteenth Annual Report for the Year ended December 31st, 1948. [PHM/372.7]

(43) Ibid.

(44) Ibid.
(45) Ibid.
(46) Ibid.
(47) Ibid.
(48) Executive Committee's Twenty-first Annual Report for the Year ended December 31st, 1950. [PHM/LP/GS/BWSA/1/1]
(49) Ibid.
(50) Ibid.
(51) Ibid.
(52) Executive Committee's Twenty-first Annual Report for the Year ended December 31st, 1951. [PHM/LP/GS/BWSA/1/1]
(53) Executive Committee's Twenty-third Annual Report for the Year ended December 31st, 1952. [PHM/LP/GS/BWSA/2/3]
(54) Ibid.
(55) Executive Committee's Twenty-fourth Annual Report for the Year ended December 31st, 1953. [PHM/LP/GS/BWSA/2/3]
(56) Executive Committee's Twenty-fifth Annual Report for the Year ended December 31st, 1954. [MRC/MSS.292/808.3/3]
(57) Ibid.
(58) Ibid.
(59) Ibid.
(60) Ibid.
(61) Executive Committee's Twenty-sixth Annual Report for the Year ended December 31st, 1955. [MRC/

MSS.292/808.3/3]

(62) Ibid.

(63) Ibid.

(64) Ibid.

(65) Ibid.

(66) Bulletin (Second Series) No.11, Executive Committee's Seventeenth Annual Report for the Year ended December 31st, 1946. [MRC/MSS.292/808.3/2b]

(67) Executive Committee's Nineteenth Annual Report for the Year ended December 31st, 1948. [PHM/372.7]

(68) Executive Committee's Twenty-third Annual Report for the Year Ended December 31st, 1952. [PHM/LP/GS/BWSA/2/3]

(69) Executive Committee's Twenty-sixth Annual Report for the Year ended December 31st, 1955. [MRC/MSS.292/808.3/3]

(70) Ibid.

(71) A Brief Resume of the Business Conducted at the Inaugural Meeting of the Metropolitan District Committee Held at Caxton Hall, January 17th, 1956. [PHM/LP/GS/BWSA/2/1]

(72) Ibid.

(73) Summary of the Minutes of the Metropolitan District Committee of the British Workers' Sports Association held in the Highlander Hotel, February 14th, 1956. [PHM/LP/GS/BWSA/2/1]

(74) Ibid.

(75) Minutes of the National Executive Committee held at 2 Soho Square, 4th February 1956. [PHM/LP/GS/BWSA/2/1]

(76) Letter from Dave Curtis to the General Secretary of the National Trade Union named in the Address, April 30th, 1956. [PHM/LP/GS/BWSA/2/1]

(77) Minutes of the National Executive Committee Meeting Held at 2, Soho Square, June 2nd, 1956. [PHM/LP/GS/BWSA/2/1]

(78) Minutes of the National Executive Committee Meeting Held at the Highlander Hotel, 17th July, 1956. [PHM/LP/GS/BWSA/2/1]

(79) Letter from Dave Curtis to All Affiliated Bodies, National Executive Committee Members, Trades Union Congress Labour Party and Co-operative Union, June 7th, 1956. [PHM/LP/GS/BWSA/2/1]

(80) Letter from D. Curtis to the Affiliated Organization of BWSA, August 8th, 1956. [PHM/LP/GS/BWSA/2/1]

(81) Resolutions Attached to the Minutes of the National Executive Committee Meeting Held at 2, Soho Square, June 2nd, 1956. [PHM/LP/GS/BWSA/2/1]

(82) Ibid.

(83) Letter from D. Curtis to the Delegate, Affiliated Organisation or N. E. C. Member Named in the Address, October 10th, 1956. [PHM/LP/GS/BWSA/2/1]

(84) Letter from D. Curtis to the National Executive Committee Member, Individual Member, Delegate and Visitor Named in the Address, November 27th, 1956. [PHM/LP/GS/BWSA/2/1]

(85) Annual General Meeting of the British Workers' Sports Association, Held at Transport House, Sunday, December 9th, 1956. [PHM/LP/GS/BWSA/2/1]

(86) Letter from D. Curtis to Vincent Tewson, September 17th, 1956. [MRC/MSS.292/808.3/4a]

(87) Letter from Victor Feather to Vincent Tewson, September 18, 1956. [MRC/MSS.292/808.3/4a]

(88) Letter from D. Curtis to Vincent Tewson, October 8th, 1956. [MRC/MSS.292/808.3/4a]

(89) Letter from Vincent Tewson to D. Curtis, December 5th, 1956. [MRC/MSS.292/808.3/4a]

(90) Letter from D. Curtis to Vincent Tewson, December 6th, 1956. [MRC/MSS.292/808.3/4a]

(91) Report of Meeting Held at Transport House, London, S. W. 1., between Representatives of the General Council and of the Labour Party, at 12 noon on Tuesday, December 18, 1956. [MRC/MSS.292/808.3/4a]

(92) Letter from Vincent Tewson to D. Curtis, December 20, 1956. [MRC/MSS.292/808.3/4a]

(93) Letter from D. Curtis to Vincent Tewson, December 21st, 1956. [MRC/MSS.292/808.3/4a]

(94) Letter from D. Curtis to Vincent Tewson, January 11th, 1957. [MRC/MSS.292/808.3/4a]

(95) The National Executive Committee of the British Workers' Sports Association, upon considering the recommendations of the Trades Union Congress General Council and Labour Party National Executive Committee, to wind-up the activities of the Association, agreed to submit the following statement for the consideration of both parties, viz: STATEMENT. [MRC/MSS.292/808.3/4a]

(96) 'Workers' sports body fights to stay alive' by the Sports Editor, Daily Worker, 12 January 1957. [MRC/MSS.292/808.3/4a]

(97) A Report of the Meeting of the Trades Union Congress General Council, the Labour Party and the British Workers' Sports Association on February 4, February 25, 1957. [MRC/MSS.292/808.3/4a]

(98) Letter from Morgan Phillips to Cecil Burrows, 6th February, 1957. [MRC/MSS.292/808.3/4a]

(99) Minutes of the Meeting of the Trades Union Congress General Council, the Labour Party and the British Workers' Sports Association on 1 April, noted down by TUC General Council, 29 April, 1957. [MRC/MSS.292/808.3/4a]

(100) Letter from D. Curtis to the Member or Affiliated Organisation, April 2nd, 1957. [MRC/MSS.292/808.3/4a]

(101) Ibid.

(102) Letter from A. E. Richards to Vincent Tewson, May 8th, 1957. [MRC/MSS.292/808.3/4a]

(103) Summary of Minutes of the BWSA 'Winding-Up' Committee Held in the House of Commons, May 14th by Chairman: Mr. A. E. Richards. [MRC/MSS.292/808.3/4a]

(104) Minutes of the Meeting of the Trades Union Congress, n. d. [MRC/MSS.292/808.3/4a]

(105) Letter from R. Boyfield to A. E. Richards, October 31, 1958. [MRC/MSS.292/808.3/4a]

第７章

国際労働者スポーツ委員会設立に向けてのイギリス労働者スポーツ協会の献身的活動

はじめに

第5章では、社会主義労働者スポーツ・インターナショナル（社会主義スポーツインター）の戦後再建に向けて、英労スポーツ協会が重要な役割を担った社会主義スポーツインター準備委員会が、一九四六年に国際労働者スポーツ委員会を結成するための会議の準備を進めつつあったことを示しておいた。

本章では、第5章を引き継いで、英労スポーツ協会の運動の窓を通して見えてくる国際労働者スポーツ委員会の設立過程を追求するとともに、社会主義インターナショナルが展開した「社会主義スポーツ・文化組織憲章」草案の作成、審議の状況を検討する。残念ながらこの憲章は制定に至らなかったが、その理由を含めて明らかにしたい。

国際労働者スポーツ委員会については序章で簡単に触れたが、現在は名称を国際労働者アマチュアスポーツ連合に変更して、二十七カ国三十一組織が正規加盟する国際団体として、本部をウィーンに置いて運動を展開している。二〇一三年に百周年を迎えた際に、名誉会長カレヴィ・オリン編著の『国際労働者スポーツ委員会百年史』（*Sport, Peace and Development*）を刊行した。国際スポーツ組織が自身の歴史を出版の形で文字に残すことは意外とまれなことであり、その意味では国際労働者スポーツ委員会が自組織の百年史を出したことは意味がある。この本で国際労働者スポーツ委員会の歴史を叙述しているのはセポ・ヘンティレ（当時、ヘルシンキ大学政治経済研究科の政治史の教授）だが、そこではなぜか国際労働者スポーツ委員会文書（アーカイヴ）がまったく利用されていない。(1)組織の活動が継続していても、そのときどきに提起した総会文書、通信・ニュース、手紙などの資料をきちんと整理して残しておかないことは研究者にとっては残念ではあるが、結構ありがちである。国際労働者スポーツ委員会文書については、アムステルダムの国際社会史研究所が所蔵していることを第5章の注（12）で示しておいたが、ヘンティレ論文がこの文書を活用していないところを見ると、国際労働者スポーツ委員会執行委員でさえもその存在を知らないことが十分に予想できる。

筆者は、現在も活動を継続している国際労働者スポーツ団体、国際労働者スポーツ委員会の設立経緯をできるかぎり詳細に浮かび上がらせ、そこから現在の我々にとって重要な遺産や課題をつかみ取ることが必要だと考えている。

1　社会主義労働者スポーツ・インターナショナル戦後再建に向けてのイギリス労働者スポーツ協会の活動

社会主義労働者スポーツ・インターナショナル準備委員会によるパリ会議からブリュッセル会議へ

英労スポーツ協会全国執行委員会による『年次報告書』第十六号は、社会主義スポーツインター準備委員会が開催した一九四五年のパリ会議の模様を以下のように伝えている。

社会主義労働者スポーツ・インターナショナル準備委員会のイニシアティブのもとで、一九四五年十月十日から十三日までパリで会議が招集された。我々の議長、書記および会計役がグレートブリテンを代表していた。代表を送ったその他の国々とはベルギー、フィンランド、フランス、ポーランド、スイスであった。チェコスロヴァキア、ハンガリー、ソ連、ユーゴスラヴィアはオブザーバーを送ったが、パレスチナだけは旅をすることが難しく出席を妨げられた。会議は大成功を収め、規約草案の作成、四六年五月の再結成総会の開催、さらにその他あらゆる準備活動のための準備委員会を任命した。イギリス労働者スポーツ協会からは議長と書記が再結成総会のための代表に任命された。その総会で新たな労働者スポーツ・インターナショナルが結成され、戦争勃発まで効果的に機能していたかつての団体よりも大きく効果的なものになると確信している。(2)

社会主義スポーツインター準備委員会は活動拠点をロンドンに置き、合同書記のジョージ・エルヴィン（英労スポーツ協会会計役）が社会主義スポーツインター再建に向けた実務上の中心的な役割を担っていた。この『年次報告書』に記された再結成総会は、一九四六年五月二十六日から三十日にかけて、当初予定のワルシャワ（ポーランド）ではなく、ベルギーのブリュッセルで開催された。ジョージ・エルヴィンの責任のもとに作成された会議通知には、議題を以下のように記してある。

一、準備委員会の活動報告：ジョージ・エルヴィン提案
二、労働者スポーツ・インターナショナルの目的と方法についての報告：R・メンション提案
三、規約（草案の写しを同封）の報告：ジョージ・エルヴィン提案
四、労働者オリンピック大会（規則草案を同封）の報告：J・デヴリーガー提案
五、選挙
六、次回総会の日程と場所(3)

社会主義スポーツインター再結成総会は議事録がないので詳細はわからないが、英労スポーツ協会全国執行委員会の『年次報告書』第十七号には以下の記述がある。

国際労働者スポーツ組織のさらなる会議が五月二十七日から三十日までブリュッセルで開催された。わが議長、書記およびジョージ・エルヴィンがグレートブリテンを代表した。代表を送った他の諸国はベルギー、フィンランド、フランス、ポーランド、スイス、チェコスロヴァキア、ハンガリー、パレスチナ、ユーゴスラヴィア、ルーマニアおよびオランダだったが、不幸にもロシアとアメリカが参加しなかった。総会の主な議題は、パリ会議で任命された準備委員会が準備した規約草案を議論することだった――ジョージ・エルヴィンはこの準備委員会の委員だった。規約に関しては合意に達しなかったけれども、一九四七年六月以前にワルシャワで（ポーランド代表の招待によって）さらなる会議を開催することが決定され、その間に五人のメンバーによる準備委員会を創設し、その委員は二つの連続する会議の間に少なくとも一度は会合をもつことという合意がなされ、加えて二つの席が、一つはソ連に、もう一つはアメリカに用意されていて、（総会では）彼らが直ちに国際労働者スポーツ委員会に加わることに同意した。ベルギーの同志デヴリーガーが臨時書記に任命された。現在、四七年六月二日から五日までワルシャワ総会を開催する手配が進められているが、そこにイギリス労働者スポーツ協会執行委員会が代表を送ることを決定した。(4)

社会主義スポーツインター再結成総会では、この『年次報告書』に記載されたとおり規約草案は承認されなかったが、ワルシャワ総会に向けて規約草案への修正提案が準備委員会に寄せられてくるなかで、準備委員会は組織の名称を「労働者スポーツ・インターナショナル」と定めて再提案していくことになる。この段階では「国際労働者スポーツ委員会」という名称は採用されていない。

国際労働者スポーツ委員会ワルシャワ総会の開催

一九四七年六月一日から五日にかけてポーランドのワルシャワで開催された国際労働者スポーツ組織の総会では、いくつもの動議が提出され審議が紛糾した。事前に書記のデヴリーガーが総会議事規則を提起していて、その文書では国際労働者スポーツ委員会（Comité Sportif International du Travail）[5]という名称を掲げている。規約が正式決定されていないこの段階では国際労働者スポーツ委員会という名称も正式のものではないが、以後はこの名称を文書に記していくことになる。

国際労働者スポーツ委員会ワルシャワ総会に出席したハーバート・Ｈ・エルヴィン（英労スポーツ協会議長）の報告書によれば、フランス代表のＲ・メンションがＪ・デヴリーガーによる報告と財政報告が採択されるべきだという動議を提出した際に、ハーバート・エルヴィンがこれに反対して以下のような質問をして回答を求めた。

一、ソ連を含めてどの国を加盟と見なして記述されたのか。
二、財政
（a）フランスが非常に小さな組織よりも支払った額が少ないことを示す数字から見て取れるように、なぜフランスはその公表された会員数二十二万五千に対する満額を支払わなかったのか。
（b）各国が同じようなことをしたらどうするのか。
（c）ブリュッセル総会にはどのくらいの金額を費やしたのか。
（d）財政報告は監査されたのか。[6]

しかし、加盟に関しては「回答は得られなかった。ロシアとの交渉はジョージ・エルヴィンの役目だった」、さらに、財政報告に関しては「パリ会議の経費は三万フランス・フランであった。フランスはブリュッセル総会のために六千フラン支払う意志があったが、組織内に問題が生じていたためそれはできなかった。チェコ代表と私〔ハーバート・エルヴィン：引用者注〕は、小委員会として財政報告を調査するために任命された。状況は非常に不満足だった。会計簿は保持しておらず、領収書は提出されず、説明も不十分であった[7]」と記されている。財政についてだけ注記すれば、それは臨時書記デヴリーガーのずさんな財政管理によるものであり、フランス組織の会議参加費が少額だったのは組織内部の混乱に原因があったようである。このフランス問題について、伊藤高弘は「冷戦構造下の政府の反共攻撃を背景に常任委員会内部の共産、社会両党系の対立がまたしても公然化した[8]」と指摘していて、フランス労働者スポーツ・体操連盟（FSGT）の戦後再建途中での内部分裂で組織が混乱していたことが了解される。

審議が進行するなかで、再びハーバート・エルヴィンは「本総会で、パリとブリュッセルでの会議の決定と意思に従って国際労働者スポーツ組織を再結成すること」という動議を提出し、これに対してメンション（フランス代表）が「現在の状況では変化を生じさせるべきでない[9]」とする修正案を提出して対立し、非常に長い討論がおこなわれた。メンションは審議の過程で、①すでに述べた以上の権限を自分がもっていないこと、②この国際労働者スポーツ組織が結成されるならば、他の既存の国際スポーツ団体（赤色スポーツ・インターナショナル）と競合するだろうこと、③世界労働組合連盟がそれ自身の国際スポーツ部局を設置する議論をプラハでおこなう予定であることを挙げ、もしハーバート・エルヴィンの動議が可決されるならばフランスは退会するとまで宣言した。

これによってさらに審議は紛糾し、パレスチナの代表が「袋小路から抜け出す道を見いだすために委員会を任命する[10]」べきだとする動議を提出したが、ハーバート・エルヴィンはそれでは「問題をそのまま放置する[11]」だけだとして反対し、以下の動議を提出した。

（一）非民主的な手続きが採用されているためにイギリス労働者スポーツ協会はその立場を再考しなければ

ならない

（二）以前の二つの会議の諸決定と意思が妨害されていた

（三）過去の経験が繰り返されるべきでないことが無条件に肝要である

（四）本総会で、財政的な安定と独立、ならびに行動する明確な権限を与えられた新しい委員会が任命されるべきである(12)

しかし、この動議は出席した代表たちの警戒を呼び起こして否決されたため、最終的にハーバート・エルヴィンは「事態を打開するべく」以下の動議を提出した。

議長、副議長および書記（彼らはみな総会によって選出されるものとする）を含め五カ国によって構成する国際委員会を任命するべきであること、ならびに以下の条件に当てはまるべきであること

（一）委員会は財政的な安定が満たされること、ならびに無条件の独立の維持が保証されること

（二）委員会は以下の権限を与えられること

（a）国際労働者スポーツ運動の名において発言し行動すること

（b）世界労働組合連盟に必要とされるならば併合するよう試みること

（c）独立した自治（他のインターナショナルの事務局のような）および世界労働組合連盟との協力を確保する必要があれば、世界労働組合連盟と交渉すること

（d）これらの指示を実行できるよう委員会を強力なものにすること(13)

この動議に対しては、委員会にすべての国が参加できるようにするために、数を五から八にすべきである（スイスは代表を出さず、どこかの国が委員会の会議に出席できない場合の予備とする）という修正案が提出され、修正

した動議が可決された。

総会では役員の選挙もおこなわれ、議長にジョージ・エルヴィン、副議長兼書記補佐にメンション、書記にデヴリーガーを選出した。最初、議長にはハーバート・エルヴィンが推されたが、イギリス代表をジョージ・エルヴィンが務めることになり自分にはその権利がないとして彼が辞退したことで、ジョージ・エルヴィンが選出されることになった。

また、次回総会はロンドンで開催することを決定し、ハーバート・エルヴィンも了承した。同時に、一九五一年に予定される労働者オリンピアードをロンドンで開催する準備作業についても検討することを約束した。

ハーバート・エルヴィンはこの報告書で、帰途の旅券を入手するために総会を早退せざるをえなかったと記しているとおり、彼の報告書に総会審議のすべてが記されているわけではなかった。総会で審議された規約草案に関する報告はまったくなく、その内容は後日、彼のもとへ送られた「一九四七年のワルシャワ総会で諸外国によって提案されたインターナショナル規約草案に対する修正案」[14]でやっとわかったものだった。ただし、この規約草案が可決されたのかどうかは不明である。おそらく採択されなかったのではないかと思われる。というのも、フランス代表のメンションが「我々は、労働者スポーツ・インターナショナル委員会が労働者スポーツ連盟間での十分な接触を保てていないという事実のために、実際に労働者スポーツ・インターナショナルを創設しても無駄だろうと考える」[15]と述べていたからである。これは、彼がハーバート・エルヴィンの動議に対する修正案で述べていたこととまったく同じだった。

以上のような複雑な審議経過を考慮するとき、このワルシャワ総会の審議の結果を順を追って示しておく必要があるだろう。この総会で国際労働者スポーツ組織を再結成するというハーバート・エルヴィンの動議にR・メンションが反対して審議が紛糾したことで、正式な国際労働者スポーツ組織の再結成には至らなかったこと、そして、赤色スポーツ・インターナショナル（赤色スポーツインター）との競合関係や世界労働組合連盟による国際スポーツ部局の設置の意向を確認し、国際労働者スポーツ組織の再結成について議論する八カ国からなる国際委員会を設置すること、が確認できる。しかしさらに、準備委員会が提案した規約草案については参加国の代表から複数の修正案が出され、かなり入念に議論されたこと、国際労働者スポーツ組織の役員機構が決定されたこと、次回総会の会場をロンドンとすること、もわかる。ワルシャワ総会の審議はまったく順調には進まなかったのであり、決定も暫定的なものであったことが了解できるが、一方で、規約草案を審議し役員を決めるなど、総会としての体裁は整っていたと考えていいだろう。

補足になるが、ハーバート・エルヴィンの動議に対してメンションが修正案を出した背景としては、以下の点を考慮しておく必要があるだろう。前述の規約草案に対する諸外国からの修正案では、イギリスの提案によって規約草案の「目的と方法」の条文を、「労働者スポーツ・インターナショナルは社会主義労働者スポーツ・インターナショナルと赤色スポーツ・インターナショナルの過去の活動を継続し、復活する。それは維持し改善することを目指す」[16]と書き改めたうえで条文の頭にもってくるように訂正されていたのだが、フランス労働者スポーツ・体操連盟常任委員会内部に共産・社会両党系の確執があったフランス代表のメンションにとって、この表現は受け入れられなかっただろうということである。さらに、メンションはすでに解散していた赤色スポーツインターの亡霊におびえて、それが復活すると真剣に考えていたものと思われる。[17]そして、それは一人メンションに限ったことではなかったのかもしれない。

国際労働者スポーツ委員会からのイギリス労働者スポーツ協会脱退

さて、国際労働者スポーツ委員会ワルシャワ総会から一年半たった一九四八年末に発行された英労スポーツ協会全国執行委員会の『年次報告書』第十九号には以下の記述がある。この記述で重要な点は、ワルシャワ総会後の国際労働者スポーツ委員会の会議で、四八年の国際労働者スポーツ委員会総会をロンドンで開催しないことが決定され、四八年の国際労働者スポーツ委員会総会そのものも中止になったことである。

ロンドンで開催される一九四八年の国際総会について検討するために、国際労働者スポーツ協会の会議を招集する機会が講じられた。この国際総会は四七年にワルシャワ総会で同意されていた。我々の国際書記はその会議で、主としてパリ、ブリュッセル、ワルシャワで開かれた以前の総会で経験したものよりもさらに模範的な総会を引き受けることができるかどうかを確かめるために、我々の代表として行動した。不幸にもこの確約は得られず、イギリス労働者スポーツ協会は四八年の総会をロンドンで開催するという提案を不本意ながら取り下げた。その結果、一九四八年の総会は中止された。

さらに、会議で一九四九年にわが国で総会を開催する可能性について議論したが、再び、わが代表が提出した報告について注意深く検討した結果、イングランドで総会を開くという提案を受け入れないことを決定した。[18]

一九四八年の国際総会を準備するための会議はパリで開かれたようだが、資料がないために日程は定かでない。また、この会議がワルシャワ総会で設置された国際会議だと推察できる。英労スポーツ協会の『年次報告書』からは、国際労働者スポーツ委員会の代表による会議がかなり不安定で、明確な結論を見いだせない状況にあることが見て取れる。

国際労働者スポーツ委員会ワルシャワ総会とその後の国際会議での議論から見て、英労スポーツ協会代表は国際労働者スポーツ委員会の運動に徐々に懐疑的になっていったものと思われる。英労スポーツ協会全国執行委員会の『年次報告書』第二十号（一九五〇年末発行）には以下の記述がある。

我々の前回の報告で、我々は国際労働者スポーツ委員会からの脱退についての理由を説明した。一九五〇年のうちに、我々は、国際自由労働組合連合の後援で新たな社会主義国際労働者スポーツ運動を設立するための確かな予備的な方策を講じたが、接触の結果として我々が成功することを期待している。

オランダ労働者スポーツ運動から一九五一年七月にアムステルダムで開催されるスポーツ祭典に代表を派遣してほしいという招待状を受け取った。この組織は、新しい国際労働者スポーツ組織の設立にあたり我々と協力する用意があることを表明していた。目下のところ我々は、真の社会主義的スポーツ組織をヨーロッパに設立するという我々の決意を支持してもらうために、わが代表がアムステルダムに出席するだろういくつかの大陸諸国と面会する方法を検討中である。[19]

英労スポーツ協会は一九四九年から五〇年の間に国際労働者スポーツ委員会を見限って、国際自由労働組合連合の後援のもとに新しい国際労働者スポーツ組織を結成するという方針に転換したようである。しかし、四九年五月十四日に開かれた英労スポーツ協会第十九回年次総会の議事録にも五〇年五月十三日に開かれた第二十回年次総会の議事録にも「国際報告」は記載されておらず、この方針転換の理由を示す資料はない。ただし、国際労働者スポーツ委員会関係文書から、英労スポーツ協会が脱退した事実は確認できる。国際労働者スポーツ委員会国際総会は一九四九年四月二十一日から二十四日までベルギーのリエージュで開催されたが、この総会で、「新たな執行委員会が選出され、議長にベルギーの書記長デヴリーガーが選出された。スカンジナビア諸国のためにヘイスカネン（フィンランド）が、ロマンス語諸国のためにメンション（フランス）が、そしてドイツ語諸国のためにミュラー（スイス）が任命された。今後はそれぞれ一つの席がアングロサクソン諸国とスラブ諸国に取っておかれる[20]」。つまり、この時点でイギリス代表は執行委員会から外れていたのである。

ところが、一九五一年に入って英労スポーツ協会全国執行委員会が後援を当てにしていた国際自由労働組合連合から、「そのような計画を後援する見通しをつけるまでには数年を要する[21]」という返答を受け取ったため、英労スポーツ協会はＴＵＣと労働党に国際自由労働組合連合にはたらきかけてもらうよう依頼していく。英労スポーツ協会全国執行委員会は『年次報告書』第二十二号（一九五二年末発行）で、「過去十二カ月の間に、新しい国際社会主義労働者スポーツ組織を創設しようとあらゆる努力をしてきたが、いままでのところでは、これは実現していない。我々は大陸のある決まった国々と緊密に連絡をとっており、イギリス労働党(国際局)はこの目的に向けて本協会と協力してきた[22]」と伝えている。さらに、『年次報告書』第二十三号(一九五三年末発行)でも「我々は、新しい社会主義労働者スポーツ・インターナショナルの結成に関して何の前進も報告できないことを残念に思う[23]」と記している。新しい国際組織についてはまったく見通しがもてない状況だった。

国際労働者スポーツ委員会へのイギリス労働者スポーツ協会再加盟

新しい国際労働者スポーツ組織を結成するめどが立たないなかで、英労スポーツ協会は国際労働者スポーツ委員会から「一九五五年五月二十五日から二十七日にロッテルダムで開催する半年ごとの国際総会に出席するように[24]」という招待状を受け取った。それを受けて英労スポーツ協会は、「戻って総会の議事に関する報告をするための「聞き取り役」として二人の代表を送ること[25]」を決定していて、英労スポーツ協会の方針が揺れていることが理解できる。そして、国際労働者スポーツ委員会ロッテルダム国際総会終了後には、それまでの方針を再度転換して国際労働者スポーツ委員会加盟へと戻った。

書記長はロッテルダムでの半年ごとの総会に立会人として出席した。(略)労働者スポーツ・インターナショナルの議事と構成に関する報告は彼の帰国後に提出され、注意深い熟慮の後、加盟することを決定した。協会はまた、一九五六年にロンドンで会議を開きたいと表明した国際労働者スポーツ委員会執行委員会に対して、主催者として職務を果たすことに同意した[26]。

ロンドンでの国際労働者スポーツ委員会執行委員会の会議にイギリス代表として出席したのはジョン・クラーク(労働党国際局)だったが、彼は英労スポーツ協会全国執行委員会で次のような報告をしている。

〔国際労働者スポーツ委員会：引用者注〕執行委員会は、イギリスとの新たな結び付きを歓迎すると述べるとともに、イギリスとフランスが今後の執行委員会に含まれるべきだと提案した。このことは次回の国際労働者スポーツ委員会総会へ引き継がれることになった。総会は一九五七年にウィーンで開かれる。(27)

二転三転した英労スポーツ協会と国際労働者スポーツ委員会との関係だったが、これはこの後も英労スポーツ協会が解散するまで続くことになる。

2　「社会主義スポーツ・文化組織憲章」草案とイギリス労働者スポーツ協会

憲章草案作成とイギリス労働者スポーツ協会のイニシアティブ

一九五四年十月一日のスカーボロでの社会主義インターナショナルの事務局会議で、「労働者スポーツ・文化組織に関する国際社会主義コミッション」の会議を組織するよう書記ユリウス・ブラウンタールに指示が出された。(28)同年十二月十九日のコミッション会議では「第一回会議を一九五五年四月十六日から十七日に開くこと」を決定した。会議のための招待状に議題が記されているので、それを以下に示す。本項で注目するのは、議題の三にある「国際社会主義スポーツ・レクリエーション憲章」である。

一、スポーツ・文化組織の国際コミッションの設立

（a）コミッションの議長、名誉書記および常任委員の選出

（b）委員の承認

二、コミッションの目的と職務

（a）各国でのスポーツを含む集団的および個人的レクリエーション生活の組織とシステムに関する調査
（b）この調査から結論づけられる最良の方法の摘要
（c）各国におけるこの分野の発展に関する考え方の転換
（d）各国に存在する組織の性格と目的についての調査
（e）国際的な枠組みにおけるこれらの国内組織間の協力の可能性を研究すること

三、国際社会主義スポーツ・レクリエーション憲章の提案[29]

コミッション第一回会議に出席したのはオーストリア、ベルギー、フランス、ドイツ、イタリア、オランダ、スイスおよび国際社会主義青年ユニオンの代表であった。コミッション会議では、「憲章草案がその意見と修正を求めて友好的な諸党に回覧され、（略）国際会議はまた、事が順当に運んだため、受け取った意見と修正案を勘案してその憲章を最終決定する別の会議を招集[30]」するよう事務局に勧告した。これを受けて社会主義インターナショナル事務局は、「スポーツ・文化組織に関する社会主義インターナショナル常設委員会」（社会主義スポーツ・文化組織憲章草案作成委員会としても行動）を設置して、オーストリア、ベルギー、イギリス、ドイツおよびスイスに代表を送るよう要請した。

この要請に対して社会主義インターナショナル議長のモーガン・フィリップス（イギリス労働党代表）は、常設委員会の委員に英労スポーツ協会全国執行委員会の役員ではなく、英労スポーツ協会への労働党代表のジョン・クラーク（労働党国際局員）を抜擢した。この選択に英労スポーツ協会全国執行委員会は不満をあらわにしている。[32] さらに、当のクラーク自身が「憲章に関する発言をするよう選ばれたことに当惑している」と英労スポーツ協会全国執行委員会の会議で発言したことで、「この問題について執行委員会が何らかの検討をおこなうべきだ[33]」ということになり、英労スポーツ協会全国執行委員会が憲章草案作成に関わることになった。

前述の社会主義インターナショナル常設委員会の会議は、一九五六年一月二十二日にブリュッセルで開催され

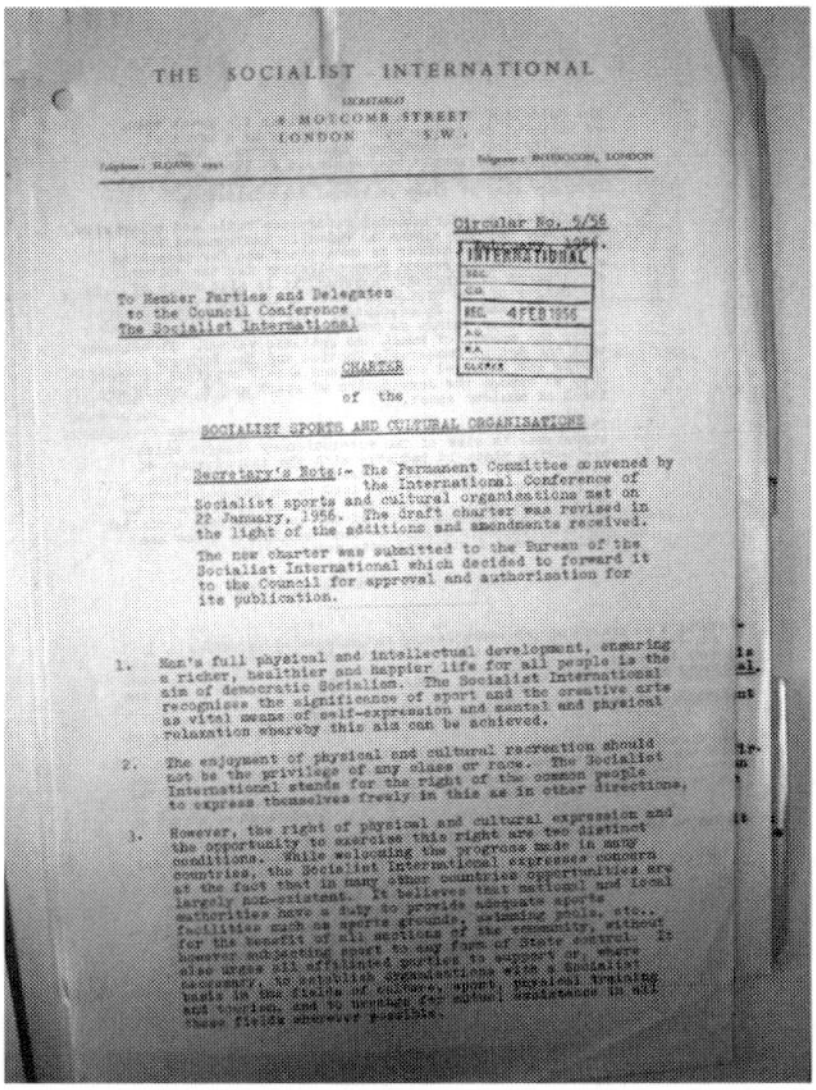
THE SOCIALIST INTERNATIONAL

SECRETARIAT
8 MOTCOMB STREET
LONDON S.W.

Circular No. 5/56

To Member Parties and Delegates
to the Council Conference
The Socialist International

CHARTER

of the

SOCIALIST SPORTS AND CULTURAL ORGANISATIONS

Secretary's Note:- The Permanent Committee convened by the International Conference of Socialist sports and cultural organisations met on 22 January, 1956. The draft charter was revised in the light of the additions and amendments received.

The new charter was submitted to the Bureau of the Socialist International which decided to forward it to the Council for approval and authorisation for its publication.

1. Man's full physical and intellectual development, ensuring a richer, healthier and happier life for all people is the aim of democratic Socialism. The Socialist International recognises the significance of sport and the creative arts as vital means of self-expression and mental and physical relaxation whereby this aim can be achieved.

2. The enjoyment of physical and cultural recreation should not be the privilege of any class or race. The Socialist International stands for the right of the common people to express themselves freely in this as in other directions.

3. However, the right of physical and cultural expression and the opportunity to exercise this right are two distinct conditions. While welcoming the progress made in many countries, the Socialist International expresses concern at the fact that in many other countries opportunities are largely non-existent. It believes that national and local authorities have a duty to provide adequate sports facilities such as sports grounds, swimming pools, etc., for the benefit of all sections of the community, without however subjecting sport to any form of State control. It also urges all affiliated parties to support or, where necessary, to establish organisations with a Socialist basis in the fields of culture, sport, physical training and tourism, and to arrange for mutual assistance in all these fields wherever possible.

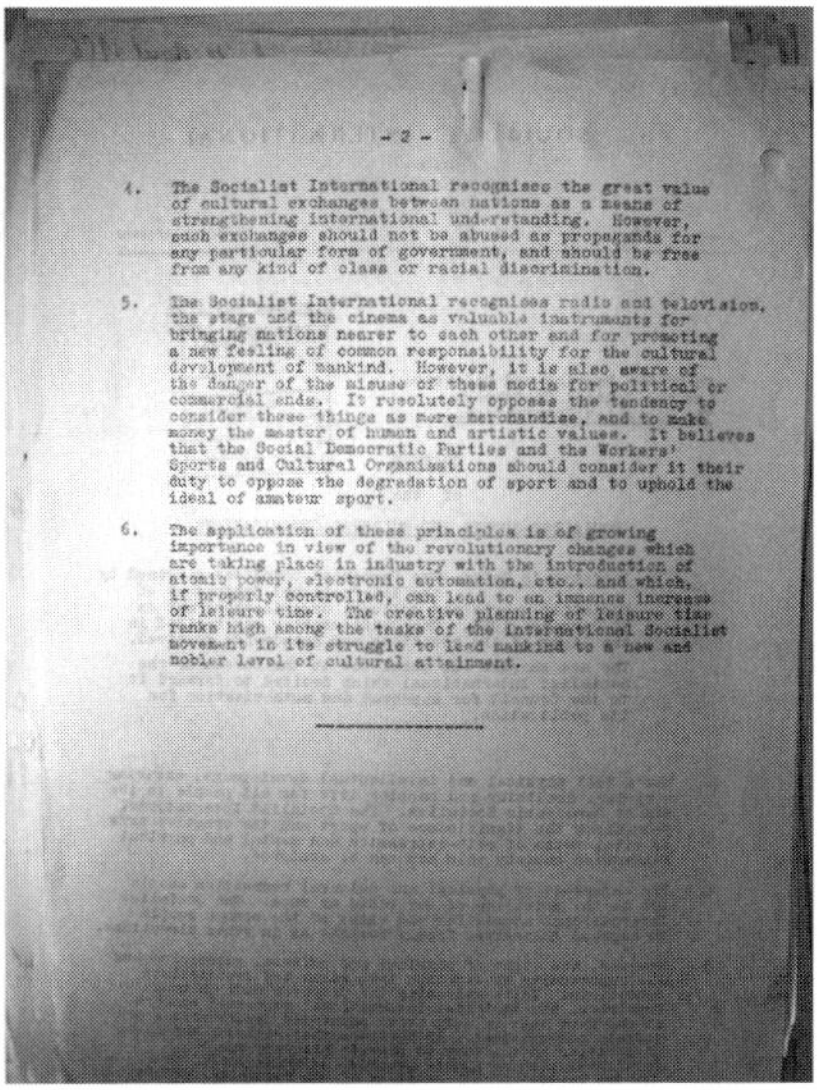
- 2 -

4. The Socialist International recognises the great value of cultural exchanges between nations as a means of strengthening international understanding. However, such exchanges should not be abused as propaganda for any particular form of government, and should be free from any kind of class or racial discrimination.

5. The Socialist International recognises radio and television, the stage and the cinema as valuable instruments for bringing nations nearer to each other and for promoting a new feeling of common responsibility for the cultural development of mankind. However, it is also aware of the danger of the misuse of these media for political or commercial ends. It resolutely opposes the tendency to consider these things as mere merchandise, and to make money the master of human and artistic values. It believes that the Social Democratic Parties and the Workers' Sports and Cultural Organisations should consider it their duty to oppose the degradation of sport and to uphold the ideal of amateur sport.

6. The application of these principles is of growing importance in view of the revolutionary changes which are taking place in industry with the introduction of atomic power, electronic automation, etc., and which, if properly controlled, can lead to an immense increase of leisure time. The creative planning of leisure time ranks high among the tasks of the international Socialist movement in its struggle to lead mankind to a new and nobler level of cultural attainment.

図17　社会主義インターナショナルの評議会に提案された「社会主義スポーツ・文化組織の憲章」草案
（出典：People's History Museum: LP/GS/BWSA/5/2.）

た。本委員会に参加した各国代表は、社会主義インターナショナル書記のユリウス・ブラウンタール（ベルギー）、ハンス・ガストゲープ（オーストリア）、J・デヴリーガー（ベルギー）、G・ド・ヴィルダー（ベルギー）、リュー・マギツ（ベルギー）、フィリップ・ノーメ（フランス）、マックス・クーキル（ドイツ）、ハインリヒ・ゾルグ（ドイツ）、ジョン・クラーク（イギリス）、ロバート・ボルツ（スイス）であり、ブラウンタールが議長を務めた。また、デヴリーガーが名誉書記に選出された。常設委員会の第一回会議では、「イギリス労働党の委員が提出した草案が議論のための基礎として役立ち[34]」、若干の追加と修正をもって、社会主義インターナショナルの新しいスポーツ・文化憲章として採択され、事務局に提出された。

　一九五六年二月四日に開かれた英労スポーツ協会全国執行委員会の会議録には、「クラーク氏は、彼が労働党を代表して出席したブリュッセルでの会議に関する報告を提出した。協会がまとめた改正された憲章草案をわずかに修正し、そして、新しい憲章を現在全国執行委員会に提出している[35]」と記している。英労スポーツ協会全国執行委員会が憲章草案作成に深く関わったことが理解できる。

この憲章は「社会主義スポーツ・文化組織憲章」(Charter of the Socialist Sports and Cultural Organisations) と書き表された。特に注目するのは、その第二条、すなわち、「社会主義インターナショナルは、(身体的文化的レクリエーションの面で) 自由に自己表現する一般民衆の権利のために戦う[36]」という条文にある「権利」の語句である。これは「権利としてのスポーツ」「スポーツ権」を宣言していると理解できる。筆者が知るかぎりでは、世界で初めてスポーツ権を掲げた文書だといえるのではないか。

前述の常設委員会では大変厄介な問題が持ち上がった。それは、社会主義インターナショナルが国際労働者スポーツ委員会を承認するかどうかの問題であった。フィリップ・ノーメ (フランス代表) が「国際労働者スポーツ委員会を社会主義インターナショナル常設委員会が「承認」することになれば、彼の党〔フランス社会党・引用者注〕は国際労働者スポーツ委員会のフランスとイタリアの共産主義加盟団体との関係断絶を強く要求する[37]」と述べ、それにイギリス代表が同調したのである。この意見に対して、国際労働者スポーツ委員会書記長だったベルギー代表のデヴリーガーは「二つの共産主義メンバーがフランスとイタリアの社会民主主義加盟団体よりもはるかに大きかったので、国際労働者スポーツ委員会はそれらとの関係を断つのをためらうだろう[38]」と返答した。このためイギリス代表の提案を受け入れて、ノーメ、クラークおよびデヴリーガーによる小委員会を設置して、この問題を検討することになった[39]。

小委員会の会議での審議内容は、四月七日開催の英労スポーツ協会全国執行委員会の会議録から確認できる。それは以下のとおりだった。

クラーク氏は、国際労働者スポーツ委員会が社会主義インターナショナルの公式のスポーツ組織となるべきだ、という提案に関するベルギーのデヴリーガー氏およびフランス代表との会議について報告した。議論は広範囲に及び、国際労働者スポーツ委員会内の共産主義スポーツ組織の立場にも及んだ。最終的に提案に合意した。これは、国際労働者スポーツ委員会とその加盟会員が国際スポーツ・文化憲章の考え方のもとに行動するという条件で、国際労働者スポーツ委員会を社会主義インターナショナルのスポーツ執行団体として認めるよう我々は社会主義インターナショナルに求めるべきだとするものだった。(40)

小委員会での議論と決定は、国際労働者スポーツ委員会書記長のデヴリーガーの立場に配慮したものだったと推察できる。クラークもノーメも国際労働者スポーツ委員会内の共産主義スポーツ組織の存在を認めたくなかったはずだが、「社会主義スポーツ・文化組織憲章」の考え方が共産主義スポーツ組織の行動を縛るだろうという判断から、国際労働者スポーツ委員会を社会主義インターナショナルの執行団体として認めることに合意したものと思われる。小委員会の決定は社会主義インターナショナル事務局に提出された。

憲章草案の廃案

社会主義インターナショナル常設委員会が社会主義インターナショナルに提出した、前述のスポーツ・文化組織に関する憲章草案については、国際労働者スポーツ委員会執行委員会の会議にも報告されている。この報告のなかで、英労スポーツ協会全国執行委員会にとって極めて遺憾な指摘があった。

憲章が社会主義インターナショナルでのオランダの委員の反対によって妨げられたことが、(国際労働者スポーツ委員会) 執行委員会に示されました。執行委員会は、この反対を理解することができずに、憲章には彼らが自ら異議を申し立てるようなことは何もないことを貴殿に伝えるよう私に求めておりまして、そして、憲章が速やかに採択されるために、憲章に対するオランダの委員の態度を変えてくれるよう、我々が貴殿に丁寧に頼むことを提案してきました。(41)

この要請をおこなっているのは英労スポーツ協会書記長のデイブ・カーチスであり、依頼先は社会主義インターナショナル議長のモーガン・フィリップスである。国際労働者スポーツ委員会執行委員会は憲章を速やかに採択することを望んでいて、また、英労スポーツ協会全国執行委員会も、英労スポーツ協会全国執行委員会と労働党国際局とで原案を練った憲章をオランダ代表の反対だけでみすみす廃案にすることはできないと強く感じていたのである。

しかし、国際労働者スポーツ委員会と英労スポーツ協会のはたらきかけもむなしく、社会主義スポーツ・文化組織憲章草案は社会主義インターナショナル事務局の会議で廃案になった。その決定を下した社会主義インターナショナル事務局会議の議事録には、「問題に関する意見の激しい相違を考慮して、事務局によるさらなる行動が得策でないことが合意された(42)」とある。

これまで見てきたとおり、英労スポーツ協会が積極的に関与した国際労働者スポーツ委員会規約草案も社会主義インターナショナルの社会主義スポーツ・文化組織憲章草案も最終的に廃案になった。詳細は繰り返さないが、国際労働者スポーツ委員会内の各国代表も社会主義インターナショナル内の各国代表も、自国内に矛盾を抱えていたうえに、各国間の意見の相違もあり、それらを乗り越えて統一した規約や憲章に合意・公表することは困難だったのである。しかし、それらに示された内容には、いまから振り返って重要なものがあったことも事実だった。

注

(1) Seppo Hentilä, “View to the History of International workers Sports Confederation (CSIT)” in Kalevi Olin ‘ed’., *Sport, Peace and Development. International Worker Sport 1913-2013*, Wien, 2013, pp. 94-105.

(2) Bulletin (Second Series) No.10, Executive Committee’s Sixteenth Annual Report for the Year ended December

31st, 1945.［MRC/MSS.292/808.3/2b］

（3）Ibid.

（4）Bulletin (Second Series) No.11, Executive Committee's Seventeenth Annual Report for the Year ended December 31st, 1946.［MRC/MSS.292/808.3/2b］なお、国際労働者スポーツ委員会（CSIT）の委任を受けてオーストリア労働者スポーツ・身体文化同盟（ASKÖ）が編集・発行した『国際労働者スポーツの五〇年――一九一三―一九六三年』では、ブリュッセルの会議には十一カ国から二十六人の代表が参加し、労働者スポーツマンの国際的な結び付きが回復され拡大されることになるような条件下で、国際労働者スポーツ委員会が設立されたと記している。: Arbeiterbund für Sport und Körperkultur in Österreich (Hrsg.), *50 Jahre Internationaler Arbeitersport, 1913-1963*, : Arbeiterbund für Sport und Körperkultur in Österreich, 1963, S.23.（上野卓郎氏から入手。上野氏に謝意を表したい）。しかし、本章で詳述するように、国際労働者スポーツ委員会の名称は、一九四七年にワルシャワで開催される予定だった労働者スポーツ・インターナショナルの総会文書のなかで初めて使用されたものだった。

（5）Comité Sportif International du Travail.［PHM/LP/GS/BWSA/5/5］

（6）The International Workers Conference, Warsaw.［PHM/LP/GS/BWSA/5/5］

（7）Ibid.

（8）前掲『もうひとつの日仏の架け橋』七九ページ

（9）The International Workers Conference, Warsaw.［PHM/LP/GS/BWSA/5/5］

（10）Ibid.

（11）Ibid.

（12）Ibid.

（13）Ibid.

（14）Proposed Amendments to International Draft Constitution by Foreign Nations at the Warsaw Congress 1947.［PHM/LP/GS/BWSA/5/5］

（15）Ibid.

(16) Ibid.

(17) 上野卓郎はD・A・スタインバーグの先行研究の検討から、社会主義スポーツインター会長ユリウス・ドイチュが一九三九年のフランス労働者スポーツ・体操連盟総会で発言した内容のなかの、「一九三九年四月末、ドイチュは、赤色スポーツ・インターナショナルが明白にもはや機能していないことを指摘して、唯一の労働者スポーツインターナショナルとしてのSASI〔社会主義労働者スポーツ・インターナショナルのドイツ語頭文字表記：引用者注〕に言及した」の一文に着目して、社会主義スポーツインターの執行責任者が赤色スポーツインター解散の時期をどう把握していたのかを明らかにしている。ただし上野は、この一文からもドイチュらは赤色スポーツインター解散の時期を確定できなかったとしている。前掲「一九三〇年代二つのスポーツインターナショナル関係史」Ⅲ、一七五ページ

(18) Executive Committee's Nineteenth Annual Report for the Year ended December 31st, 1948. [People's History Museum/372.7]

(19) Executive Committee's Twenty-first Annual Report for the Year ended December 31st, 1950. [PHM/LP/GS/BWSA/1/1] 英労スポーツ協会全国執行委員会が国際自由労働組合連合の後援で新たな社会主義国際労働者スポーツ組織を設立する運動を展開した理由は資料が欠落しているため明確にできないが、傍証として以下の点は指摘できる。一九四九年十一月末にロンドンで設立された国際自由労働組合連合自体が、ソ連の影響力が強まっていた世界労働組合連合から脱退した労働組合会議（イギリス）と産業別組合会議（アメリカ）が先導して結成した労働組合の国際組織であり、しかも五一年に会長の職に就いたのがヴィンセント・チューソンだったので、フランスとイタリアの共産主義スポーツ組織が加盟している国際労働者スポーツ委員会ではなく、新たに国際自由労働組合連合が後援する労働者スポーツ・インターナショナルを結成しようとしたことは、十分ありうる。ヘンリー・ペリング『イギリス労働組合運動史 新版』大前朔郎／大前真訳、東洋経済新報社、一九八二年、二七四―二七五ページ

(20) Internationales Komitee für Arbeitersport. Pressekorrespondenz. Nr.1, 15. Mai 1949. [International Institute of Social History/Comité Sportif International du Travail (CSIT) Collection]

(21) Executive Committee's Twenty-second Annual Report for the Year ended December 31st, 1951. [PHM/LP/GS/BWSA/1/1]

(22) Executive Committee's Twenty-third Annual Report for the Year Ended December 31st, 1952.［PHM/LP/GS/BWSA/2/3］

(23) Executive Committee's Twenty-fourth Annual Report for the Year Ended 31st December, 1953.［PHM/LP/GS/BWSA/2/3］

(24) Executive Committee's Twenty-fifth Annual Report for the Year ended December 31st, 1954.［University of Wawick, Modern Records Centre/MSS.292/808.3/3］

(25) Ibid.

(26) Executive Committee's Twenty-sixth Annual Report for the Year ended December 31st, 1955.［MRC/MSS.292/808.3/3］

(27) Minutes of the National Executive Committee Held at No.2 Soho Square, 7th April, 1956.［PHM/LP/GS/BWSA/2/1］

(28) Minutes of the Meeting of the Bureau of the Socialist International, Scarborough, 1st October, 1954.［PHM/LP/GS/BWSA/5/2］ちなみに、社会主義インターナショナルは共産党・労働者党情報局（コミンフォルム）に対抗して結成された社会民主主義政党の国際組織であり、国際社会主義者会議委員会が一九五一年七月に西ドイツのフランクフルト・アム・マインで開かれた第四回大会で発展的に解消して、直ちに結成された組織である。初代議長はイギリス労働党のモーガン・フィリップスだった。

(29) Invitation to the First Conference of the International Socialist Commission of Sports and Cultural Organisations, Brussels, 16-17 April, 1955.［PHM/LP/GS/BWSA/5/2］

(30) Letter from Julius Braunthaal to Member Parties of the Socialist International, 3 February, 1955.［PHM/LP/GS/BWSA/5/2］

(31) Minutes of the Meeting of the Bureau of the Socialist International, London, 18 October, 1955.［PHM/LP/GS/BWSA/5/4］

(32) Minutes of the National Executive Committee Meeting of B.W.S.A., October 22nd 1955.［PHM/LP/GS/BWSA/2/1］

（33）Minutes of the National Executive Committee Meeting of B.W.S.A., December 17th, 1955. ［PHM/LP/GS/BWSA/2/1］

（34）Minutes of the Second Meeting of the Socialist International Standing Committee on Sports and Cultural Organizations, 22nd January, 1956. ［PHM/LP/GS/BWSA/5/2］社会主義スポーツ・文化組織憲章（Charter of the Socialist Sports and Cultural Organisations）草案の全文を以下に記す。

「一、すべての人々のより恵まれた健康的で幸福な生活を確実にするような、人類の身体的で知的な十分な発達は、民主的社会主義の目的である。社会主義インターナショナルはスポーツの重要性と創造的な芸術を、自己表現と精神的で身体的な気晴らしの不可欠な手段として認め、それによってこの目的は実現されうる。

二、身体的文化的レクリエーションの楽しみは、ある階級もしくは人種の特権であってはならない。社会主義インターナショナルは、他の面でと同様にこの面で自由に自己表現する民衆（common people）の権利を支持する。

三、しかし、身体的文化的表現の権利とこの権利を行使する機会とは、二つの異なる状態である。多くの国々で進歩は喜んで歓迎されるのだが、社会主義インターナショナルは、多くの国々にそれほど多くの機会が存在しないという事実に関心を示す。インターナショナルは、全国ならびに地方の当局が、とにかくスポーツにどのような形の国家統制も及ぼすことなしに、コミュニティのすべてのセクションの利益のために、スポーツ・グラウンド、水泳プールなどのような適切なスポーツ施設を提供する義務を有すると信じている。インターナショナルはまた、すべての加盟政党に対して、文化、スポーツ、身体訓練およびツーリズムの領域で社会主義的な基礎をもつ諸組織を支援し、必要なところでは組織を設立するように、そして可能なところでこれらすべての領域で相互援助の手はずを整えるように勧告する。

四、社会主義インターナショナルは、国家間の文化交流に重要な価値を置き国際理解を強化する手段として認める。しかし、そのような交流を政府の特別な形態のプロパガンダとして悪用してはならないし、どんな種類の階級的もしくは人種的差別からも自由であるべきである。

五、社会主義インターナショナルは、ラジオやテレビ、舞台や映画館を、国民を互いにより近づけるための、そして人類の文化的発展への共通責任という新たな感情を促すための価値ある手段として認める。しかし、インターナショナルは、政治的ないし商業的な目的でのこれらメディアの悪用の危険性についても承知している。インターナショナルは、これらのものを単なる商品と見なし、人間的もしくは芸術的な価値の巨匠たちを金儲けに利用する傾向には断固反対する。インターナショナルは、社会民主党と労働者スポーツ・文化組織がスポーツの品位低下に反対し、アマチュアの理想を擁護することを彼らの義務と見なすべきであると信じる。

六、これらの原則の適用は、原子力、電子機器自動化などの導入に伴い産業界で生じている、そしてもし適切に統制されるならば余暇時間を急速な増加に導くことができるような革命的変化を考慮したとき、ますます重要になるものである。余暇時間の創造的な計画化は、国際社会主義運動の務めのなかでも、人類を新しくより高い水準の文化的な達成へと導く闘いで優先的位置を占めている」

(35) Minutes of the National Executive Committee held at 2 Soho Square, 4th February 1956.［PHM/LP/GS/BWSA/2/1］
(36) Minutes of the Second Meeting of the Socialist International Standing Committee on Sports and Cultural Organizations, 22nd January, 1956.［PHM/LP/GS/BWSA/5/2］
(37) Ibid.
(38) Ibid.
(39) Ibid.
(40) Minutes of the National Executive Committee Held at No.2 Soho Square, 7th April, 1956.［PHM/LP/GS/BWSA/2/1］
(41) Letter from Dave Curtis to Morgan Phillips, July 12th, 1956.［PHM/LP/GS/BWSA/2/1］
(42) Minutes of the Meeting of the Bureau of the Socialist International, London, 20 September, 1956.［PHM/LP/GS/BWSA/2/1］

終章　イギリス労働者スポーツ運動の歴史的制約と遺産

本書は、国際的な連帯を模索しながら、イギリス、主にロンドンで繰り広げられた労働者スポーツ運動の誕生と展開、分裂、挫折、消滅のプロセスを描くものだった。

イギリスの労働者スポーツ運動は、一九二三年四月五日にロンドンのエセックス・ホールで開催された会議でイギリス労働者スポーツ連盟（英労スポーツ連盟）が設立されたことをもって始まり、五八年五月五日に開催されたイギリス労働者スポーツ協会（英労スポーツ協会）臨時総会で、労働組合会議（TUC）総評議会と労働党全国執行委員会の代表による合同会議で下された決定、つまり「イギリス労働者スポーツ協会を解散するよう勧告する」[1]という決定が承諾されるに至って、その歴史を閉じた。

イギリスで労働者スポーツを組織していった人々は、一方で政治革命とスポーツを結び付け、他方で労働運動の結集を図る場としてスポーツを位置づけて運動を開始したが、労働者階級のスポーツ要求と直に向き合うなかでスポーツがもつ価値や魅力に気づき、プロパガンダなどの政治的な道具ではなく、すべての人々の自己目的的な活動として、そして権利としてスポーツを推進しようともした。

本書のまとめとして、イギリス労働者スポーツ運動の三十五年間の歴史を簡単に振り返り、その運動がもっていた歴史的制約と誤り、それとは逆に現代に連なる成果と遺産を書き留めておきたい。

1　運動の歴史的制約と誤り

英労スポーツ連盟が設立された当初、クラリオン・サイクリング・クラブ（クラリオンＣＣ）以外の加盟組織はほとんどが労働組合か労働党の地区組織であり、しかも規約が示す会員資格は労働者階級組織に限られていて、イギリスの労働運動に依存する形で活動を開始した。しかし、初期の英労スポーツ連盟は党派性、すなわち社会民主主義か共産主義かに関係なく、労働者階級組織の加盟申請を受け入れるというある種の寛容さを示していた。しかし、一九二七年八月から九月のソ連へのフットボール・ツアーを契機として、英労スポーツ連盟ロンドン・グループ内でジョージ・シンフィールド、ウォルター・タプサルら共産主義者が影響力を行使するようになり、二八年四月二十八日にバーミンガムで開催された第一回全国総会ではトム・グルームらの「改革主義的幹部」が排除されて、シンフィールドを全国書記とする共産主義的指導部を選出するに至る。その結果、グルームら社会民主主義的な指導者や組織は英労スポーツ連盟を脱退し、三〇年二月二十日にロンドンの運輸会館でロンドン労働組合協議会とロンドン労働党の援助のもとに、全国労働者スポーツ協会（全労スポーツ協会、後継組織はイギリス労働者スポーツ協会）を英労スポーツ連盟とは別に設立した。こうして、イギリスの労働者スポーツ運動は党派別に分立することになった。

ところが、一九三三年一月にドイツでヒトラーが首相に就任して国家社会主義ドイツ労働者党（ナチス）が権力を掌握して以降、各国で、また国際的に反ファシズム闘争が展開される。小説家、画家、写真家、音楽家らによる反ファシズム文化運動も広範に組織され、その影響下で反ファシズムスポーツ運動も進められていく。

そうした各分野の反ファシズム運動が展開していくなかで、共産主義インターナショナル（コミンテルン）の戦術転換（「階級対階級」戦術から「人民戦線」戦術への転換）を受けてイギリス共産党の組織方針が変わり、おそらくその指示のもとに、英労スポーツ連盟全国委員会は自組織を解体して全労スポーツ協会に個々に加盟し、内部から組織改革を進めるという戦術を実行に移していった。つまり、英労スポーツ連盟は一九三五年九月以降に自ら解散したのである。共産党を解党して労働党に合流していくというイギリス独自の人民戦線戦術の正否は問わないとしても、そうした政治戦術をスポーツ分野に適用していくことは、歴史的制約としてすませることはできないだろう。この戦術転換はやはり、スポーツ文化の独自性・固有性を顧みない誤りだったといえるし、現代のスポーツ運動では克服すべきものである。

とはいえ、イギリスの事例だけを見て、人民戦線戦術が誤りだったと結論を下すのは一面的で、木を見て森を見ないことになる。フランスでは一九三六年の人民戦線政府の樹立に先駆けて、三四年にフランス共産党系の労働者スポーツ連盟（ＦＳＴ）とフランス社会党系の労働者体操・スポーツ協会連合（ＵＳＳＧＴ）が合同して労働者スポーツ・体操連盟（ＦＳＧＴ）を設立し、彼らも担い手となって樹立された人民戦線政府の余暇・文化・教育・スポーツ政策には彼らの要求も反映された。このようにフランスではスポーツ文化の独自性・固有性を重視したスポーツ運動が展開され、それが人民戦線政府や政策を支えるという肯定的な関係になっていたのである。フランソワーズ・アッシュが「一九三六年五月、人民戦線が選挙に勝利することができたとき、これは労働者スポーツにとってほとんど自分自身の勝利であった[2]」と評価しているとおりである。

他方、全労スポーツ協会は一九三六年四月十八日の第六回年次総会でイギリス労働者スポーツ協会へと名称変更をおこない、その後はイギリスで唯一の労働者スポーツ統括組織として運動を展開し、第二次世界大戦中も存続していく。大戦後初期に自組織の再建を果たすとともに、社会主義労働者スポーツ・インターナショナル（社会主義スポーツインター）の戦後再建にも尽力し、重要な役割を果たした。大戦後、英労スポーツ協会は組織機構を整備・拡大し、加盟組織を増やそうと努力し、国内活動と国際活動を規模は小さいながらも積極的に展開していったが、設立当初からＴＵＣと労働党の後援を受けることを前提として進められてきた組織・財政運営のあり方が戦後になっても改められることがなく、ついに財政が破綻して、前述のとおりＴＵＣ総評議会と労働党全国執行委員会の代表による合同会議で、解散の引導を渡されたのだった。

全労スポーツ協会はその規約の目的の第二項で「ＴＵＣと労働党の後援のもとに組織されたスポーツ組織を連合すること」と謳っていて、とりわけＴＵＣに組織・財政面で依存する組織体質にあった。さらに第6章で示したとおり、一九四八年の全国陸上競技選手権（ブライトン）と五二年の全国陸上競技選手権（ウォルトン・オン・テムズ）は悪天候で入場者が少なかったために支出超過になり、五三年の全国陸上競技選手権（ホワイト・シティ・スタジアム）は二百ポンドの寄付によって赤字を免れ、五五年の全国陸上競技選手権（ロンドン）はなぜか観衆が少なかったため支出超過になった、と主催者が説明していることを念頭に置けば、英労スポーツ協会の書記長デイブ・カーチスがどのように申し開きをしようとも、観衆からの入場料収入を見込んで立てた全国陸上競技選手権の予算計画は大変ずさんで甘いものであり、そもそも収入増加の見通しが立たないままに活動経費を増大させた財政運営はまったく許されないものだろう。いまの言葉で言えば組織のガバナンスが問われることであり、解散の種を自らまいていたことになる。

以上のように、三十五年間にわたるイギリスの労働者スポーツ運動は労働組合や労働者政党からの財政支援と政策から自立できず、依存したままで終わった。その意味では、政府からの独立、労働者政党からの独立、労働組合からの独立、共通のスポーツ要求実現を軸とした行動の統一といった、現代のスポーツ運動にとって必須の原則を逸脱するものだったが、こう言い切ってしまうだけではイギリスでの運動の半面しか見ていないことになる。

2　運動の成果と遺産

イギリスの労働者スポーツ運動の歴史のなかで注目したいのは、トッテナムから始まりロンドン全体に広がった組織的日曜フットボール運動の事例である。何が注目に値するのかと言えば、赤色スポーツ・インターナショナル（赤色スポーツインターー）に加盟し常にコミンテルンの影響下にあった英労スポーツ連盟が、労働者フットボーラーの要求、すなわちロンドン・カウンティ議会（ロンドン議会）で可決された日曜日のリーグ・マッチなどのスポーツ競技会を禁じた条例（一九二二年七月二十二日制定）を撤廃すること、またより多くの公園や空き地をフットボールのために開放し、更衣室などの設備を整えることを重視して、運動を展開したことにある。英労スポーツ連盟は労働者フットボーラーから多くの署名を集めるとともに、彼らの要求を請願書にまとめてロンドン議会に提出するなどの運動を粘り強く進め、最終的に前述のロンドン議会条例を撤廃させ、施設・設備の開放と充実を勝ち取ったのである。これは、プレーや組織、物的条件というスポーツ構造のすべてをわがものとするためのスポーツ運動を展開し、しかも成功を収めた事例として現代にも誇ることができるものだろう。

また、この運動の過程で、スポーツ文化の独自性、固有性を重視するスポーツ運動の思想も育まれていった。二例を挙げておく。

一つはジョン・モリスの主張である。「成功するための方法はスポーツをすることであって政治的なものではない。「会議を開く」こと（革命運動における多くの同志たちの活動の第一義的な事柄）は役に立たない。我々は真のスポーツのためのクラブがほしいのだ。（略）我々は「政治」のためではなく、スポーツのために組織をもたなければならないのだ[3]」

もう一つはクラリオンCCロンドン・ユニオン代表のジェフリー・ジャクソンの主張である。「強固な労働者スポーツ運動の創造の可能性はスポーツ運動の政治的従属の克服にしかない、と私は思う。労働組合と労働党から独立した統一した労働者スポーツ運動が追求されなければならない。そのためにふさわしい道は、スポーツマンの具体的要求のための闘争である[4]」

本書でも示したとおり、これらの主張が労働者スポーツ運動を牽引する連盟や協会といった組織内部で支配的な思想になったわけではない。あくまで少数派の主張だったのだが、いま現在スポーツ運動に携わる我々からすればスポーツ思想上の大きな飛躍であったと見なすことができる。

もう一つの事例を挙げる。英労スポーツ協会に関わることである。すなわち、英労スポーツ協会は最後までTUC総評議会の組織・財政支援を当てにする依存体質のままだったが、その全国執行委員会は今日も旺盛な活動を展開する国際労働者スポーツ委員会（現在の国際労働者アマチュアスポーツ連合）の設立に尽力し、さらに社会主義インターナショナルの「社会主義スポーツ・文化組織憲章」草案の作成に携わった。これらは特筆に値する。この憲章草案の第二条では「身体的文化的レクリエーションの楽しみは、ある階級もしくは人種の特権であってはならない。社会主義インターナショナルは、他の面でと同様にこの面で自由に自己表現する民衆（common people）の権利を支持する」と謳っていて、一九三〇年二月二十日の設立会議で採択された「全国労働者スポーツ協会の規約」の目的の第一項の「労働者階級諸組織の間でアマチュア・スポーツとレクリエーションを奨励・振興・統括すること」と比較して大きな飛躍があったことがうかがえる。運動の対象を労働者階級に限定せずに民衆に広げ、さらに身体的文化的レクリエーションを自由に自己表現することは「権利」であるとしているのである。五六年一月二十二日にブリュッセルで開かれたスポーツ・文化組織に関する社会主義インターナショナル常設委員会で取りまとめられたこの憲章草案は日の目を見なかったのではあるが、一九七五年三月二十日から二十一日に同じくブリュッセルで開かれた「ヨーロッパ評議会第一回ヨーロッパ・スポーツ閣僚会議」で採択され、その第一条で「すべての個人はスポーツに参加することができる」と謳った「ヨーロッパ・スポーツ・フォア・オール憲章」に十九年先立つものだった。

以上の事例は、いま現在世界各国で進められているスポーツ運動にとって重要な遺産になるものである。現代の我々が追求するスポーツ運動とは、端的にいえば国民各層のスポーツ要求を実現していく草の根からの自発的な活動を意味するものであり、ときに議会や監督省庁、地方自治体の監督部局に嘆願署名や要望書（代替政策）を提出して懇談会をもつなどの運動を通じて、既存のスポーツ政策に変更を求めるものでもある。こうした運動がすぐさま国や地方自治体のスポーツ政策に反映されるわけではないが、地方自治体行政の民主化が進み、地方自治体のスポーツ政策立案にスポーツ運動組織の代表が複数関わる仕組みができれば、広くスポーツ愛好者の要求を取り入れた地域スポーツ計画の策定が可能になり、その先に、国のスポーツ政策を青年、勤労者、女性、高齢者、障がい者などの要求を満たすような国民本位のものに転換していくことも可能になると思われる。その意味で、イギリスの労働者スポーツ運動は、様々な歴史的制約や誤りを抱えながらも、現代に通じる成果と遺産を残したのである。

注

（1）Report of Meeting Held at Transport House, London, S. W. 1., between Representatives of the General Council and of the Labour Party, at 12 noon on Tuesday, December 18, 1956. [MRC/MSS.292/808.3/4a]

（2）Francoise Hache, "Der Arbeitersport in Frankreich. Zwei Wendepunkte: 1936 und 1981" in Krüger und Riordan 'hrsg.', *a.a.O.*, S. 65.（フランソワーズ・アッシュ「フランスの労働者スポーツ――二つの転換点 一九三六年と一九八一年」上野卓郎訳、前掲『論集国際労働者スポーツ』所収、八三ページ）。また、前掲『もうひとつの日仏の架け橋』五六―五八ページも参照。

（3）Morris, op.cit., p. 4.

（4）*Internationale Sportrundschau: Zeitschrift für Theorie und Praxis der Körperkultur*, Jahrgang IV, Nr. 3/4, Mörz-April, 1936, S. 93-94.

主要参考文献

史料

〈労働者スポーツ関係文書〉

British Olympic Association (London):
　non-classification
International Institute of Social History (Amsterdam):
　IFTU Archives 1919-1953/202
　IFTU Archives 1919-1953/203
　IFTU Archives 1919-1953/204
　Comité Sportif International du Travail (CSIT) Collection
London Metropolitan Archives (London):
　LCC/MIN.
Manchester Central Library. Local Studies Unit (Manchester):
　061/i/2
People's History Museum (Manchester):
　CP/ORG/MISC/5/3
　CP/ORG/MISC/5/5
　CP/ORG/MISC/5/6
　CP/ORG/MISC/5/7
　CP/ORG/MISC/5/8
　CP/ORG/MISC/5/10
　CP/ORG/MISC/6/5
　LP/GS/BWSA/1/1

LP/GS/BWSA/2/1
LP/GS/BWSA/2/3
LP/GS/BWSA/5/2
LP/GS/BWSA/5/4
LP/GS/BWSA/5/5
372.7
University of Cambridge. Churchill College. Churchill Archives Centre (Cambridge):
NBKR/6/15/2
NBKR/6/54/1
NBKR/6/54/3
University of Warwick, Modern Records Centre (Coventry):
MSS.292/807.12/5
MSS.292/808.3/1
MSS.292/808.3/2b
MSS.292/808.3/3
MSS.292/808.3/4a
MSS.292/808.91/1
MSS.292/808.91/2
MSS.292/808.91/3
MSS.292/808.91/4
MSS.292/808.911
MSS.292/808.912

〈労働組合・労働者政党関係文書〉

Herbert Morrison and D. H. Daines, *London under Socialist Rule*, Labour Party, 1935.
Labour Party, Report of the Annual Conference

John Gollan, *Raise High the Banner. Speech of Comrade John Gollan at the 6th World Congress of the Young Communist International* (Moscow, 25th September-10th October, 1935), Young Communist League, 1935.

Rede des Gen. Wolf Michal auf dem IV. Kongre der KJI.

Trades Union Congress, *Report of Proceedings at the Annual Trades Union Congress.*

Pollitt Harry, *Unity Against the National Government: Harry Pollitt's Speech at the Seventh Congress of the Communist International* (Moscow, 25th July- 20th August, 1935), Communist Party of Great Britain, 1935.

新聞・通信・雑誌

Daily Herald

Daily Worker

International Press Correspondence

Internationale Sportrundschau: Zeitschrift für Theorie und Praxis der Körperkultur

Labour

The Times

研究書・論文

〈洋書〉

Alun Howkins, "Class against Class: The Political Culture of the Communist Party of Great Britain, 19301935" in Frank Gloversmith (ed.), *Class Culture and Social Change: A New View of the 1930s*, Harverster Press, 1980, pp. 240-257.

Arbeiterbund für Sport und Körperkultur in Österreich (Hrsg.), *50 jahre Internationaler Arbeitersport, 1913-1963,* : Arbeiterbund für Sport und Körperkultur in Österreich, 1963.

Benny Rothman, *The Battle for Kinder Scout: including the 1932 Mass Trespass*, Willow Publishing, 2012.

Brian Stoddart, "Sport, Cultural Politics and International Relations: England versus Germany, 1935," in Norbert Müller and Joachim Rühl eds., *Olympic Scientific Congress 1984 Official Report: Sport History*, Niedernhausen, Schors-Verlag, 1985, pp. 385-411.

Christopher R. Hill, *Olympic Politics: Athens to Atlanta*, 2nd ed., Manchester University Press, 1996.

David Alexander Steinberg, *Sport under Red Flags: The Relations between the Red Sport International and the Socialist Workers' Sport*

International, 1920-1939, University of Wisconsin-Madison, 1979.

Denis Pye, *Fellowship is Life: The National Clarion Cycling Club, 1895-1995*, Clarion Publishing, 1995.

Francoise Hache, "Der Arbeitersport in Frankreich. Zwei Wendepunkte: 1936 und 1981," in Arnd Krüger und James Riordan (hrsg.), *Der internationale Arbeitersport. Der Schlüssel zum Arbeitersport in 10 Ländern*, Pahl-Rugenstein, 1985, S.65.（フランソワーズ・アッシュ「フランスの労働者スポーツ——二つの転換点 一九三六年と一九八一年」上野卓郎訳、アルント・クリューガー／ジェームズ・リオーダン編『論集国際労働者スポーツ』所収、上野卓郎編訳、民衆社、一九八八年、八三ページ）

Franz Nitsch, "Die Internationalen Arbeitersportbewegungen". in Arnd Krüger und James Riordan (hrsg.), *Der internationale Arbeitersport. Der Schlüssel zum Arbeitersport in 10 Ländern*, Pahl-Rugenstein, 1985, S.174-209.（フランツ・ニッチュ「国際労働者スポーツ運動」上野卓郎訳、アルント・クリューガー／ジェームズ・リオーダン編『論集国際労働者スポーツ』所収、上野卓郎編訳、民衆社、一九八八年、二三六—二八六ページ）

Geoff Andrews, Nina Fishman and Kevin Morgan (eds.), *Opening the Books: Essays on the Social and Cultural History of British Communism*, Pluto Press, 1995.

George Sinfield - his Pen a Sword: Memoirs and Articles collected by May Hill, 1975.

Kalevi Olin (ed.), *Sport, Peace and Development. International Worker Sport 1913-2013*, International Workers and Amateurs in Sports Confederation (CSIT), 2013.

Martin Polley, "The Foreign Office and International Sport, 1918-1948," unpublished Ph. D. thesis, St. David's University College, University of Wales, 1991.

Martin Polley, "Olympic Diplomacy: The British Government and the Projected 1940 Olympic Games," *International Journal of the History of Sport*, Vol.9, No.2, 1992, pp. 169-187.

Martin Polley, "The British Government and the Olympic Games in the 1930s," *The Sports Historian*, No.17(1), May 1997, pp.30-40.

Peter J. Beck, *Scoring for Britain: International Football and International Politics, 1900-1939*, Frank Cass, 1999.

Peter J. Beck, "Confronting George Orwell: Philip Noel-Baker on International Sport, Particulary the Olympic Movement as Peacemaker," in J. A. Mangan (ed.), *Militarism, Sport, Europe: War without Weapons*, Frank Cass, 2003, pp. 187-207.

Richard Holt, *Sport and the British: a modern history*, Oxford University Press, 1989.

Richard Holt, "Sport and History: The State of the Subject in Britain," *Twentieth Century British History*, Vol.7, No.2, 1996, pp. 231-252.

Richard Holt, "The Foreign Office and the Football Association: British Sport and Appeasement, 1935-1938," Pierre Arnaud and Jim Riordan (eds.),

Sport and International Politics: The impact of fascism and Communism on Sport, E & FN Spon, 1998, pp. 51-66.

Stephen G. Jones, "Die Britische Arbeitersport Föderation 1923-1935," in Arnd Krüger und James Riordan (hrsg.), *Der internationale Arbeitersport. Der Schlüssel zum Arbeitersport in 10 Ländern*, Pahl-Rugenstein, 1985, S. 110-122.（スティーブン・ジョーンズ「イギリス労働者スポーツ連盟――一九二三～一九三五年」青沼裕之訳、アルント・クリューガー／ジェームズ・リオーダン編『論集国際労働者スポーツ』所収、上野卓郎編訳、民衆社、一九八八年、一四八―一六六ページ）

Stephen G. Jones, *Workers at Play: A Social and Economic History of Leisure 1918-1939*, Routledge, 1986.

Stephen G. Jones, *Sport, Politics and the Working Class: Organised Labour and Sport in Inter-war Brittain*, Manchester University Press, 1988.

Stuart Macintire, *A Proletarian Science: Marxism in Britain 1917-1933*, Cambridge University Press, 1980.

Tony Mason, *Association Football and English Society: 1863-1915*, Harvester Press, 1981.

〈和書〉

青沼裕之「資料解題――ノエル＝ベーカー文書に収められた亡命者のナチ・スポーツ情報資料」、尚美学園短期大学編「尚美学園短期大学研究紀要」第十二号、尚美学園短期大学、一九九八年、一一一―一三二ページ

青沼裕之「オリンピック大会を自然死させよ！――戦前二つのオリンピックをめぐるイギリス協調外交」、望田幸男／村岡健次監修『スポーツ』（「近代ヨーロッパの探求」第八巻）所収、ミネルヴァ書房、二〇〇二年、三一九―三六一ページ

青沼裕之「ウォルター・シトリーンの対外交渉――アントウェルペン労働者オリンピアードに向けて」、大熊廣明／真田久／榊原浩晃／齋藤健司編、阿部生雄監修『体育・スポーツの近現代――歴史からの問いかけ』所収、不昧堂出版、二〇一一年、四四―五九ページ

阿部生雄「イギリス、スポーツ史・レジャー史の研究動向――一九七〇―一九八九年」、ピーター・マッキントッシュ『現代社会とスポーツ』所収、寺島善一／岡尾恵市／森川貞夫編訳、大修館書店、一九九一年、一八四―二一八ページ

A・J・P・テイラー『イギリス現代史――1914―1945』都築忠七訳、みすず書房、一九八七年

伊藤高弘「スポーツの構造と認識」、伊藤高弘／金井淳二／草深直臣編『スポーツの自由と現代』上（青木教養選書）所収、青木書店、一九八六年、三―一五ページ

伊藤高弘『もうひとつの日仏の架け橋――スポーツ交流1975－2010』光陽出版社、二〇一〇年

犬童一男『危機における政治過程――大恐慌期のイギリス労働党政権』東京大学出版会、一九七六年

ウイリアム・ウッドラフ『社会史の証人――20世紀初期ランカシャの失われた世界』原剛訳（Minerva 西洋史ライブラリー）、ミネルヴァ書房、一九九四年

上野卓郎「国際労働者スポーツ運動の形成」、伊藤高弘／出原泰明／上野卓郎編『スポーツの自由と現代』下（青木教養選書）所収、青木書店、一九八六年、三七五―四〇〇ページ
上野卓郎「1936年バルセロナ人民オリンピック――「国際スポーツ評論」1936年巻とチェコ紙誌からみた」、一橋大学一橋学会一橋論叢編集所編「一橋論叢」第百二巻第三号、日本評論社、一九八九年、三一四―三三六ページ
上野卓郎「労働者スポーツ世界会議レポート（上）――転換期の国際労働者スポーツ運動」、新日本スポーツ連盟編「スポーツのひろば」一九九一年一月号、新日本スポーツ連盟、二四―二五ページ
上野卓郎「労働者スポーツ世界会議レポート（下）――スポーツ・フォア・オールとCSIT」、新日本スポーツ連盟編「スポーツのひろば」一九九一年二月号、新日本スポーツ連盟、二四―二五ページ
上野卓郎「現代の国際労働者スポーツ運動――国際スポーツ運動とCSIT」、一橋大学体育共同研究室編「研究年報」一九九二年号、一橋大学体育共同研究室、二六―三一ページ
上野卓郎「一九三〇年代二つのスポーツインターナショナル関係史」Ⅰ・Ⅱ・Ⅲ、一橋大学研究年報編集委員会編「社会学研究」第三十七・三十九・四十号、一橋大学大学院社会学研究科、一九九九・二〇〇一・二〇〇二年、八九―二〇七、三一―九八、一四五―一七九ページ
ヴェ・プリヴァーロフ『青年インタナショナル史』岩村登志夫訳、大月書店、一九八一年
ウォルター・スケヴネルス『国際労働運動の45年――国際労働組合連盟の歩み』小山泰蔵訳、論争社、一九六一年
E・H・カー『コミンテルンの黄昏――1930-1935』内田健二訳、岩波書店、一九八六年
E・P・トムスン／N・Z・デイヴィス／C・ギンズブルグほか『歴史家たち』近藤和彦／野村達朗編訳、名古屋大学出版会、一九九〇年
エリック・ホブズボーム『わが20世紀・面白い時代』河合秀和訳、三省堂、二〇〇四年
唐木國彦「ドイツ労働者スポーツ運動の成立条件と基本理念」、影山健／中村敏雄／川口智久／成田十次郎編『スポーツナショナリズム』（「シリーズ・スポーツを考える」第五巻）所収、大修館書店、一九七八年、二九三―三六五ページ
唐木國彦「二つのスポーツインターを結ぶ書簡――統一への試行」、一橋大学一橋学会一橋論叢編集所編「一橋論叢」第八十八巻第四号、日本評論社、一九八二年、四八九―五〇六ページ
功刀俊雄「補論Ⅰ　チェコスロヴァキア労働者スポーツ運動」、アルント・クリューガー／ジェームズ・リョーダン編『論集国際労働者スポーツ』所収、上野卓郎編訳、民衆社、一九八八年、二八八―三〇四ページ
グレアム・ターナー『カルチュラル・スタディーズ入門――理論と英国での発展』溝上由紀／鶴本花織／成実弘至／毛利嘉孝／大熊高明／野村明宏／金智子訳、作品社、一九九九年
G・D・H・コール『イギリス労働運動史』第三巻、林健太郎／河上民雄／嘉治元郎訳（岩波現代叢書）、岩波書店、一九五七年

J・クラーク／M・ハイネマン／D・マーゴリーズ／C・スニー『危機と文化 30年代のイギリス』久津木俊樹／庄子信／風呂本武敏／山本証訳（英米文学研究叢書）、三友社出版、一九八九年
高山智樹『レイモンド・ウィリアムズ――希望への手がかり』彩流社、二〇一〇年
デーヴィッド・ロング／ピーター・ウィルソン編著『危機の20年と思想家たち――戦間期理想主義の再評価』宮本盛太郎／関静雄監訳（Minerva人文・社会科学叢書）、ミネルヴァ書房、二〇〇二年
寺島善一「ユネスコと体育スポーツ――フィリップ・ノエル・ベーカー卿の貢献を中心として」、国民スポーツ研究所編「体育・スポーツ評論」第三号、国民スポーツ研究所、一九八八年、七七―八〇ページ
寺島善一「ドナルド・アントニー博士講演要旨」、明治大学国際交流センター編「オリンピックムーブメント100周年」「学術国際交流参考資料集」第二百十五号、明治大学、一九九六年、四―二九ページ
富岡次郎『イギリス社会主義運動と知識人』三一書房、一九八〇年
富沢賢治『労働と国家――イギリス労働組合会議史』（一橋大学経済研究叢書）、岩波書店、一九八〇年
ハーヴェイ・J・ケイ『イギリスのマルクス主義歴史家たち――ドッブ、ヒルトン、ヒル、ホブズボーム、トムスン』桜井清監訳、白桃書房、一九八九年
ヘンリー・ペリング『イギリス労働組合運動史 新版』大前朔郎／大前真訳、東洋経済新報社、一九八二年
法政大学大原社会問題研究所編『太平洋戦争下の労働運動――日本労働年鑑・特集版』労働旬報社、一九六五年
松村高夫「イギリスの「文化的マルクス主義」」、江口英一／相沢与一編『現代の生活と「社会化」』（「シリーズ・現代の労働と生活労働」第二巻）所収、労働旬報社、一九八六年、二五三―二七〇ページ
森川貞夫「労働者体育・スポーツ運動の歩み」、梅根悟監修、世界教育史研究会編『体育史』（「世界教育史大系」第三十一巻）所収、講談社、一九七五年、三七一―三九〇ページ

あとがき

我々が現代スポーツ研究会（二〇一四年十一月に新日本スポーツ連盟附属スポーツ科学研究所へと発展的解消）内にスポーツ運動史・論研究プロジェクトを組織して集団研究を始めた頃、研究プロジェクトのリーダーだった上野卓郎さんから、Arnd Krüger und James Riordan hrsg., *Der internationale Arbeitersport. Der Schlüssel zum Arbeitersport in 10 Ländern,* Pahl-Rugenstein, 1985 が出版されたことを知らされた。すぐに、メンバーの伊藤高弘さん、功刀俊雄さん、有賀郁敏さんと筆者（青沼）が購入して、翻訳・出版するべく検討を開始した。

そもそも、このスポーツ運動史論研究プロジェクトを始めたのには、おおよそ二つの理由があった。第一に、我々は、スポーツが徐々に労働者階級にも普及してくるなかで、各国政府によるスポーツ政策が立案・実施され、それと対峙するように労働者階級のスポーツ運動が登場してきたことをもって、スポーツ現代史の幕開けと考えていたことである。つまり、労働者自らがスポーツ要求の実現を目指して展開した運動に焦点を当てるという目標があった。

第二に、メンバーの伊藤高弘さんが新日本体育連盟（一九九五年に新日本スポーツ連盟に名称変更）前理事長であり、かつ新日本体育連盟がフランスの労働者スポーツ体操連盟（ＦＳＧＴ）と交流があったこともあり、さらには、国際労働者スポーツ委員会（ＣＳＩＴ）が本部をベルギーのブリュッセルに置いて活動を展開していることを知っていたため、世界各国の労働者スポーツ運動の実態を明らかにしたい、そのルーツを探りたい、という思いがあったからである。

当時でも、日本のスポーツ科学の領域でスポーツ運動史ないしスポーツ運動論を研究する者は、ごく少数を除いていなかったし、現在ではますます少数になっている。そのため、労働者スポーツ運動史研究の成果としては、伊藤高弘「プロレタリア・スポーツ運動と現代」(新日本出版社編「文化評論」一九八四年一月号、新日本出版社)、同「コミンテルンの「スポーツ決議」」(新日本出版社編「季刊科学と思想」一九八四年七月号、新日本出版社)、そのほか森川貞夫、唐木國彦の論述など、数えるほどしかなく、国際的な運動の概要と日本およびドイツの事例以外はほとんど知ることがなかった。

そんな状況下で、十カ国の労働者スポーツの歴史を著した前述の書籍が出版されたわけである。我々は小躍りして喜んだ。すぐにもこの著作の検討を進め、難産の末ついに上野卓郎編訳でアルント・クリューガー/ジェームズ・リオーダン編『論集国際労働者スポーツ』(民衆社、一九八八年)の出版にこぎ着けたのだった。この翻訳・出版を通じて得た財産をもとに、その後それぞれのメンバーが個人でも研究を進めていくことになる。なお、その後この研究プロジェクトには中村哲夫さんが加わって、研究課題も「各国でのベルリン・オリンピック反対運動と一九三六年バルセロナ人民オリンピック開催」と定めて集団研究をおこなっていく。

筆者は、この著書のスティーブン・ジョーンズ論文を通して、イギリスに労働者スポーツ運動が存在していたことを知った。さらに続けざまにジョーンズの二つの著書 Stephen G. Jones, *Workers at Play: A Social and Economic History of Leisure 1918-1939*, Routledge, 1986, Stephen G. Jones, *Sport, Politics and the Working Class: Organised Labour and Sport in Inter-war Britain*, Manchester University Press, 1988 が出版され、それらの文献を検討するなかで、かなり詳細なイギリスの労働者スポーツ運動の実態とジョーンズが利用している多数の史料の存在を知ることができた。これは大きな財産になった。

それと同時に、ジョーンズの一連の研究で疑問に思うところが出てくるとともに、解明されていない領域が明確になっていったために、ジョーンズの研究成果に導かれながら、その後の三十年間に三回にわたるイギリスへの史料調査旅行をおこなうことになった。

初回の調査旅行では、重要な資料(イギリス共産党文書、ノエル＝ベーカー文書、ハロルド・エイブラハムズ・コレクションなど）を入手するとともに貴重な体験をした。貴重な体験とは以下のことである。筆者がイギリスを訪問したのは一九九三年夏で、前々年の一九九一年にイギリス共産党（Communist Party of Great Britain）が解党してデモクラティック・レフトと称する別組織を結成していた。私が最初に訪ねたのは営業を止めていた共産党機関紙「モーニング・スター」の発行所だったが、そのとき共産党の解党、「モーニング・スター」発行停止、文書資料移転の話を聞いた。共産党文書が保管されていると思われるいくつかの施設の住所を聞き、そこをベタに訪問して資料を収集することにした。当初漠然と計画していた調査計画がご破算になってしまった瞬間だった。しかし、捨てる神あれば拾う神ありで、あたりをつけて次に訪問した施設が、共産党の文書資料をまとめて保管しているCENTRAL BOOKSと大書された四階建てのレンガ造りの古びた建物で、たまたまアーカイヴィストのスティーブ・キングさんが資料整理のために来ていた。「あなたは非常に幸運だ」と言われたが、まったくそのとおりで、そこで必要な資料を複写し入手することができた。それらの文書資料群はいまは人民史博物館（マンチェスター）が所蔵している。

もう一つ幸運だったのは、ケンブリッジ大学のチャーチル・カレッジが所蔵しているノエル＝ベーカー文書とバーミンガム大学が所蔵しているハロルド・エイブラハムズ・コレクションを調査・入手できるように、トニー・メイソン教授がウォーリック大学の研究室で一筆したためてくださったことである。両大学の図書館で滞りなく資料を入手できたのはメイソン教授のおかげだった。まだまだ他にもいくつもの幸運があったがこのくらいにしておく。

このようにして、そのときどきでイギリスで入手した史料を使って論文を書き、いよいよ二〇一八年春に、ジョーンズも手を触れていなかった第二次世界大戦後のイギリス労働者スポーツ運動の歴史を書き終えた。これによって、筆者はイギリス労働者スポーツ運動の創始、展開、解散までの全体像をとらえることができ、研究の区切りがついたため、この三十年間の成果を一つの著作として発表したいと考えたのである。

本書のもとになった論文は以下のとおりだが、基本的には各論文の字句と文章表現の訂正にとどめ、必要などころだけ加筆した。ただし、序章、第6章、第7章、終章は今回新しく書き下ろした。

第1章は、「イギリス労働者スポーツ連盟の組織的二面性について――一九三〇代イギリススポーツ史の一断面」（武蔵野美術大学研究紀要委員会編「武蔵野美術大学研究紀要」第三十七号、武蔵野美術大学、二〇〇六年）をもとにして、本組織の結成から一九二八年までの動向を書き加えた。

第2章は、「「スポーツに参加する権利」のための闘い――一九三〇年代ロンドンの組織的日曜フットボール運動」（人文・自然研究編集委員会編「人文・自然研究」第四号、一橋大学大学教育研究開発センター、二〇一〇年）の字句と文書表現を一部訂正した。

第3章は、「反ファシズム闘争期のイギリス労働者スポーツ運動――共同・統一へ向けての試み」（成田十次郎先生退官記念会編『体育・スポーツ史研究の展望――国際的成果と課題 成田十次郎先生退官記念論文集』所収、不昧堂出版、一九九六年）を加筆・修正した。

第4章は、「第二次世界大戦前のイギリス労働者スポーツ協会の歴史」（武蔵野美術大学研究紀要委員会編「武蔵野美術大学研究紀要」第四十号、武蔵野美術大学、二〇〇九年）を加筆・修正した。

第5章は、「第二次世界大戦下のBWSAと亡命SWSI――国際労働者スポーツ運動の戦後再建に向けて」（人文・自然研究編集委員会編「人文・自然研究」第六号、一橋大学大学教育研究開発センター、二〇一二年）の字句と文章表現を一部訂正した。

全体を七章立てとして歴史経過に沿って叙述したが、どこからお読みいただいても結構である。労働者スポーツ運動という言葉自体が耳慣れないものであり、さらにイギリスの労働運動ないし社会主義運動とスポーツの接点に位置づくものだから、時代背景や様々な組織の名称と役割、関係などを理解するだけでも一苦労だろうと思われる。そうした苦労を意に介さずお読みいただけるならば、筆者にとってはありがたい次第である。

様々な思い違いや誤りがあるかもしれない。ご批判、ご叱正を請うばかりである。

なお、本書を出版するにあたっては、三十数年来の学友である坂上康博さんにご尽力をいただいた。彼は青弓社を紹介してくださったばかりか、出版の打ち合わせにも同席してくださった。坂上さんには心から感謝したい。

本書の出版を可能にし、丁寧な編集作業をしてくださった青弓社の矢野未知生さんに厚くお礼を申し上げたい。

最後に、武蔵野美術大学の出版助成金を活用させていただいたことを感謝とともに記す。

二〇一九年三月の少し春めいてきた日に

索引

＊以下には主要な人名・事項を記す。

ア

アイゼンハワー，ドワイト（Eisenhower, Dwight D.） 194
アソシエーション・フットボール・プレイヤーズ・ユニオン（Association Footballers' Union） 217
アッシュ，フランソワーズ（Ash, Françoise） 274, 278, 282
アトリー，クレメント（Attlee, Clement Richard） 211
アマチュア水泳協会（Amateur Swimming Association） 214, 217
アマチュア陸上競技協会（Amateur Athletic Association） 29, 156, 160, 214
アメリカ産業別組合会議（Congress of Industrial Organizations） 198
アルチュセール，ルイ（Althusser, Louis Pierre） 17
安息日（遵守）（Sabbath Day, Sabbath Observance） 48, 72, 73, 75, 76, 81, 84, 85, 101, 105, 106, 112
アンダーヒル，H. R.（Underhill, H. R.） 152, 157, 158, 165
イギリス労働者スポーツ協会（British Workers' Sports Association） ※創設時は全国労働者スポーツ協会（National Workers' Sports Association） 12, 130, 133, 142, 153, 163, 168－171, 174, 175, 179, 184, 191, 194, 198, 206－208, 211, 230－233, 237, 238, 241, 251, 252, 254, 258, 272－274
――全国執行委員会（National Executive Committee） 206, 210, 211, 213, 214, 222, 226, 228, 229, 231－234, 238－240, 250, 252, 257－260, 262－266, 268, 277
――多目的委員会（General Purposes Committee） 211
――カーディフ地区委員会 211, 212
――バーミンガム地区委員会 162, 211
――ブリストル地区委員会 162, 211
――レディング地区委員会 162, 211, 212
――ロンドン首都地区委員会 213, 214, 227, 229, 230, 234
イギリス労働者スポーツ連盟（British Workers' Sports Federation） 96, 118, 121, 123, 138, 142, 272, 290
――規約（Constitution） 25, 28, 30, 43, 45－47, 55－57
――全国執行委員会（National Executive Committee） 79, 86, 91, 102, 128, 135
――グラスゴー・グループ（スコットランド・グループとも呼称） 41, 42, 52
――ダービー・グループ 41
――マンチェスター・グループ 49, 69
――ヨークシャ・グループ 41

——ロンドン・グループ　27, 28, 32, 34, 36－38, 41, 45, 49, 55, 67, 79, 82, 86, 87, 273
イーストマン（Eastman）　50, 52, 55, 86
伊藤高弘　22, 23, 254, 283, 284, 287, 288
イングランド卓球協会（English Table Tennis Association）　216, 217
ウェールズ・アマチュア・ボクシング協会（Welsh Amateur Boxing Association）　212
ウォーカー，R. B.（Walker, R. B.）　36, 37
ウォール，A. M.（Wall, A. M.）　143
ウォルサムストー共産党（Walthamstow Communist Party）　28, 30, 36
ヴォルフ，ミハル（Wolf, Michal）　128, 140
ウッド・クラフト・フォーク（Wood Craft Fork）　129
エルヴィン，ジョージ（Elvin, George H.）　126, 144, 148, 151, 165, 175－180, 182, 186, 187, 189－194, 196, 198－200, 204, 210－213, 251－253, 256
エルヴィン，ハーバート（Elvin, Herbert H.）　32, 148, 157, 159, 163, 165, 176, 184－188, 190, 191, 194, 196, 210－212, 253－257
オークリー，H.（Oakley, H.）　148, 158
オーストリア労働者スポーツ・身体文化同盟（Arbeiterbund für Sport und Körperkultur in Österreich）　267
オブライエン，T.（O'Brien, T.）　176, 191, 210, 214
オリン，カレヴィ（Olin, Kalevi）　249
オリンピック理念擁護国際委員会（International Committee for Preserving the Olympic Idea）※略称は国際フェアプレイ委員会（International Fair Play Committee）　133
オールドフィールド，J. R.（Oldfield, J. R.）　92, 99

カ

カー，E. H.（Carr, Edward Hallett）　130, 284
カスデン，A. E.（Cusden, A. E.）　194, 196, 210, 212
ガストゲープ，ハンス（Gastgeb, Hans）　263
カーチス，デイブ（Curtis, Dave）　213, 229, 230, 232－240, 266, 275
カルチュラル・スタディーズ（Cultural Studies）　16－18, 22, 284
ガン，C. E. J.（Gunn C. E. J.）　157－160
キャンベル，A.（Campbell, A.）　213, 230, 240
共産主義インターナショナル（Communist International）　※略称はコミンテルン（Comintern）　21, 126, 273
——「階級対階級」戦術（Tactic of Class against Class）　122, 273
共産主義青年インターナショナル（Young Communist International）　128
共産主義青年同盟（Young Communist League）　36, 129
共産党（Communist Party of Great Britain）　13, 16, 19, 25, 28, 39, 40, 55, 56, 63, 64, 67, 68, 82, 118, 126－128, 130, 132, 134, 137, 153, 273, 274, 289
クラーク，ジョン（Clark, John）　21, 141, 214, 260, 262－265, 285
グラムシ，アントニオ（Gramsci, Antonio）　17
「クラリオン」（*Clarion*）　33

クラリオン・サイクリング・クラブ（Clarion Cycling Club） 26, 30, 33, 34, 36, 38－41, 59, 64, 65, 121－123, 129, 131－136, 148, 149, 151, 152, 158, 162, 165, 209, 214－217, 226, 232, 273
――ロンドン・ユニオン 132, 134, 135, 276
クリスタル・パレス全国青年スポーツセンター（Crystal Palace National Youth Sports Centre） ※現在はクリスタル・パレス全国スポーツセンター Crystal Palace National Sports Centre 227
クリップス，スタフォード（Cripps, Stafford） 165
グリーン，ウィリアム（Green, William） 174
グルーム，トム（Groom, Tom） 36－38, 64, 142, 144, 273
国際オリンピック委員会（International Olympic Committee=IOC） 14
「国際スポーツ評論」（*Internationale Sportrundschau*） 131, 138
国際アマチュア陸上競技連盟（International Amateur Athletic Federation） 156
国際産業別書記局（International Trade Secretariats） 174, 195
国際社会史研究所（International Institute of Social History） 202, 250
国際自由労働組合連合（International Confederation of Free Trade Unions） 258, 259, 268
国際労働組合連盟（International Federation of Trade Unions） 173, 174, 177－180, 183, 184, 188, 191, 193, 195, 198, 200－202, 206, 284
国際労働者アマチュアスポーツ連合（Confédération Sportive Internationale Travailliste et Amateur） ※戦後の再建時は国際労働者スポーツ委員会（Comité Sportif International du Travail）。戦前の組織は社会主義労働者スポーツ・インターナショナル（Socialist Workers' Sports International） 13, 14, 21, 249, 277
――再結成について議論する8カ国からなる国際委員会（1948年） 256
国家社会主義ドイツ労働者党（Nationalsozialistische Deutsche Arbeiterpartei）※略称はナチ党もしくはナチス（Nazis） 273
ゴラン，ジョン（Gollan, John） 129
コンドン，トム（Condon, Tom） 47, 51－53, 56, 62, 85－87, 89－94, 102

サ

サグデン，E.（Sugden, E.） 152
シトリーン，ウォルター（Citrine, Walter） 159, 165, 174, 190, 199, 200, 283
社会主義インターナショナル（Socialist International） 40, 249, 261－266, 269, 270, 277
――社会主義スポーツ・文化組織憲章（Charter of the Socialist Sports and Cultural Organisations） 207, 241, 249, 262, 264－266, 270, 277
――スポーツ・文化組織に関する社会主義インターナショナル常設委員会（社会主義スポーツ・文化組織憲章草案作成委員会としても行動） 262, 277
社会主義者同盟（Socialist League） 134, 137
社会主義労働者スポーツ・インターナショナル（Socialist Workers' Sports International） ※別称はルツェルン・スポーツ・インターナショナル（Lucerne Sports International） 13, 27, 118, 125, 126, 143, 145, 152, 168, 171, 172, 174－176, 180, 183－186, 189－191, 193, 194, 196, 202, 206, 249, 250, 257, 260, 268, 274
――準備委員会（Provisional Committee） 250

社会民主連盟（Social Democratic Federation） 11
ジャクソン，ジェフリー（Jackson, Geoffrey） 51, 55, 134－136, 138, 276
シュトラウス，G. ラッセル（Strauss, G. Russell） 92, 96, 99
シュトルフ，ルドルフ（Storch, Rudolf） 176, 178, 181－183, 186, 196
ジェイコブ，W. A.（Jacob, W. A.） 26, 30, 36
ジョーンズ，スティーブン（Jones, Stephen G.） 15－20, 24, 25, 63, 64, 73, 138, 147, 283, 288, 289
身体レクリエーション中央評議会（Central Council of Physical Recreation） 217
シンフィールド，ジョージ（Sinfield, George） 36－41, 43, 49－57, 66, 67, 79, 81, 102, 120, 122, 128, 129, 131, 139, 142, 143, 273
人民スポーツ運動（Popular Sports Movement） 119, 123, 135, 136
人民戦線（Popular Front） 130, 137, 273, 274
　――戦術（Popular Front Tactics） 128, 130, 153, 274
スィラバ，R.（Silaba, R.） 39
スケヴネルス，ウォルター（Schevenels, Walther） 173, 174, 177－180, 182－189, 191－193, 196－198, 200, 202, 204, 284
スカット，アルバート（Scutt, Albert） 213
スターリン，ヨシフ（Stalin, Iosif Vissarionovich） 188
スパルタキアード（Spartakiada） 39－41, 49, 50, 57, 59, 61
スパルタクス自転車クラブ（Spartacus Cycling club） 121
スポーツアコード（SportAccord） ※先行組織はGAIFS（Global Association of International Sport Federations） 14
「スポーツ・アンド・ゲームズ」（*Sports and Games*） 87
「スポーツ三層構造」論 19
生活協同組合（Co-operative Society） 27, 30, 60, 136, 187, 190, 191, 197, 209, 211, 214, 230, 234
世界労働組合連盟（World Federation of Trade Unions） 199, 254－256
赤色スポーツ・インターナショナル（Red Sports' International） 13, 21, 37, 40, 43－45, 118, 125, 133, 138, 152, 254, 256, 257, 268, 276
全国サイクリスト連合（National Cyclists' Union） 214, 216
全国失業労働者運動（National Unemployed Workers' Movement） 64
全国日曜フットボール協会（National Sunday Football Association） 52, 91, 92, 94, 114
全国労働者スポーツ協会（National Workers' Sports Association） 12, 118, 121, 125, 126, 130, 131, 136, 142, 145, 147, 152, 163, 165, 273, 277
組織的日曜スポーツ禁止条例撤廃運動 80
組織的日曜フットボール運動（Organised Sunday Football Movement） 56, 73, 74, 81, 86, 87, 91, 92, 101, 102, 109, 111, 276, 290
ゾルグ，ハインリヒ（Zorg, Heinrich） 169, 176, 196, 263

タ

第二次中東戦争＝スエズ戦争（Second Arab-Israeli War = Suez War） 234

タウンゼント，A. J.（Townsend, A.J.） 212, 213
タプサル，ウォルター（Tapsall, Walter） 36, 37, 273
ダラディエ，エドゥアール（Daladier, Édouard） 169
チッペナム労働党フットボール・クラブ（Chippenham Labour Party Football Club） 149
チャーチル，ウインストン（Churchill, Winston） 188
チューソン，ヴィンセント（Tewson, Vincent） 32, 36, 234－236, 238－240, 268
チェンバレン，ネヴィル（Chamberlain, Neville） 169, 170
ディーコン，ジョージ（Deacon, George L.） 158, 161, 165, 194, 196, 210－213, 240
ディヴニー，J.（Deveney, J. 148, 158
「デイリー・ヘラルド」（*Daily Herald*） 27, 39, 226
「デイリー・ワーカー」（*Daily Worker*） 42, 50, 67, 68, 79－83, 86－89, 102, 109, 132, 238, 239
デヴリーガー，J.（Devlieger, Jules） 251－254, 256, 259, 263－265
ドイチュ，ユリウス（Deutsch, Julius） 196, 268
統一劇場（Unity Theatre） 12, 137, 141
独立労働党（Independent Labour Party） 11, 26, 68, 134, 137
トゥーティング労働者スポーツクラブ（Tooting Workers' Sports Club） 90, 91
ド＝ゴール（Gaulle, Charles de） 194
トッテナム都市地区議会（Tottenham Urban District Council） 13, 62, 63, 81, 84, 85, 88
トッテナム労働者スポーツ協会（Tottenham Workers' Sports Association） 41, 80－82, 84, 87
トムスン，エドワード P.（Thompson, Edward P.） 16－18, 23, 284, 285

ナ

南部カウンティ・クロスカントリー協会（Southern Counties Cross Country Association） 216, 217
日曜フットボール・リーグ（Sunday Football League） ※別称は労働者フットボール・リーグ（Workers Football League） 29, 67, 79, 80, 82, 83, 85, 87－89, 92, 94, 98, 99, 102, 103, 107, 109, 111
日曜リーグ・フットボール・キャンペーン委員会（Sunday Leagues Football Campaign Committee） 102, 109, 110
ニッチュ，フランツ（Nitsch, Franz） 21, 168, 169, 201, 282
ノエル＝ベーカー，フィリップ（Noel-Baker, Philip） 148, 283, 289
ノースコット，A. R.（Northcott, A. R.） 161, 212
ノーメ，フィリップ（Neaumet, Philippe） 263－265

ハ

バグナリ，B. A.（Bagnari, B. A.） 154
バトラー，W. F.（Butler, W. F.） 212, 213
ハポエル（Hapoel） 189, 190, 196
バーミンガム現代文化研究センター（Centre for Contemporary Cultural Studies） 16
バルセロナ人民オリンピアード（Barcelona People's Olympiad） 119, 124, 133, 137, 154
ハンツリク，シェラ（Hanzlik, Shella） 183, 196

反ファシズム（Anti-fascism） 119, 128, 130, 134, 137, 156, 273
——・スポーツ運動（Anti-fascist Sports Movement） 119, 130, 134, 273
——統一戦線（Anti-fascist United Front） 129, 138
——闘争（Anti-fascist Struggle） 118, 119, 121, 137, 273, 290
ビアトリス・ウェッブ館（Beatrice Webb House） 227
ヒトラー，アドルフ（Hitler, Adolf） 169, 170, 184, 194, 207, 273
ビリアード協会・管理協議会（Billiards Association and Control Council） 217
ビショップ，R. F.（Bishop, R. F.） 213
フィリップス，モーガン（Phillips, Morgan） 239, 240, 262, 266, 269
フェザー，ヴィクター（Feather, Victor） 235, 237
フェビアン協会（Fabian Society） 11
フットボール協会（Football Association） 52, 56, 81, 85, 100, 105, 107, 108, 214
ブラウン，A. C.（Brown, A. C.） 49, 90
ブラウンタール，ユリウス（Braunthal, Julius） 261, 263
ブラッドフォード，G. W.（Bradford, G. W.） 64, 94, 155
フランス労働者スポーツ・体操連盟（Fédération Sportive et Gymnastique du Travail） 198, 228, 231, 254, 257, 268
文化的マルクス主義（Culturalist Marxism） 16－18, 22, 285
ベヴィン，アーネスト（Bevin, Ernest） 144, 147, 148
ベネシュ，エドヴァルド（Beneš, Edvard） 170
ベネット，ジョージ（Bennett, George） 26, 27, 32, 34, 36, 38, 39, 67, 144, 148
ベルリンオリンピック（Berlin Olympic）別称はヒトラー・オリンピック（Hitler Olympics） 124, 128, 135, 153
——ボイコット（Berlin Olympic Boycott） 119
ヘンダーソン，アーサー（Henderson, Arthur） 165
ヘンティレ，セポ（Hentilä, Seppo） 250
ボーイフィールド，R.（Boyfield, R.） 240
ボトライト，S. C.（Botwright, S. C.） 157, 159, 160
ホブズボーム，エリック（Hobsbawm, Eric） 23, 63, 71, 284, 285
ポリット，ハリー（Pollitt, Harry） 126, 128
ホルト，リチャード（Holt, Richard） 74

マ

マクドナルド，ラムゼイ（MacDonald, Ramsay） 126, 148
マクロード，アレク（McLeod, Alec） 148, 158
マッキンタイヤー，スチュアート（Macintire, Stuart） 16
マーチン，J.（Martin, J） 39, 67
マラリュー，J. P. W.（Mallarieu, J. P. W.） 212, 213, 229, 240
マーレイ，フィリップ（Murray, Philip） 199, 200
ミドルトン，J. S.（Middleton, J. S.） 126, 127
ミュラー，ハインリヒ（Müller, Heinrich） 176, 196

ミュンヘン協定（Munich Agreement） 168, 170
ムッソリーニ（Mussolini, Benito） 170, 188
メイソン，トニー（Mason, Tony） 74, 289
メンション，R.（Mension, R.） 251, 253, 254, 256, 257, 259
モイネット，G.（Moinet, G.） 213, 240
モード，P.（Maud, P.） 89, 96－98, 114
モリス，ジョン（Morris, John） 64, 276
モリソン，ハーバート（Morrison, Herbert） 103, 143, 144

ヤ

「ヤング・ワーカー」（*Young Worker*） 87
ヨーロッパ評議会第1回ヨーロッパ・スポーツ閣僚会議（1975年3月，ブリュッセル）（ Council of Europe, 1st Meeting of the European Sports Ministers） 277
――ヨーロッパ・スポーツ・フォア・オール憲章（European Sport for All Charter） 277

ラ

リチャーズ，A. E.（Richards, A. E.） 194, 196, 210, 212, 213, 225, 228, 240
「レイバー」（*Labour*） 130
「レイバー・マンスリー」（*Labour Monthly*） 137
レイモンド，ジェームズ（Laymond, James） 52, 56
レフト・ブック・クラブ（Left Book Club） 12, 137
「レフト・レヴュー」（*Left Revue*） 137
レディング労働者スポーツ協会（Reading Workers' Sports Association） 150
労働組合会議（Trades Union Congress=TUC） 11, 118, 143, 172, 188, 190, 200, 201, 206, 209, 217, 221, 234, 238, 272
――総評議会（TUC General Council） 164, 189
――TUC 11, 13, 16, 19, 31, 32, 35, 36, 38－41, 64, 118, 119, 122, 127, 128, 130－132, 136, 143－145, 147, 149, 151－154, 164, 165, 172, 173, 176－178, 190, 195, 199, 200, 206, 209, 210, 212, 217, 219, 222, 227, 234, 237, 238, 240, 241, 259, 272, 274, 275
――TUC 総評議会 131, 145, 146, 159, 180, 190, 191, 198, 234－241
労働組合協議会合同諮問委員会（Trades Council Joint Advisory Committee） 31, 32
労働者ウィンブルドン（Workers' Wimbledon） 20, 151, 178, 224－227, 231
労働者映画協会連盟（Federation of Workers' Film Society） 12
労働者オリンピアード（Workers' Olympiad） 30, 149, 165, 209, 256, 283
――第1回大会（1925年，フランクフルト） 30
――第2回大会（1931年，ウイーン） 150
――第3回大会（1937年，アントワープ） ※別称はアントワープ労働者オリンピアード（Antwerp Workers Olympiad） 119, 133, 134, 137, 152, 154, 156, 190
労働者教育協会（Workers' Educational Association） 12
労働者旅行協会（Worker Travel Association） 12, 137, 152, 209
労働党（Labour Party） 11, 13, 16, 19, 37, 39, 41, 68, 103, 104, 109, 112, 118, 121, 122, 126

−132, 136, 140, 145, 147−149, 152, 153, 172, 177, 185, 187, 191, 209, 211, 214, 217, 221, 230, 233, 234, 236−238, 240, 241, 259, 263, 273−276
労働党社会主義（Labour Socialism） 15, 16
ロスマン，ベニー（Rothman, Benny） 51, 70
ローズベルト，フランクリン（Roosevelt, Franklin） 188
ロッカー，バール（Locker, Berl） 189, 190
ロバーツ，フレデリック（Roberts, Frederick） 148, 165
ローンテニス協会（Lawn Tennis Association） 215−217
ロンドン・アマチュア・ボクシング協会（London Amateur Boxing Association） 226
ロンドン・カウンティ議会（London County Council） 52, 75, 88, 93, 227, 230, 276
——公園・空き地委員会（Parks and Open Spaces Committee） 88, 93
——条例（1922年制定）（Regulations for the playing of games on Sundays） 76, 90, 109
ロンドン議会 52−54, 58, 75, 76, 85, 88, 89, 91, 92, 94−96, 98, 101, 103, 104, 108−112, 276
——公園・空き地委員会 53, 89, 92, 101, 103, 112, 114
——条例（1922年制定） 53, 76, 80, 84, 88, 91, 92, 94, 99, 103, 110, 113, 276
ロンドン・フットボール協会（London Football Association） 29, 30, 81, 216, 217
ロンドン労働者映画協会（London Workers' Film Society） 12
ロンドン労働者スポーツ協会（London Labour Sports Association）※先行組織はロンドン労働党スポーツ協会（London Labour Party Sports Association） 39, 149, 162
ロンドン労働者フットボール協議会（London Labour Football Council） 49, 52, 85, 86, 88, 89

ワ

「ワーカー・スポーツマン」（*Worker Sportsman*） 59, 61

［著者略歴］
青沼裕之（あおぬま ひろゆき）
1958年、長野県生まれ
武蔵野美術大学教授
専攻はイギリススポーツ史
共著に『スポーツ・健康と現代社会』（武蔵野美術大学出版局）、『体育・スポーツの近現代——歴史からの問いかけ』（不昧堂出版）、『幻の東京オリンピックとその時代——戦時期のスポーツ・都市・身体』（青弓社）など

イギリス労働者《ろうどうしゃ》スポーツ運動史《うんどうし》　一九二三—五八年

発行——2019年4月27日　第1刷
定価——3600円＋税
著者——青沼裕之
発行者——矢野恵二
発行所——株式会社青弓社
〒162-0801 東京都新宿区山吹町337
電話 03-3268-0381（代）
http://www.seikyusha.co.jp
印刷所——三松堂
製本所——三松堂

ISBN978-4-7872-2083-7　C0020